序 言 一

“信息社会”或“信息时代”一词通常被用来概括描述人类社会正在经历的一场新变革。这场变革是由近半个多世纪以来信息和通信技术革命的发展所引发的。如今，即使是在发展中国家，信息和通信技术对人们的经济社会活动、学习和生活乃至思维方式的影响也已是经常可见。加之国际社会包括欧盟在内已经将信息社会作为一个重要的政策目标，因此，研究信息社会的诸多重要方面，似乎成为比较自然的选择。

然而，需要指出的是，我们之所以特别关注信息社会问题，一个重要的背景，是中国经济社会发展面临的突出矛盾。

今年是中国改革开放 30 年。30 年来，中国经济社会发展取得了巨大的成就，人民生活水平大幅度提高，国家面貌发生了根本性变化。我们已经告别了计划经济时代，市场经济体制逐步完善；工业化加速发展，消费品供需关系发生了转折性变化；中国经济与世界经济的相互联系和影响日益加深；社会主义民主政治得到高度重视和不断发展，社会政治长期保持稳定，各项社会事业发展迅速，改革开放事业正在更为宽广的道路上迈进。

同时，全社会也都已意识到，持续多年的快速发展也造成了对资源的严重消耗和对环境的明显破坏。经济社会发展所处的环境，已经从 30 年前的自然资源开发相对不足，转变为目前能源、资源和环境对经济社会发展的瓶颈性制约。这一突出矛盾，可能将始终存在于今后较长的

序言一

一个时期。

发展与资源禀赋关系的新变化，敦促我们加快从技术和制度上寻找突破。

实际上，正如许多分析家所指出的，发展与资源环境的矛盾从人类社会一开始就存在了，问题在于技术和制度创新的速度能否适应这种矛盾的发展变化。历史上的三次工业革命，表现为人类不断寻找新的生产工具和手段、开发利用新资源、挣脱传统资源约束的突进过程。就其内容实质而言，是技术和制度创新。研究和实践表明，解决当前中国面临的发展与资源环境的矛盾，根本出路在于树立新的发展理念，转变发展方式，通过加快技术创新，发掘新的资源潜能；通过进一步深化改革，建立和完善适应新的生产力发展的体制和机制。

信息技术革命为中国实现发展方式转变提供了重要的历史机遇。

信息技术革命是当代最伟大的科技革命，其渗透力之强、影响力之大，远远超过了其他任何技术。信息技术革命完全改变了信息采集、存储、传输和处理的方式、能力和成本。信息技术与专业技术和管理的融合，创造了提升效率和效益的新的巨大空间。信息技术革命使信息成为可以开发利用的重要资源，为知识经济的发展铺平了道路。

信息技术革命提供的重要机遇，使中国有机会选择新型工业化的道路，即在工业化加速发展的过程中，实现资源和环境的有效利用和保护，实现产业结构的优化升级。

正是基于上述实际和认识，我们对研究信息社会问题，提供更好的制度设计，促进信息技术创新，充分利用信息技术革命的成果，使信息技术革命的成果更好地惠及全民，抱有极大的兴趣和期待。

中国制定的《2006—2020年国家信息化发展战略》明确指出，中国的信息化发展，要为迈向信息社会奠定基础。这为中国和欧盟在信息社会领域开展合作交流创造了重要条件。

聚焦“第四差别”

——中欧数字鸿沟比较研究

张新红　于凤霞　〔澳〕罗彼得　著

商　务　印　书　馆

2010年·北京

图书在版编目(CIP)数据

聚焦"第四差别"——中欧数字鸿沟比较研究/张新红，于凤霞，〔澳〕罗彼得著. —北京：商务印书馆，2010
ISBN 978-7-100-06664-8

I. 聚… II. ①张…②于…③罗… III. 信息技术-影响-社会结构-对比研究-中国、欧洲 IV. D66 D750.6

中国版本图书馆 CIP 数据核字(2009)第 081008 号

聚焦"第四差别"

——中欧数字鸿沟比较研究

张新红　于凤霞　〔澳〕罗彼得　著

商务印书馆出版

(北京王府井大街36号　邮政编码 100710)

商务印书馆发行

北京瑞古冠中印刷厂印刷

ISBN 978-7-100-06664-8

2010年3月第1版　　开本 700×1000　1/16

2010年3月北京第1次印刷　　印张 23

定价：48.00元

中国欧盟信息社会项目是双方迄今为止在这一领域最大的合作项目。项目选定了信息社会法律法规、电子政务示范、信息化培训作为重点合作方向，由相关部委和地方信息化管理部门牵头，根据中国的信息化政策和实施战略，邀请中欧双方专家共同开展课题研究、研讨、培训等活动，组织中欧互访。项目在执行过程中产生了很多重要的成果，包括研究报告、培训讲稿、收集整理的资料集等，这些都是中欧双方专家辛勤劳动和共同智慧的结晶，已经并正在发挥着很好的参考作用。现在，在项目的支持下，这些成果内容得以以系列图书的形式结集出版，在更广的范围内供参考和借鉴，相信一定是一件非常有意义的事情。

最后，借此机会，谨向中欧双方专家所付出的努力表示由衷的感谢和敬意，他们的出色贡献是中欧信息社会项目取得成功的关键，是推动信息社会发展的重要力量。

徐　愈

中国欧盟信息社会项目共同主席

序 言 二

信息社会:驱动社会和经济发展

从未有过像“信息社会”这样一个简短的词语,包含如此多的复杂问题和政策挑战。讨论信息社会时,我们要讨论哪些问题?市场?技术?应用?新的行为方式和社会互动?获取教育和娱乐信息的新机会?如何睿智地在信息洪流中游刃有余,居高望远,而不被淹没其中?

很多新技术,如以用户生成内容和网络平台为代表的 Web2.0,经实践证明是非常有效的工具,现在已经进入专业领域。目前语义网、搜索和组织方面的技术更新,将更进一步启发、改变并增加我们获取知识的渠道,赋予我们更大的力量。

将来,数字文化和数字内容将更加贴近我们生活和知识的核心。因此,从各种角度和意义上来说,我们都要使其开放,这是至关重要的。例如,在机构层面上,我们可以建立数字化图书馆;在政策层面上,可以颁布信息自由法律和其他信息透明条例;在普及层面上,我们可以投入更多的精力来教育公民如何获取信息,如何从正确的角度看待这些信息,如何基于这些信息做出重要判断。信息社会是一个大众可以获得和使用信息的社会,但它的实现不是凭空而来的。

促进这一发展的新技术将对教育、医疗、行政管理产生巨大的影响:在我们生活的各个方面,新技术和组织知识的新形式,将从根本上改变我们的行为方式。应对这些变化所需的技能将成为谁将真正受益而谁不会受益的决定性因素。

需要强调的是，我们相信建设信息社会背后应有一个明确的目标：广泛的信息和通信资源公开，能够在经济和社会层面上使个人及整个社会受益。信息社会的目的是为了发展，但这不仅仅意味着市场的发展。新技术帮助我们应对气候变化等环境挑战，使我们能够改善老年人的生活条件；使我们能够架起桥梁，通往那些从经济和地理的角度来讲以前很难延伸到的、很难与我们的生活和市场相连的角落。我们的目标是提高所有人的生活质量。

这些可能性不仅仅是针对欧盟这样的相对发达地区的。任何人都可以抓住数字机会，尤其是那些正处于过渡阶段的大国，如中国。中国有着非常多样性的经济和社会架构，它早已认识到，与全球经济建立更好的、可持续的联系，向服务型经济转变是一个巨大的机会。

欧盟委员会与欧盟成员国一起制订了整合经济和政治挑战的计划，为政治、行政管理和产业的决策者们提供指导。此计划我们称之为“i2010 战略”，它旨在建立一个真正的欧洲信息空间——一个数字化经济的统一市场，通过促进研发投资，以及通过各种政策鼓励提升生存技能，实现全包性信息服务，从而提高 ICT 的效益。这一项目是基于这样一个信念，即在一个市场开放、信息自由流动，并拥有灵活的监管解决方案来适应技术创新的环境中，信息社会才能繁荣。我们认为这一项目是组织和管理“信息社会现象”的一个典范，使其能够根据自身的创新能力进行发展，并有政府提供的支持和规则框架作为指导。

欧盟—中国信息社会项目

欧盟委员会和中国政府已经就信息社会问题建立了长期、持久的关系。“信息社会对话”于 1997 年建立，自此这一机制为高层政治人士提供了一个每年讨论共同挑战和机遇的机会。

欧盟—中国信息社会项目开始于2005年，历时四年，其具体目标是针对21世纪的数字社会所提出的挑战，促进各方在解决方案和应对策略方面的信息交流。欧洲重要的i2010战略及电子商务、电子政务和融合性方面的具体政策是该项交流的主题。欧洲和中国的专家们共同合作，加强了对最佳实践战略、地区特殊性和相应实施工作的相互理解。我们相信，这种在专家层面上的合作形式，不仅有助于合作伙伴间政策解决方案的制订，还将有助于双方更好地理解各自的政策制定和实施方式，进一步加深欧盟与中国之间的关系。

您现在阅读的系列文章，致力于讨论信息社会所带来的法律和监管挑战，并将介绍欧盟如何判断和应对这些挑战，以及中国可以从中借鉴的经验。欧盟委员会支持这一系列文章的发表，希望通过资深专家的合作和对话，为创建一个更好的信息社会打下基础，为每个人服务！

科 斯 唐

欧洲联盟欧洲委员会驻华代表团发展与合作处一等参赞

白 丽 珊

欧洲联盟欧洲委员会驻华代表团信息社会与媒体一等参赞

序 言 三

中欧信息社会项目是我国与欧盟在信息化领域的重要合作项目，旨在加强中欧交流与合作，通过信息化推动经济和社会发展。中欧信息社会项目是智力转移项目，从 2005 年 8 月开始，2009 年 6 月结束，历时四年。商务部是项目的中方签约单位，当时由原国务院信息化工作办公室作为项目的执行牵头单位。工业和信息化部成立后，原国务院信息化工作办公室的职责划入工业和信息化部，工业和信息化部成为项目的执行牵头单位。由商务部、全国人大法工委、发展和改革委、国务院法制办、科技部派员组成了项目指导委员会。商务部国际经贸关系司原副司长柴小林，原国务院信息办综合组徐愈司长、刁石京副司长在不同时期分别担任了项目指导委员会共同主席。

中欧信息社会项目主要包括四部分内容：中欧信息化有关法律法规比较研究；信息化和电子政务建设地方示范项目，选择了烟台、邯郸、包头、阳泉、成都、西安六个城市；信息化与电子政务培训，已经在全国二十多个城市开展了信息化相关培训；高层对话与项目能力建设。

中欧信息社会项目启动以来，开展了大量研究、研讨、出访、交流、培训等活动，得到了有关部门领导和欧盟有关官员的大力支持。工业和信息化部组建后，李毅中部长、娄勤俭副部长、杨学山副部长即对项目有关工作做出批示；原国务院信息办常务副主任曲维枝与欧盟信息社会与媒体委员维维安·雷丁女士共同启动了中欧信息社会项目；曲维枝女士还与欧盟信息社会总司彼得·赞格勒副总司长共同出席了中欧信息社会项目年会，并做主题发言；原国务院信息办陈大卫、杨学山副主任对中欧信息社会项目总体设计、工作计划、目标成果、日常管理等各项工作做出了具体指导，提出了明确的指示要求；杨学山副主任与国务院法制办张穹副主任共同出席了项目组织的政府信息公开条例研讨会；杨学山副主任出席了邯郸和阳泉示范项目的启动仪式并做主题演讲，还莅临项目办公室与中外专家座谈并指导工作；原国信办党组成员陈小筑司长出席了成都示范项目活动；原信息产业部蒋耀平副部长与欧盟驻我国代表团赛日·安博大使共同出席了项目组织的有关电信法研讨会；赛日·安博大使还参观访问了西安项目示范点。

中欧信息社会项目由国家信息化专家咨询委员会方欣欣副秘书长担任项目主任，克里斯·布朗先生担任专家组负责人。"中欧数字鸿沟比较研究"由国家信息中心信息化研究部张新红、于凤霞及香港大学亚洲研究中心罗彼得组成的专家组共同完成。中欧信息社会项目组方欣欣、克里斯·布朗、黄林莉等领导及专家参与了研究框架设计并在研究过程中给予指导。劳拉·德雷珀女士对项目有关研究成果的编辑修订和完善做出了重要贡献；刘博先生和王云利女士也做了大量的工作。

本书为学术研究的阶段性成果，不代表政府观点。

中欧信息社会项目办公室

目录
CONTENTS

前　言

正如装配线与失业、汽车与交通事故、大规模矿产资源开采与环境污染相伴而生一样，信息技术推广应用也与数字鸿沟结下了不解之缘。在信息技术加速发展可能带来的诸多问题中，数字鸿沟无疑是吸引眼球最多也最让人头痛的一个。中国作为全球人口最多、经济规模最大的发展中国家，不仅与发达国家之间存在着巨大的数字鸿沟，国家内部城乡之间、地区之间、不同人群之间的数字鸿沟也非常明显。能否有效地将数字鸿沟转化成数字机遇，是中国在推进信息化过程中必须解决的重要问题。如果中国能在这方面取得好的成效，不仅可以加速自身的现代化进程，也将是对全世界缩小数字鸿沟的巨大贡献。有鉴于此，中欧信息社会项目一直对数字鸿沟问题给予高度关注，并在 2007 年 6 月设立了“中欧数字鸿沟比较研究”专项课题。

在研究框架设计阶段，课题研究目标锁定在以下几个方面：

• 为中国政府提供一个测算数字鸿沟的框架；

• 使中国政府能够认识到：与国际一般情况相比较，中国的数字鸿沟的性质与程度；

• 据此弥补中央及地方政府部门在相关研究和统计数据方面存在

的不足；

• 为国信办制定推动中国信息社会发展、缩小数字鸿沟方面的国家政策提供支持，提出关于未来信息社会发展尤其是缩小数字鸿沟方面的政策建议。

按照上述目标，研究重点设定在基础理论、现状与趋势、已有探索与成效、政策建议四个方面。

经过近一年的努力，专家组完成了《中欧数字鸿沟比较研究报告》，内容包括九个章节：

第一章，数字鸿沟的基本概念：对数字鸿沟的由来、定义、分类、成因、影响等进行了论述，并建立了数字鸿沟测算模型。

第二章，中国数字鸿沟现状与趋势：对2001—2007年中国数字鸿沟总指数、城乡数字鸿沟指数、地区数字鸿沟指数、性别数字鸿沟指数进行了测算，并对其变化趋势和原因进行了分析。

第三章，欧盟数字鸿沟现状与趋势：对2001—2007年欧盟各成员国之间存在的数字鸿沟的状况及变化趋势进行了测算和分析。

第四章，中欧数字鸿沟现状与趋势：对2001—2007年中国与欧盟之间存在的数字鸿沟进行了测算和比较分析。

第五章，中国缩小数字鸿沟的行动与成效：对近年来中国缩小数字鸿沟的行动及其效果进行了总结。

第六章，欧盟地区缩小数字鸿沟的行动与成效：对近年来欧盟地区缩小数字鸿沟的行动与成效进行了分析。

第七章，中国缩小数字鸿沟的政策建议。

第八章，中国缩小数字鸿沟的典型案例：对九个全国性重点工程和四个地方性创新项目进行了分析介绍。

第九章，欧盟及亚洲部分国家缩小数字鸿沟的典型案例：对四个欧盟成员国的典型案例进行了分析介绍，并从亚洲国家中选取一个案例进行了比较研究。

总体上看，报告初步形成了比较系统的数字鸿沟研究理论体系，提出了实用的数字鸿沟测算方法，首次完成了对中欧之间数字鸿沟的测算，收集整理了大量相关基础数据及实践案例资料，这些都为进一步深入研究打下了良好基础。

第一章　数字鸿沟的基本概念

本书中，数字鸿沟是指不同社会群体之间在拥有和使用现代信息技术方面存在的差距。

1.1　数字鸿沟的由来

在英语里，数字鸿沟的标准词汇是 Digital Divide，有时也称之为 Digital Division 或 Digital Gap。在初期翻译成中文时，有数字落差、数字分化、数字差别、数字差距、数字分裂等多种提法，最后才逐渐统一成“数字鸿沟”（中国香港、台湾地区还有数码沟、数位落差等译法）。

正如信息技术革命源于美国一样，数字鸿沟一词也是由美国人发明的。据美国人自己的说法，是一个叫莫里塞特的人在 1995 年率先使用了“数字鸿沟”一词。① 这位先生当时是美国 Markle 基金会的总裁，他主持的一项研究发现“信息穷人”（information have-nots）与“信息富人”（information haves）存在很大差距，并将这种差距称为“数字鸿沟”

① Donna L. Hoffman, Thomas P. Novak & Ann E. Schlosser (2000). *The Evolution of the Digital Divide*. Available: http://jcmc.indiana.edu/vol5/issue3/hoffman.html.

(Digital Divide)。中国学者也对这一说法给予了认可。[①]

美国调查报告掀起波澜。1995年,美国电信管理局(NTIA)发布了调查报告——《在网络中落伍:一项关于美国城乡信息穷人的调查》。这份报告指出,"信息穷人"和"信息富人"之间差距很大,且这个差距有扩大趋势。在随后的几年中,该机构又陆续发布了三份报告,最终使数字鸿沟问题引起高层关注,导致克林顿政府采取相应的行动,呼吁并致力于向每所学校的每个学生提供21世纪的学习工具,为每一个美国家庭和社团创造数字机遇。[②]

国际组织积极反应。继美国之后,国际社会对数字鸿沟问题也日益关注。2000年,数字鸿沟问题成为联合国千年首脑会议、八国首脑会议、亚太经合组织论坛的主要议题。2001年,经济合作与发展组织(OECD)发布《理解数字鸿沟》报告。2002年起,世界经济论坛开始发布《全球信息技术报告》年度报告。2003年,信息社会世界高峰会议发布了旨在缩小全球数字鸿沟的《原则宣言》和《行动计划》,联合国陆续发布《全球电子政务准备度报告》。国际电信联盟、世界银行等也将缩小数字鸿沟作为其工作的重要内容。

世界各国不断加强对数字鸿沟的研究和政策推动。欧盟及其成员国在数字鸿沟的调查和理论研究方面后来居上。在亚洲,日本2003年提出要建设"无处不在的网络",韩国则在2004年明确制订了"缩小数字鸿沟"的中长期方案。

信息理论界的研究不断深入。斯洛文尼亚的帕沃·西切尔、意大利的法比奥拉·里卡帝尼和莫罗·法里奥、德国的托比阿斯·休星和汉尼斯·塞尔霍夫等都在这一领域做出了贡献。

---

① 于良芝:"理解信息资源的贫富分化:国外'信息分化'与'数字鸿沟'研究综述",《图书馆杂志》2005年第12期;金兼斌:《数字鸿沟的概念辨析》,等。

② Mila Stoicheva, *The Digital Divide and Its Implications for the Language Arts*.

数字鸿沟研究带有典型的问题导向和对策研究特征。总体上看，关于数字鸿沟的理论研究还不够成熟，各国的实践也都还在探索之中。

1.2 数字鸿沟的定义

对于什么是数字鸿沟，国际上比较典型的定义有以下几种：

• 莫里塞特：数字鸿沟是指人们在信息与通信技术（ICT）享用机会上的差距。

• 美国商务部电信和信息管理局：数字鸿沟指的是那些拥有信息时代工具的人与那些未曾拥有者之间存在的差距。

• 联合国经社理事会：数字鸿沟系指由于信息和通信技术的全球发展和应用，造成或拉大的国与国之间以及国家内部群体之间的差距。

• 经合组织《理解数字鸿沟》报告：数字鸿沟是指个人、家庭、企业、不同社会经济发展水平的地区，在享用信息技术的机会以及利用互联网从事各项活动的水平之间的差距。

• 联合国"信息社会世界高峰会议"：数字鸿沟和知识鸿沟这两个词的准确含义是指，世界上享有信息技术的群体和被信息技术排斥在外的群体之间的差距，以及这些群体内部彼此之间不转让信息的情况。

上述各种定义尽管在文字表述和强调重点上有所不同，但并没有本质上的区别。对于数字鸿沟的内涵界定，重在把握以下几个要素的质的规定性：

• "数字"。重点考察数字化及其带来的差异，传统技术条件下的信息差别不在考虑之列。最初用来衡量的主要技术对象是互联网，后来不少学者逐步加入了电话、计算机等现代信息技术。

• "鸿沟"。"差别、差距"（Divide）是考察的重点，比"沟"（Gap）的范围要宽广得多。

•“对象”。差距是比较的结果，必须有可供比较的对象。如不同人群之间、不同国家或地区之间、不同企业之间等（可统称为“不同社会群体”）。

•“内容”。随着研究的不断深入，数字鸿沟考察的内容日益深化，从初期单一的互联网扩散度，逐步扩展到整个信息基础设施的普及，现在越来越多的学者和组织强调要将应用成效也考虑进去。总的来看，“数字鸿沟”与“信息化水平差距”两者的含义越来越走向统一。

根据上述四要素的质的规定性要求，我们可以给“数字鸿沟”下一个较为明晰的定义：所谓数字鸿沟，是指不同社会群体之间在拥有和使用现代信息技术方面存在的差距。

1.3 数字鸿沟的分类

从不同的维度进行划分，可以将数字鸿沟分成不同的种类。

从国家的角度看，可以总体上将数字鸿沟划分成两大类：一类是国家与国家间的数字鸿沟，如中国与美国间的数字鸿沟；一类是一国内部不同社会群体间的数字鸿沟。

从国家内部数字鸿沟看，根据考察对象的不同，又有城乡数字鸿沟、地区数字鸿沟、年龄数字鸿沟、性别数字鸿沟、种族数字鸿沟、收入数字鸿沟、教育数字鸿沟、企业数字鸿沟、行业数字鸿沟等。

1.4 数字鸿沟的成因

综合来看，数字鸿沟产生的主要原因可以归纳为以下五个方面：

一是经济发展或收入水平。拥有和使用新技术需要一定的成本支出，尤其是在技术扩散初期，其成本还相当高。这就使得经济发展相对落后的国家和地区或低收入人群因支付不起高昂的费用而被排斥在新技术之外。

二是教育水平或知识能力。受教育程度不同直接导致对新技术的认知、接受和应用效果存在天壤之别。不识字或识字不多,就很难真正利用现代信息技术。有时,不懂外语也会产生很大影响。

三是政策环境。任何一次技术革命或产业革命都会引发全球生产力的重新布局,总有一些国家或地区得以脱颖而出,国家战略选择和相应政策导向在其中发挥着举足轻重的作用。

四是个人习惯。受个人秉性使然,总会有人尽管有钱也有知识但不愿接受新技术,从而在网络时代中落伍。

五是年龄、体能等生理因素。没有人会责怪婴幼儿不上网,老年人不玩计算机也情有可原。而对于存在身体或智力障碍的人来说,接受新技术的能力也不能与正常人相提并论。

1.5 数字鸿沟的影响

数字鸿沟是不同国家和地区的经济、社会发展水平差距在信息时代的客观反映。数字鸿沟的客观存在及其扩大将对社会发展和社会安全构成严重威胁。

数字鸿沟对社会发展及社会安全的影响主要体现在以下四个方面:

1.5.1 大量信息贫困者的出现——数字鸿沟的离散效应

数字鸿沟的存在,产生了一种新的贫困,即“信息贫困”。信息贫困者因为失去了获得信息的能力和机会,无法充分参与创造和分享信息社会文明成果,成为信息社会的落伍者或边缘群体。也有学者称,“信息贫困”是21世纪的新型贫困。它既是收入贫困、人类贫困的重要原因,也是它们的结果。信息贫困者是信息时代的“无家可归者”。[①] 这种使信息贫困者日益脱离信息社会的影响作用,可以称之为数字鸿沟的离散效应。

1.5.2 信息均享程度下降——数字鸿沟的分化效应

弱势群体无法充分享受到信息技术革命带来的好处,使得信息资源的占有和使用存在巨大差别。从全球看,现阶段信息技术主要被发达国家垄断,发展中国家的技术和设备主要靠进口获得,信息技术普及和网络接入方面的马太效应非常明显。从人群看,最先接触和使用信息技术的人群对信息和知识的理解能力、应用能力、创新能力可能会进一步增强,与没有接触和使用信息技术的人群之间的差距越拉越大。2003 年 12 月,世界信息社会峰会通过了关于建设信息社会的《原则宣言》,对“目前在发达国家和发展中国家之间以及各个社会内部,信息技术革命所带来的益处分布不均”给予了高度关注。这种在信息均享程度方面存在的差异被称为“信息差别”。中国也有学者称之为继城乡差别、工农差别、脑体差别之后的第四大差别。新的社会差别会诱发一系列新的社会矛盾和问题,不利于构建和谐社会目标的实现。这种使信息富有者与信息贫困者日益分离的影响作用,可以称之为数字鸿沟的分化效应。

1.5.3 弱势群体的风险与机遇并存——数字鸿沟的双刃效应

数字鸿沟在使弱势群体远离信息社会的风险不断加大的同时,信息技术的跳跃性和快速渗透特征也给弱势群体发挥后发优势从而获得跨越式发展提供了前所未有的机遇。从全球视角看,对于中国这样的发展

① 参见胡延平编著,《跨越数字鸿沟》,社会科学文献出版社,2002 年 11 月出版。

中大国来讲，率先使用先进、适用技术甚至在部分关键核心技术上实现突破的可能性是存在的；但另一方面，如果任凭其与发达国家之间数字鸿沟的扩大，也很可能会使中国丧失掉利用信息技术革命实现跨越式发展的历史机遇。从国内社会发展看，利用网络资源优势迅速提升国民信息能力进而提升整体竞争实力的潜力增大了，但处理不当也会适得其反。数字鸿沟是客观存在的，但对待数字鸿沟的态度和行为的不同将使其演化结果及影响大相径庭。这种使弱势群体风险与机遇都增加的影响作用，可以称做数字鸿沟的双刃效应。

1.5.4 社会脆弱性加大——数字鸿沟的放大效应

数字鸿沟的存在可能会进一步导致收入分配、就业和发展机会等方面的严重不公，加大原有的贫富差距，进而成为危害社会安全与稳定的重要根源。联合国等国际组织称，数字鸿沟有可能使国际社会多年来致力于缩小南北差距的努力化为乌有。收入差距进一步扩大会危及社会安全已成共识，并被许多国家的发展实践所证实。中国正在向全面小康社会迈进，中等收入国家面临的收入差距不断扩大的情况在中国也同样存在。数字鸿沟的出现会加剧贫富差距，从而进一步加大社会脆弱性。这种使原有社会差距进一步加剧的影响作用，可以称之为数字鸿沟的放大效应。

1.6 数字鸿沟的测算

数字鸿沟的测算是正确判断数字鸿沟现状及其发展趋势并进一步分析政策效果的前提和基础。对测算方法的不同选择，会得出不同的结论。本报告在总结分析国际上现有测算方法的基础上，提出了一个计算数字鸿沟指数（DDI，Digital Divide Index）的新方法，即相对差距综合指数法。

1.6.1 数字鸿沟测算方法研究现状

数字鸿沟测算要重点回答两个方面的问题:其一,在特定时期或特定时点,考察对象间的数字鸿沟到底有多大?其二,从历史进程看,考察对象间数字鸿沟呈现出什么样的变化趋势?前者侧重于静态观察,后者侧重于动态观察。

由于对数字鸿沟的认知才刚刚开始,有关组织和专家学者虽然对于数字鸿沟的测算做过一些努力,但在指标选取、计算方法方面却存在很大差异,不同的测算方法甚至得出截然相反的结论。总体上看,各种计算方法的差异表现在以下几个方面:

一是指标选取差异。这方面差别集中表现为用单一指标还是多指标。一些专家认为数字鸿沟集中体现在互联网普及应用方面,所以主张用互联网单一指标进行测算。一些专家认为仅用互联网指标不能全面反映数字鸿沟的全部内涵,所以将计算机、电话等指标也包括进来。另一些专家则认为仅用信息基础设施的普及程度来测算数字鸿沟,并不能真正反映信息技术应用水平方面存在的差距,主张以信息化综合水平指数来反映数字鸿沟差距。

二是考察内容差异。是单独考察不同地区间或人群间的某一类数字鸿沟(如城乡数字鸿沟、地区数字鸿沟、性别数字鸿沟等),还是将这些因素统统考虑进来?在这方面也存在不同观点。

三是计算方法差异。从目前国际国内已有的研究看,相对差距、绝对差距、时间差距、均差、基尼系数、综合指数等方法均有使用,甚至在计算某一特定数字鸿沟时也同时使用多种方法。

各种测算方法各有利弊,很难说哪种方法更科学、更准确。出现上述差异的原因主要有四点:一是数字鸿沟问题是网络空间的产物,人们对于其内在规律的认识才刚刚开始，理论上的不足与欠缺在所难免；二是造成数字鸿沟的原因非常复杂，不易把握；三是相关基础数据严重不足，难以求全；四是个人兴趣和研究的出发点不同。

1.6.2 数字鸿沟指数的测算——相对差距综合指数法

在进行数字鸿沟测算时，本报告力求把握三点：一是理论通用，既可进行横向比较，又可进行历史比较；二是内涵直观，计算结果含义清晰，便于直观理解；三是数据完整，全部采用有公信力的统计数据，避免使用主观判断数据带来的不确定性。

相对差距综合指数法是用来衡量一个国家或地区数字鸿沟大小的一种测算方法，其核心指标是数字鸿沟指数(DDI)。其计算方法和含义如下：

(1)数字鸿沟指数计算公式

计算公式：$DDI=\sum_{i=1}^{m}A_iP_i$

DDI 代表一国或地区数字鸿沟总指数。DDI 介于 0 和 1 之间，DDI 越大，说明数字鸿沟越大；反之则越小。一般来讲，DDI 小于 0.3，表示数字鸿沟不明显；DDI 介于 0.3 和 0.5 之间，表示存在明显的数字鸿沟；DDI 介于 0.5 和 0.7 之间，表示存在显著的数字鸿沟；DDI 在 0.7 以上，表示存在巨大的数字鸿沟。这一判断标准也适用于对下述 P_i 值和 Q_j 的评估。

P_i 代表要重点考察的数字鸿沟种类及其指数。在计算中国数字鸿沟时，本报告选取城乡数字鸿沟、地区数字鸿沟、性别数字鸿沟作为考察对象，主要是因为这几类数字鸿沟相对比较重要，且具有可比性，基础数据也相对完整。

A_i 代表权重。一般来讲，权重的设定应以其重要性来确定。考虑到难以判断到底哪一类数字更为重要，为不影响历史分析，在实际测算中赋予各类数字鸿沟相同的权重。由于反映的是相对差距及其变化，只要对历年计算采用相同的标准就不会影响结果分析。

(2)分类数字鸿沟的测算

计算公式：$P_i=\sum_{j=1}^{n}B_jQ_j$

P_i 代表某一类数字鸿沟指数的大小，如城乡数字鸿沟指数、性别数字鸿沟指数等。P_i 值介于 0 和 1 之间。P_i 越大，说明数字鸿沟越大。$P_i=0$，表明在某一方面发展水平完全平均，不存在数字鸿沟。

Q_j 代表主要考察指标的种类及其相对差距指数。结合国际上通常采用的主要指标，本文重点以互联网普及率、计算机家庭普及率、移动电话普及率和固定电话普及率作为重点考察指标，并分别计算其相对差距。

B_j 代表权重。本报告中，互联网、计算机普及率各占 1/3 权重，固定电话、移动电话普及率各占 1/6 权重。

(3)最终指标相对差距的计算

计算公式：$Q_j=1-\frac{X_j}{Y_j}$

Q_j 代表观察对象与比较对象间在主要考察指标方面相对差距的大小。Q_j 值介于 0 和 1 之间。Q_j 值越大，说明相对差距越大；Q_j 值越小，说明相对差距越小。$Q_j=0$，表明观察对象与比较对象间在某一方面不存在差别。$Q_j=1$，说明观察对象在某一方面没有取得任何成就。

X_j 代表观察对象某一考察指标在特定时期的实际数值。一般情况下，为使相对差距指数值介于 0 和 1 之间，观察对象一般设为“弱势”群体一方，如城乡比较时的乡村一方、性别数字鸿沟间的女性一方等。在进行国际间数字鸿沟比较时，由于设定中国为观察对象，最终指标相对差距指数及数字鸿沟指数可能为负值(表明中国在某些方面超过比较对象)。

Y_j 代表参照对象某一考察指标特定时期的实际数值。

以互联网普及率相对差距的计算为例，2005 年中国城市居民互联网普及率为 16.9%，农村居民互联网普及率为 2.6%，则城乡互联网相对差距为 1 - 2.6/16.9 = 0.846。这意味着在互联网普及应用方面农村比城市落后了 84.6%。

第二章　中国数字鸿沟现状与趋势

中国数字鸿沟是指不同社会群体之间在拥有和使用现代信息技术方面存在的差距。城乡差距、地区差距是现阶段中国数字鸿沟研究关注的重点所在。

2.1 中国数字鸿沟研究关注的重点

不同国家在不同发展阶段会面临不同的经济社会发展矛盾和问题，关注的重点也会有所不同。数字鸿沟既是各种矛盾在信息技术扩散过程中的反映，也会对业已存在的各种矛盾产生直接影响。发展不平衡越来越成为中国现代化进程中的突出矛盾，这也是选择数字鸿沟问题作为研究重点的主要依据。

2.1.1 现代化进程中的发展不平衡问题

在当前中国经济社会发展过程中，面临着贫富分化、发展不平衡等工业化过程常见的问题。城乡差距、地区差距不断扩大是中国经济社会发展不平衡的主要表现。2007 年 10 月，党的十七大报告进一步强调：

“缩小城乡、区域发展差距和促进经济社会协调发展任务艰巨。”①

中国的发展面临三大不平衡问题：

- 城乡发展不平衡；
- 区域发展不平衡；
- 经济社会发展不平衡。

城乡差距、地区差距被认为是中国现代化的两大障碍。

对于发展过程中日益突出的不平衡问题，中国提出的解决方案是统筹兼顾，其中统筹城乡发展、统筹区域发展显然是最为重要的内容。

2.1.2 城乡差距

收入差距是反映城乡差距的最主要指标。上个世纪80年代中期，中国城乡居民收入比为1.8:1（差距指数为0.45，即农村居民收入比城市居民收入落后45%）。90年代中后期，城乡居民收入比为2.5:1左右（差距指数0.6）。1997年之后，城乡居民收入差距不断扩大（除2004年外，其余年份几乎都是一路扩大的）。2002年城乡收入比首次突破3:1，到2007年进一步扩大到3.33:1（差距指数0.7）（参见图2－1）。

从消费的角度看，城乡差距则更为显著。以2007年为例，当年城市居民家庭人均可支配收入为13 786元，这些收入全部可以转化为生活消费支出。同年农民人均纯收入为4 140元，这些收入有30%—40%左右为实物性收入，还要留下10%—20%用于来年购买种子、农药、化肥、柴油等生产性开支，真正能够用于购买商品、劳务的实际消费能力估计只占到收入总额的65%（2 691元）左右。以此来推算，城乡消费能力比约

① 《高举中国特色社会主义伟大旗帜 为夺取全面建设小康社会新胜利而奋斗》，胡锦涛在中国共产党第十七次全国代表大会上的报告，2007年10月15日。

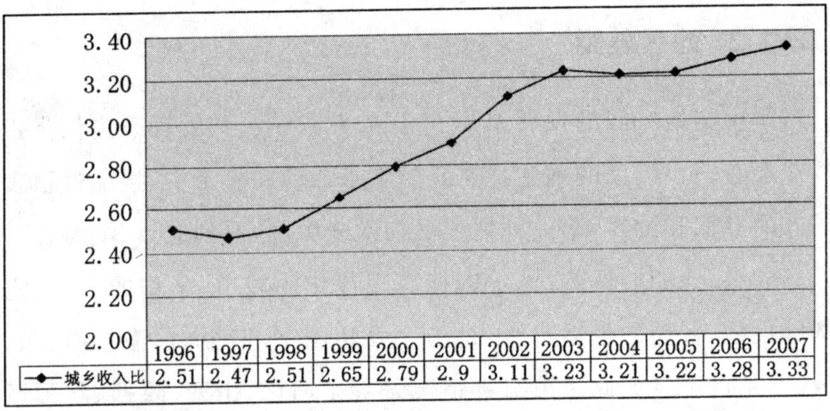

图 2-1 1996—2007 年中国城乡收入差距变化情况

为 5.1∶1，比收入差距比要大得多。

城乡差距的第三个表现是教育差距。有资料显示，2004 年城镇高中、中专、大专、本科、研究生学历人口的比例分别是乡村的 3.4 倍、6.1 倍、13.3 倍、43.8 倍、68.1 倍。更值得关注的是，在九年义务教育阶段，农村学生辍学、流失现象也比较严重。由于城乡发展水平、生活水平方面的巨大差距，农村孩子考上大学后一般都会选择在城市就业，也使得城乡居民受教育水平差距越拉越大。

城乡差距的第四个表现是就业差距。2007 年底城市劳动人口的登记失业率为 4%（实际失业率可能会更高一些）。农村劳动人口的失业率没有统计，但一般估计除进城务工的 1.3 亿劳动力外，留在农村的 4 亿劳动力的利用率只有 50%左右，总失业率不会低于 30%。

与发达国家不同，中国的城乡差距还有一个显著的特点，即农村居民（弱势群体）占绝大多数。2007 年全国132 129万人口中，农村人口占 55%（72 750万人）。与多数国家农村人口比重不足 10%相比，中国缩小城乡差距的任务要艰巨得多。美国用 70 年、日本用 100 年左右的时间基本抹平了城乡差距，中国要加速完成这项任务所面临的困难要大得多。

2.1.3 地区差距

对于中国地区间的发展差距，中国农业大学公共管理系主任张正河教授曾经有一个形象的描述："在我的学术活动和旅游中，接触过很多来自国外的专家和游客，第一种情况是初次来中国，看到北京、上海、广州、深圳、香港。他们的评价是，中国拥有现代化的城市、豪华的宾馆、完善的基础设施、较高的生活水平，是一个发达国家，旧金山、洛杉矶、东京、伦敦、巴黎也不过如此。第二种情况是看了河南、山西、陕西、新疆及东北，吃住在县城。在他们眼里，中国是一个中等收入国家。第三种情况是在中国工作时间较长，对农村有较深认识，去过诸如甘肃、贵州、青海、内蒙古等地的农村，在乡镇、村庄体验过一段时间。他们认识到，中国是一个还很落后的发展中国家。"[①]中国地区差距由此可见一斑。

中国的地区差距大体上分为三类：一是东部沿海地区与中西部内陆地区之间的差距，二是各省、自治区、直辖市之间的差距，三是一省内部各市、县之间的差距。这些差距也将在数字鸿沟问题上得到充分体现。

中国在缩小地区差距方面也在做着各种努力，除最常用的政策倾斜、财政转移支付外，诸如西部大开发、中部崛起等战略、行动计划也在发挥着重要作用。但受自然地理条件、经济发展基础、市场完备程度等诸多因素的影响，缩小地区差距仍将是一个长期艰巨的任务。

2.1.4 研究重点是城乡和地区数字鸿沟

经济社会发展水平的差距必然会在信息技术扩散中有所体现，所以城乡差距、地区差距也将成为数字鸿沟研究关注的焦点。

---

① 人民日报海外版，2006 年 12 月 21 日，http://view.news.qq.com/a/20061121/000025.htm。

选择城乡数字鸿沟、地区数字鸿沟作为研究重点，有三个方面的原因：

- 城乡、区域发展不平衡是中国发展面临的突出矛盾；
- 城乡、区域数字鸿沟既是发展不平衡的结果和表现，同时也有可能成为进一步加剧其他已有矛盾的诱因；
- 努力缩小数字鸿沟，有利于减缓乃至缩小城乡、区域间的发展差距。

2006年发布的《2006—2020年国家信息化发展战略》明确提出要优先制订和实施以下战略行动计划，其中一个就是"缩小数字鸿沟计划"。《战略》要求："坚持政府主导、社会参与，缩小区域之间、城乡之间和不同社会群体之间信息技术应用水平的差距，创造机会均等、协调发展的社会环境。"

2007年2月首届中欧信息社会项目论坛的主题便是"缩小数字鸿沟，促进区域与城乡协调发展"。

2.2 中国数字鸿沟总体概况

2.2.1 信息技术扩散进入快速扩张期

按照罗杰斯的创新扩散理论，新技术的扩散总是一开始比较慢，然后当采用者达到一定数量（即"临界数量"）后，扩散过程会突然加快，直到系统中有可能采纳创新的人大部分都已采纳创新，到达饱和点，扩散速度又逐渐放慢。创新采纳者的数量随时间而呈现出"S"形的变化轨迹（即S曲线）。一般来讲，一项新技术在普及率达到10%—20%时将进入快速扩张期。[1] 按照这一理论,目前主要信息技术在中国已全面进入快速扩张期。

尽管如此,仍有两个原因使得数字鸿沟变化呈现出多样性特征。一方面,一项新技术在不同人群中的扩张轨迹不一样,导致数字鸿沟在不同时期表现迥然不同。比如,城市计算机应用已进入快速扩张期,而农村计算机应用还刚刚起步,使得城乡计算机应用方面的差距长期处在高位。另一方面,特定时期内不同新技术在同一人群内的扩张轨迹会有很大差别,也会引起数字鸿沟的变化。比如同样在农村,移动电话、彩电已进入快速扩张中后期,而互联网、计算机应用还处在起步期,这也会带来数字鸿沟变化的不一致。

——互联网:正处在快速扩张初期

中国互联网实现1亿用户规模大约用了10年左右的时间。2006年互联网普及率首次突破10%(实际为10.5%)后,开始进入快速扩张期,实现第2个亿级用户只用了2年的时间。2007年底全国互联网用户达到2.1亿户,普及率上升到16%。毫无疑问,2008年中国互联网用户总规模将超过美国,成为名副其实的互联网用户第一大国。考虑到互联网普及率的饱和点在80%左右,中国互联网扩张期还有很长。值得一提的是,现有网民中宽带用户已占到77.8%,宽带用户普及率也已达到12%,也开始进入快速扩张期(参见图2-2)。

——计算机:整体处于快速扩张初期,但城乡差别较大

城市家庭计算机普及率在2001年达到13%以后进入快速扩张期,2006年达到47%;而农村家庭计算机普及率到2006年还只有2.7%,离到达快速扩张所需要的临界数量还有较大的距离(参见图2-3)。全国

---

① 参见〔美〕埃弗雷特·M.罗杰斯,《创新的扩散》第4版,中央编译出版社,2006年6月第1版。

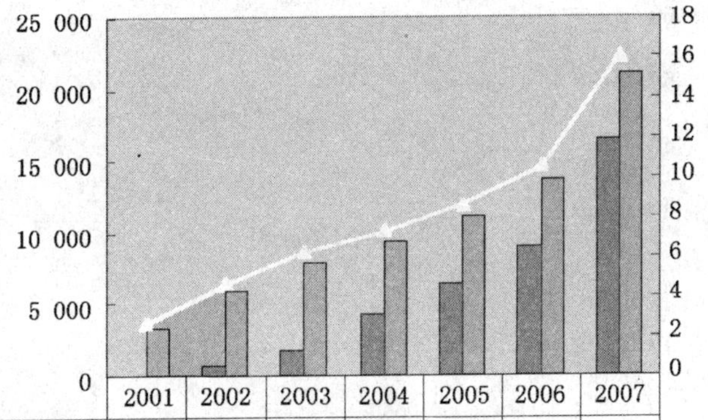

	2001	2002	2003	2004	2005	2006	2007
宽带上网网民数(万人)		660	1 740	4 280	6 430	9 070	16 338
网民总人数（万人）	3 370	5 910	7 950	9 400	11 100	13 700	21 000
网民普及率（%）	2.64	4.6	6.15	7.23	8.6	10.5	16

图 2－2　2001—2007 年中国互联网用户变化及扩张曲线

百户家庭计算机拥有量在 2003 年达到 12.1 台后，从理论上说也已开始进入快速扩张期，但由于受农村影响，随后几年整体上快速扩张的形势并不是很显著，2006 年达到 22.1 台后快速扩张的趋势得到强化。即便以每个家庭拥有 1 台计算机作为基本饱和点，中国城乡居民家庭计算机扩张的空间也非常巨大。

——固定电话：出现低水平上的停滞现象

中国固定电话到 1999 年 7 月实现第一个用户总量过亿，总共用了约 50 年的时间。此后进入快速扩张期，2006 年总用户36 781万户，普及率达到 28.1%。按照国际上通常在 50%—60% 达到饱和点的常规，中国目前的普及率水平应该正处于快速扩张期。但 2007 年出现了用户总量（36 545万户）和普及率（27.8%）都比上年下降的现象（参见图 2－4）。从国际上看，发达国家固定电话普及率都出现了下降趋势，主要原因是移动电话的普及造成的，即所谓的“移动替代”。中国一些发达地区（如北京）移动替代现象在前几年就开始出现了，但全国普及率在如此低的水平上出现下降绝不是用简单的移动替代现象就可以解释的。从多数

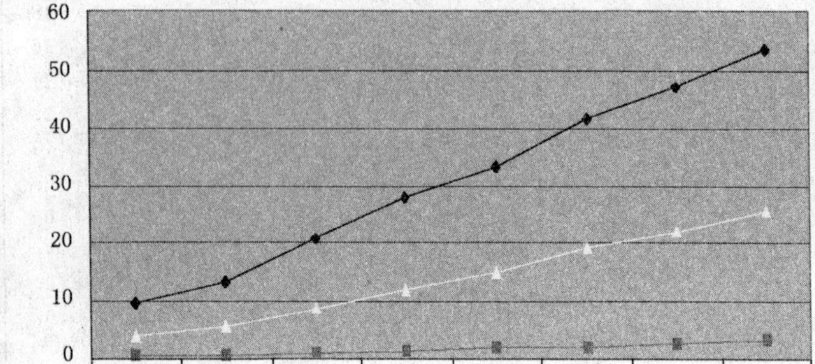

	2000	2001	2002	2003	2004	2005	2006	2007
城市	9.7	13.3	20.6	27.8	33.1	41.5	47	53.5
农村	0.5	0.7	1.1	1.4	1.9	2.1	2.7	3.1
全国	3.8	5.4	8.7	12.1	14.9	19.0	22.1	25.7

图 2－3　2000—2007 年中国城乡计算机扩张曲线[①]（%）

农村地区的相当一部分居民家庭既没有移动电话也没有固定电话的现象可以得出结论，目前在固定电话扩散过程中出现的是虚假“饱和”。造成这一现象的表面原因是“需求间歇”，深层次原因还在于普遍服务原则没有落实，以及由此产生的支付能力与资费水平之间的不适应。

——移动电话：正处在快速扩张期

与固定电话的低迷相比，移动电话的快速扩张可谓是如日中天。在 2001 年首次突破 1 亿用户、普及率超过 10% 以后，移动电话开始进入快速扩张期。此后大约每一年半就新增 1 亿用户，并在 2003 年首次超过固定电话用户。到 2007 年底，中国移动电话用户达到 5.47 亿用户，普及率达到 41.7%（参见图 2－5）。从国际上看，移动电话的饱和点在 100% 左右，已经有部分国家达到这一目标，中国部分地区（如北京、上海等城市）已达到或接近这一水平。但从全国来看，增长空间仍然很大。

① 2007 年城乡居民家庭 PC 拥有量为预测数，全国数据根据历年城乡人口比重计算得出。

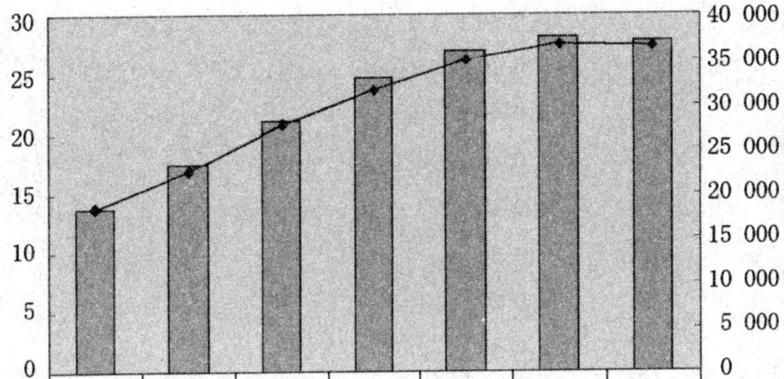

	2001	2002	2003	2004	2005	2006	2007
固定电话普及率(%)	13.9	17.4	21.2	24.9	27	28.1	27.8
固定电话用户(万户)	18 383	22 408	27 836	31 600	35 043	36 781	36 545

图 2-4　2001—2007 年中国固定电话用户变化情况

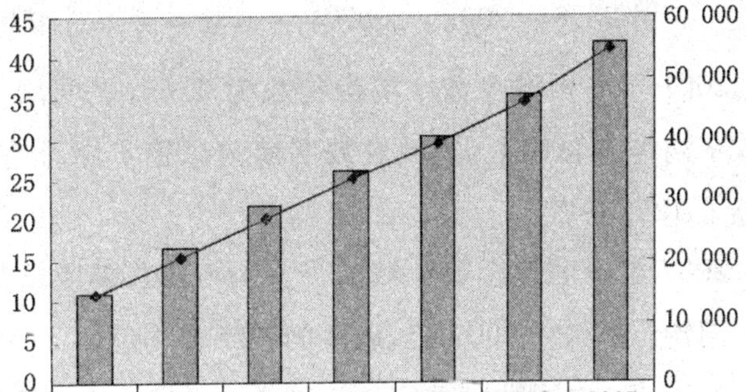

	2001	2002	2003	2004	2005	2006	2007
移动电话普及率(%)	11.2	16.6	21.9	25.9	30.3	35.3	41.7
移动电话用户(万户)	14 522	20 601	26 995	33 400	39 343	46 108	54 729

图 2-5　2001—2007 年中国移动电话用户变化情况

2.2.2 数字鸿沟进一步缩小

2007 年中国数字鸿沟总指数为 0.45，表明仍然存在明显的数字鸿沟。从变化趋势看，中国数字鸿沟总指数继续呈下降趋势。2002—2007 年，中国数字鸿沟缩小了近 21%（参见图 2-6）。

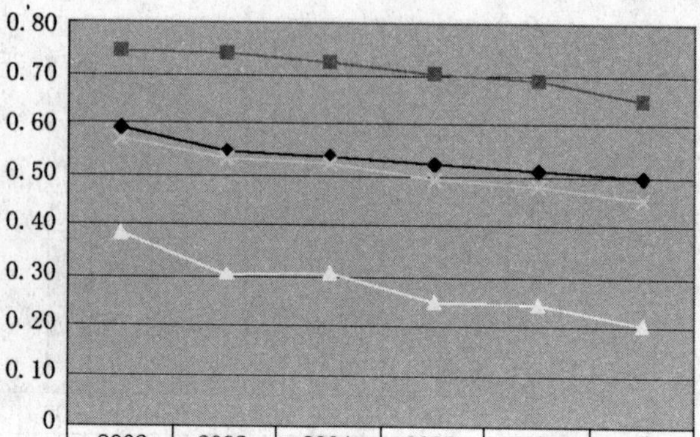

	2002	2003	2004	2005	2006	2007
地区DDI	0.59	0.54	0.54	0.53	0.51	0.50
城乡DDI	0.74	0.74	0.73	0.70	0.69	0.65
性别DDI	0.38	0.30	0.31	0.25	0.24	0.20
数字鸿沟总指数(DDI)	0.57	0.53	0.52	0.49	0.48	0.45

图 2-6　2002—2007 年中国数字鸿沟总指数变化情况

2007 年中国城乡数字鸿沟指数为 0.65，表明城乡之间仍存在巨大的数字鸿沟。总体上看，城乡数字鸿沟呈稳步缩小态势，2002—2007 年缩小了 12%左右。

2007 年中国地区数字鸿沟指数为 0.50，表明地区之间存在明显的数字鸿沟。2002—2007 年，地区间数字鸿沟缩小了 15%。

2007 年，中国性别数字鸿沟指数为 0.20，比上年继续缩小。2002—2007 年，性别数字鸿沟缩小了 47%。总体上看，性别数字鸿沟已不是十分明显，与发达国家情况基本相似。

2.3 城乡数字鸿沟

城乡数字鸿沟是指城市居民与农村居民在拥有和使用信息技术方面的差距。

城乡数字鸿沟综合指数是反映城乡数字鸿沟水平的主要指标，代表城乡数字鸿沟的大小，由城乡互联网、计算机、固定电话、移动电话和彩色电视普及率五个相对差距指数构成。其中互联网、计算机、彩电各占1/4权重，固定电话和移动电话各占1/8权重。

为适应对比分析需要，在进行城乡数字鸿沟分析时，同时测算了绝对差距和相对差距，但在合成城乡数字鸿沟综合指数时一律使用相对差距指数。

2.3.1 城乡互联网差距

城乡互联网差距是指城市居民与农村居民在互联网应用方面存在的差距。考察指标是城乡居民互联网普及率。城乡互联网相对差距指数（城乡 DDI -互联网）是用来考察城乡互联网数字鸿沟的主要指标。

2007年城市网民普及率为27.4%，比上年提高了7.2个百分点，增长了35.8%。农村网民普及率为7.2%，比上年提高了4.1个百分点，增长了132%（参见图2－7）。

从相对差距看，城市网民普及率是农村网民普及率的3.8倍，与上年6.5倍相比差距缩小了58%。

从绝对差距看，城市网民普及率高出农村20.2个百分点，比上年增加4.1个百分点，差距比上年拉大了18%。

农村网民普及率为全国平均水平的45%，差距指数为0.55，比上年的0.7缩小了21.4%。

城乡之间互联网相对差距指数为0.74，表明中国城市和农村之间在互联网应用方面仍然存在着巨大的数字鸿沟。与上年相比，城乡互联网差距指数下降了12.9%。在此之前，城乡互联网差距指数一直稳定在0.85左右。

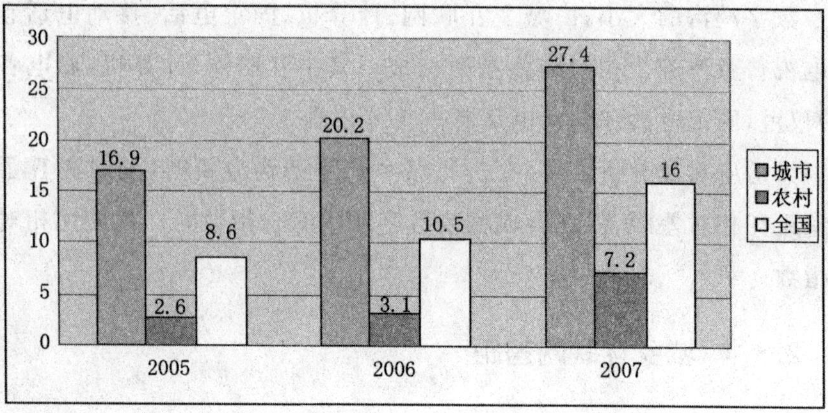

图 2-7 2005—2007 年中国城乡网民普及率(%)①

2.3.2 城乡计算机差距

城乡计算机差距是指城乡居民在拥有和使用计算机方面存在的差距。考察指标是城乡居民家庭每百户计算机拥有量。城乡计算机相对差距指数(城乡 DDI-PC)是用来考察城乡计算机数字鸿沟的主要指标。

2007 年城市居民家庭每百户拥有计算机 53.3 台,比上年增加 6.1 台,增长 12.9%。农村居民家庭每百户拥有计算机 3.4 台,比上年增加 0.7 台,增长 25%。城市居民家庭计算机拥有量是农村的 16 倍(参见图 2-8)。

从绝对差距看,2007 年城市家庭每百户计算机拥有量高出农村 49.9台,比上年高出 5.4 台(参见图 2-9)。

从相对差距看,2007 年城乡计算机相对差距指数为 0.94(农村比城市落后 94%),表明农村与城市之间在计算机应用上存在巨大的数字鸿

① 资料来源:中国互联网络信息中心。2007 年城市、农村网民普及率按城乡人口数及城乡网民数推算。

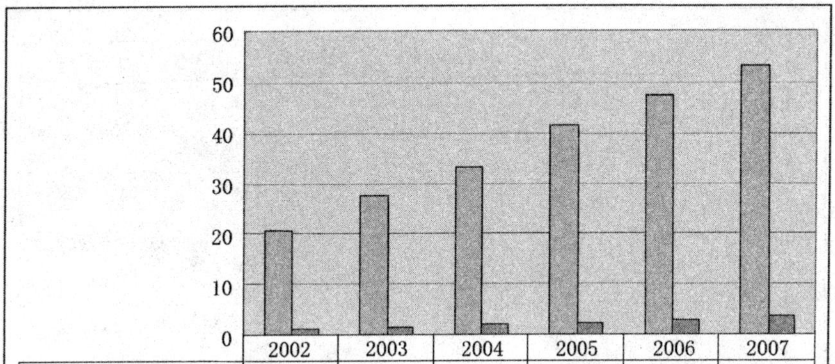

	2002	2003	2004	2005	2006	2007
■城市百户家庭计算机拥有量	20.6	27.8	33.1	41.52	47.2	53.3
■农村百户家庭计算机拥有量	1.1	1.4	1.9	2.1	2.73	3.4

图 2-8　2002—2007 年中国城乡家庭计算机拥有量变化情况(台/百户)[①]

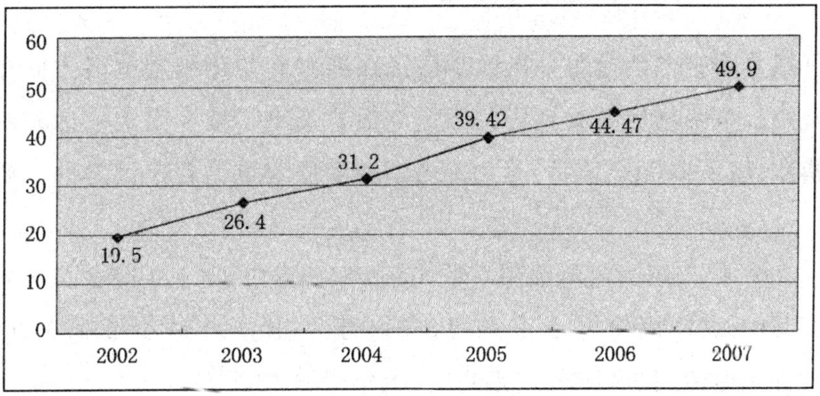

图 2-9　2002—2007 年中国城乡计算机绝对差距变化情况(%)

沟。从变化趋势上看,2000 年以来城乡计算机相对差距总体变化不大(参见图 2-10)。

① 资料来源:《中国统计年鉴》。2007 年数据为预测数。

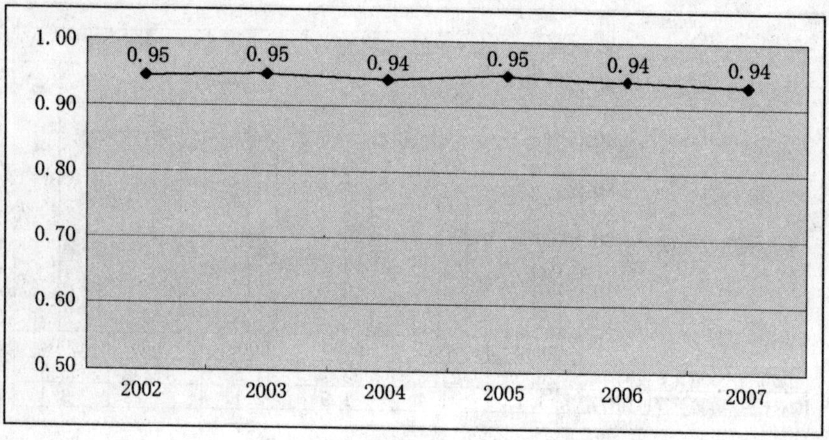

图 2-10　2002—2007 年中国城乡计算机相对差距指数变化情况

2.3.3 城乡固定电话差距

城乡固定电话差距是指城乡居民在拥有和使用固定电话方面存在的差距。考察指标是城乡居民固定电话普及率。城乡固定电话相对差距指数(城乡 DDI-固话)是用来考察城乡固定电话数字鸿沟的主要指标。

2007 年全国固定电话用户数为36 544.8万户,比上年减少 236.4 万户。其中,城市固定电话用户24 859.4万户,比上年减少 279.3 万户。农村固定电话用户11 685.5万户,比上年增加 43 万户。

2007 年城市固定电话普及率为 41.9%,比上年下降 1.7 个百分点,也是中国城市电话扩散历史上首次出现普及率下降(参见图 2-11)。

2007 年农村固定电话普及率为 16.1%,比上年提高 0.3 个百分点,上升速度明显放慢(参见图 2-12)。

由于城市固话整体水平开始下降,城乡固话差距呈进一步缩小趋势。

从绝对差距看,2007 年城乡固定电话普及率绝对差距为 25.8 个百

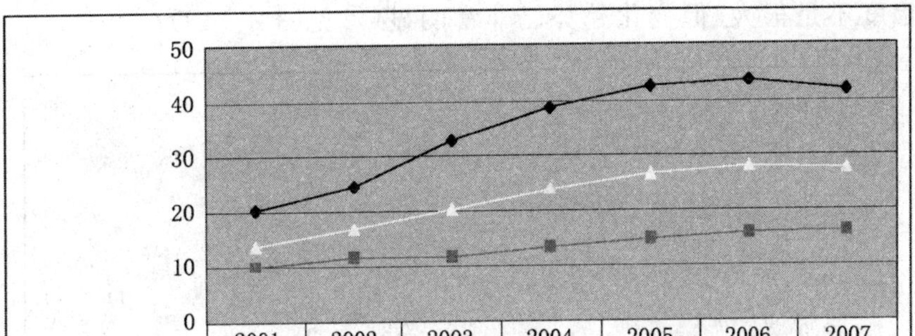

	2001	2002	2003	2004	2005	2006	2007
城市固话普及率	20.4	24.8	32.7	38.8	42.7	43.6	41.9
农村固话普及率	10.0	11.7	12.0	13.4	14.8	15.8	16.1
全国固话普及率	13.9	16.8	20.4	24.0	26.8	28.0	27.7

图 2-11　2001—2007 年中国城乡固定电话普及率变化情况(部/百人)①

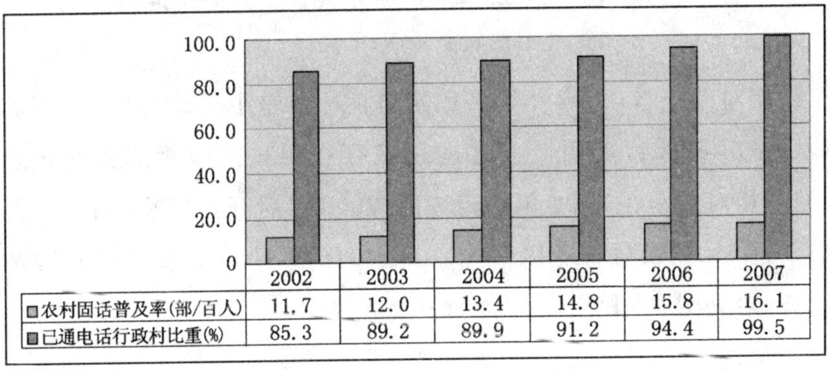

	2002	2003	2004	2005	2006	2007
农村固话普及率(部/百人)	11.7	12.0	13.4	14.8	15.8	16.1
已通电话行政村比重(%)	85.3	89.2	89.9	91.2	94.4	99.5

图 2-12　2002—2007 年中国农村固话普及率与已通电话行政村比重对比情况

分点，比上年减少 2 个百分点，缩小幅度近 8%。从图 2-13 可以看出，城乡固定电话绝对差距从 2002 年的 13.1 个百分点一路攀升到 2005 年的 27.8 个百分点，2006年出现徘徊，2007年首次出现下降。尽管下降

① 根据有关统计数据测算，其中城市、农村固定电话用户数来源于原信息产业部历年通信月报数据，城乡人口数来源于国家统计局中国统计年鉴(2007 年人口数为统计公报提供的数据)。本表全部使用当年数据进行测算，测算结果与信息产业部公布的数据略有出入。

的幅度不是很大，但变化趋势已非常明显（参见图 2-13）。

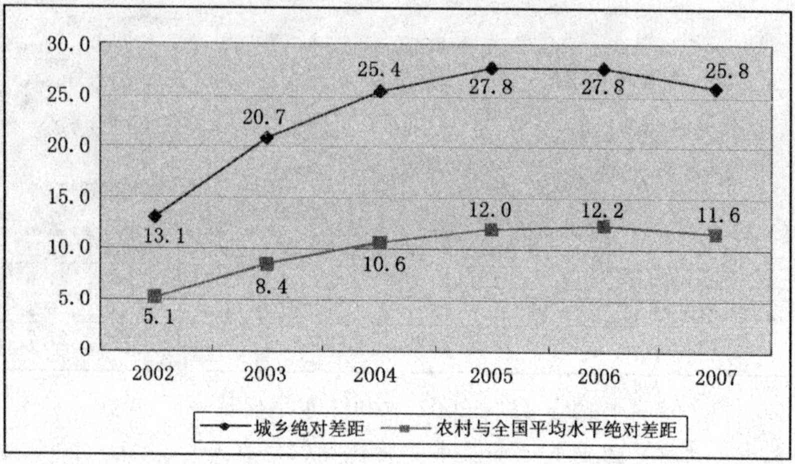

图 2-13　2002—2007 年中国城乡固定电话
普及率绝对差距变化情况（%）

从相对差距看，2007 年城乡固定电话相对差距指数为 0.62（即农村落后于城市 62%），表明城乡之间仍然存在明显的差距。从变化趋势看，城乡相对差距在 2004 年达到峰值，2006 年后开始缩小，两年内差距缩小了近 5%。农村与全国平均水平之间的差距也呈现大致相同的变化趋势（参见图 2-14）。

2.3.4　城乡移动电话差距

城乡移动电话差距是指城乡居民在拥有和使用移动电话方面存在的差距。主要考察指标是城乡居民家庭每百户移动电话拥有量。城乡移动电话相对差距指数（城乡 DDI－移动）是用来考察城乡移动电话数字鸿沟的主要指标。

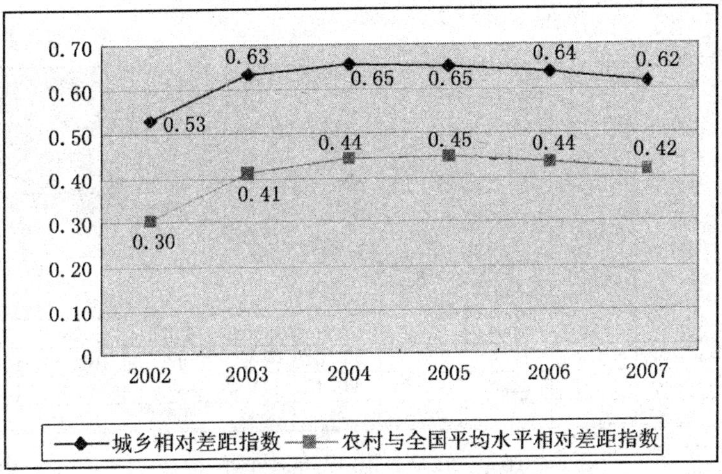

图 2－14　2002—2007 年中国城乡固定电话相对差距指数变化情况

2006 年城市居民家庭每百户拥有移动电话 152.9 部①，比上年增加 15.9 部，增长 11.6%。农村居民家庭每百户拥有移动电话 62.1 部，比上年增加 11.9 部，增长 23.5%。城市家庭移动电话普及率是农村的 2.5倍(参见图 2－15)。

从绝对差距看，2006 年城市居民家庭每百户拥有移动电话量高出农村 91 部，比上年扩大 44 部，比 2002 年扩大 41 部。绝对差距连年扩大，表明城市移动电话普及率仍处于急速上升期，其扩张幅度比农村要大(参见图 2－16)。

按 2006 年户均人口 3.17 人计算，当年城市移动电话普及率为 53%(即每百人拥有 53 部电话)。国际上一般将移动电话普及率的饱和点设定为100%。据此观察，中国城市移动电话扩散正处于快速扩张的峰

① 由于无法得到按城乡划分的移动电话普及率数据，本报告仍使用城乡居民每百户拥有的移动电话统计数据。与固定电话有所不同，移动电话话机拥有量与移动电话用户数更为接近，以之进行差距比较仍有较高可信度(实际测算表明，移动电话机拥有率比普及率一般会高出 1—2 个百分点)。

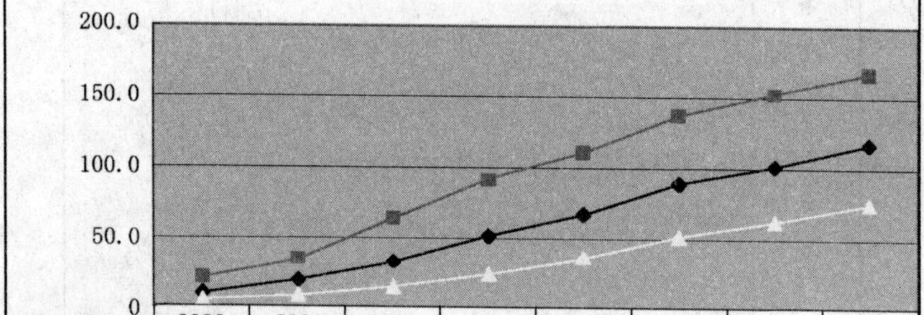

	2000	2001	2002	2003	2004	2005	2006	2007
全国	9.8	17.9	32.9	50.6	66.7	87.5	101.9	116.6
城市	19.5	34.0	62.9	90.1	111.4	137.0	152.9	168.2
农村	4.3	8.1	13.7	23.7	34.7	50.2	62.1	74.5

图 2－15　2000—2007 年中国城乡居民
家庭移动电话拥有量变化情况（部/百户）[①]

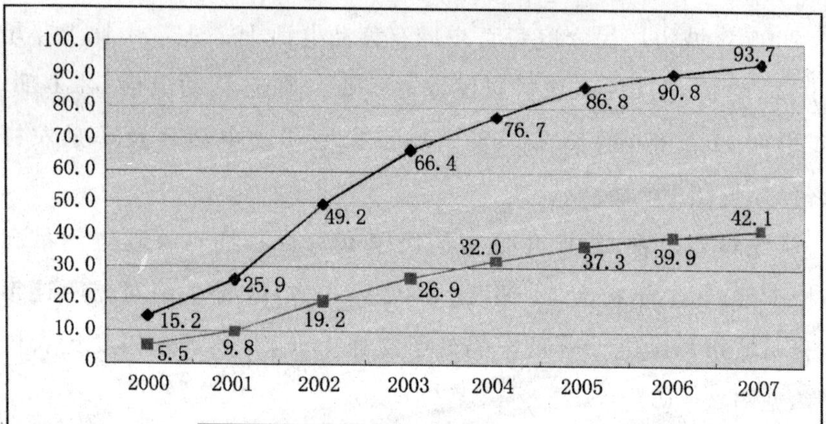

图 2－16　2000—2007 年中国城乡
移动电话绝对差距变化情况（%）

期。同年，农村移动电话普及率约为23.5%，正处于快速扩张的前期。

① 资料来源：2000—2006 年全国城乡居民家庭每百户移动电话数来源于国家统计局《中国统计年鉴》。全国平均水平数据根据当年城乡人口比重推算。2007 年数据为预测数。

可以预测,2006年以后城市移动电话普及扩张幅度会有所减缓,而农村将加速扩张,城乡移动电话差距会逐步缩小。

从相对差距看,2006年城乡移动电话相对差距指数为0.59(即农村落后于城市59%),比上年下降6%。从2002年起,城乡移动电话相对差距指数逐年缩小,表明农村移动电话增长速度快于城市(参见图2-17)。

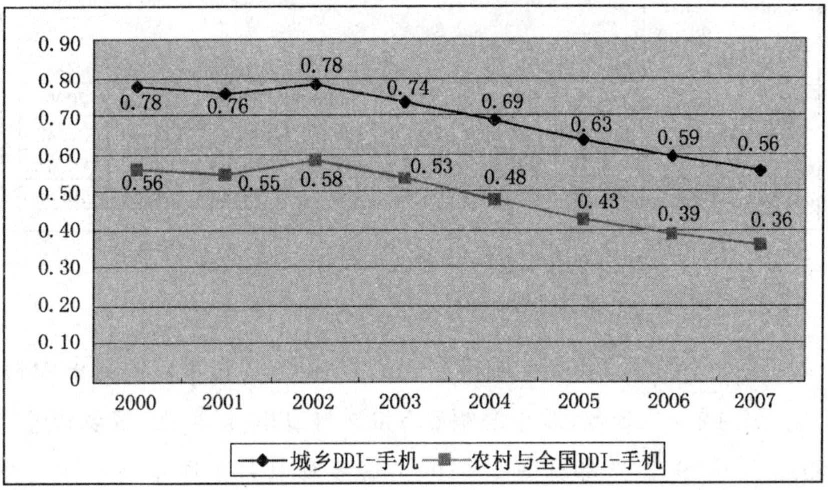

图2-17　2000—2007年中国城乡移动电话相对差距指数变化情况

2.3.5 城乡电视差距

城乡电视差距是指城乡居民在拥有和使用电视机方面存在的差距,以"城乡彩电相对差距指数(城乡DDI-彩电)"来表示。主要考察指标是城乡居民家庭每百户彩电拥有量。

2006年城市居民家庭每百户彩电拥有量为137.43台,比上年增加2.63台,增长1.95%。农村居民家庭每百户拥有彩电89.43台,比上年增加5.43台,增长6.46%。城市家庭彩电拥有量是农村的1.54倍(参见图2-18)。

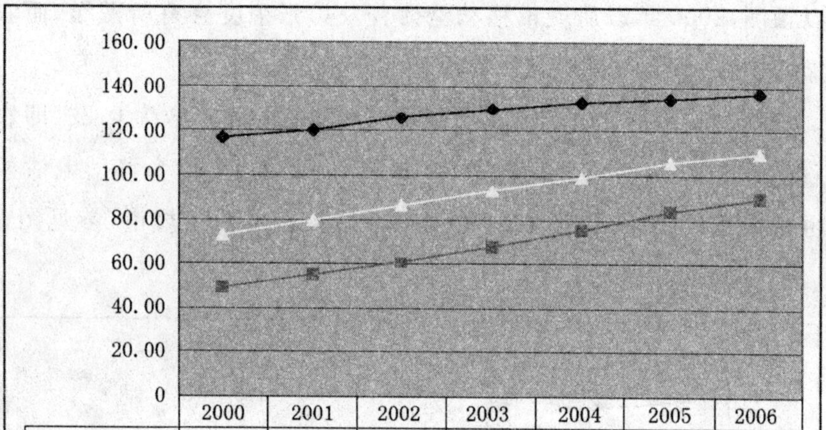

	2000	2001	2002	2003	2004	2005	2006
城市	116.56	120.52	126.38	130.50	133.44	134.80	137.43
农村	48.74	54.41	60.45	67.80	75.09	84.00	89.43
全国	73.30	79.31	86.22	93.21	99.46	105.84	110.50

图 2-18　2000—2006 年中国城乡居民家庭彩电拥有量变化情况(部/百户)①

从绝对差距看,2006 年城市居民百户家庭彩电拥有量高出农村 48 台,比上年减少 2.8 台,差距缩幅 5.5%。与 2000 年相比,城乡彩电绝对差距缩小了 29.2%(参见图 2-19)。城乡彩电差距连年缩小主要是因为城市彩电扩散已接近饱和,扩张幅度明显减缓,而农村彩电扩散仍有很大的增长空间。

从相对差距看,2006 年城乡彩电相对差距指数为 0.35(即农村落后于城市 35%),比上年下降约 8%(参见图 2-20)。从 2000 年起,城乡彩电相对差距指数逐年缩小,表明农村彩电增长速度快于城市。

2.3.6　城乡数字鸿沟综合指数

城乡数字鸿沟综合指数(城乡 DDI)是由五项城乡信息技术应用相

---

① 资料来源:2000—2006 年全国城乡居民家庭每百户移动电话数来源于国家统计局《中国统计年鉴》。全国平均水平数据根据当年城乡人口比重推算。

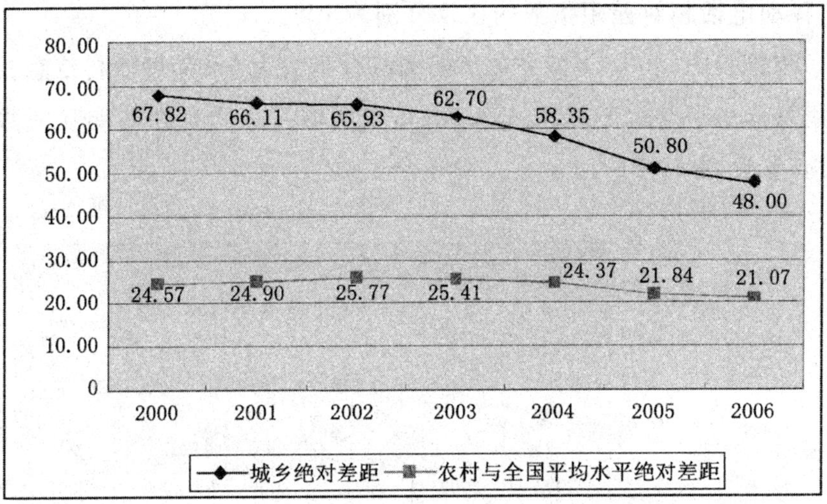

图 2－19　2000—2006 年中国城乡彩电绝对差距变化情况(%)

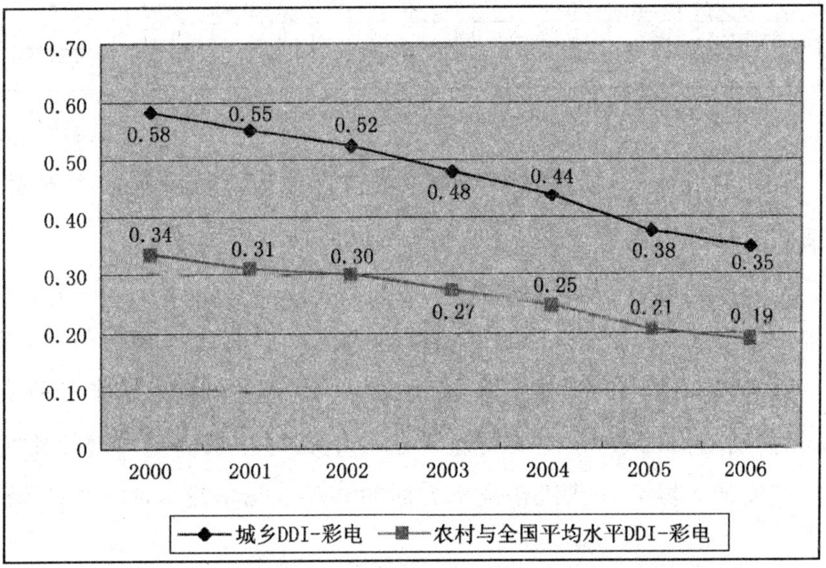

图 2－20　2000—2006 年中国城乡彩电相对差距指数变化情况

对差距指数加权计算得出的一个合成指标，它反映的是城乡数字鸿沟总体水平。其中互联网、计算机、彩电相对差距的权重分别为 1/4，固定电话、移动电话相对差距指数的权重分别为1/8。

测算表明，2007年城乡数字鸿沟综合指数为0.65，即农村信息技术应用总体水平落后于城市65%左右，表明城乡之间存在着明显的数字鸿沟(参见图2-21)。

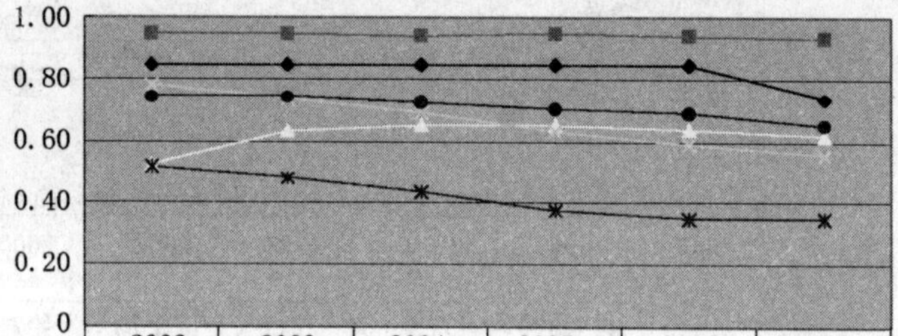

	2002	2003	2004	2005	2006	2007
城乡DDI-互联网	0.85	0.85	0.85	0.85	0.85	0.74
城乡DDI-计算机	0.95	0.95	0.94	0.95	0.94	0.94
城乡DDI-固定电话	0.53	0.63	0.65	0.65	0.64	0.62
城乡DDI-移动电话	0.78	0.74	0.69	0.63	0.59	0.56
城乡DDI-彩电	0.52	0.48	0.44	0.38	0.35	0.35
城乡DDI	0.74	0.74	0.73	0.70	0.69	0.65

图2-21　2002—2007年中国城乡数字鸿沟指数及其变化情况[①]

从分类指标看，城乡数字鸿沟主要体现在计算机和互联网方面，固定电话和移动电话方面的差距居中，彩电方面的差距最小。

从变化趋势看，城乡数字鸿沟呈缩小趋势，2002—2007年城乡数字鸿沟指数下降了12.2%。由于农村信息技术扩散启动相对较慢，因此城乡数字鸿沟缩小的速度还不够快。这一情况在2007年有了较大改观，除移动电话因素外，主要得益于这一年农村互联网用户规模出现了大幅度增加。城乡计算机普及率方面的差距近几年没有明显的变化。

① 2002—2004年城乡互联网差距指数因缺乏有效数据，统一以2005年实际数据代替。2007年“城乡DDI-彩电”使用的是上年数据。

2.4 地区数字鸿沟

地区数字鸿沟是指各地区在拥有和使用现代信息技术方面存在的差距。考察对象是全国31个省、自治区、直辖市。

地区数字鸿沟总指数(地区DDI)是反映地区数字鸿沟水平的主要指标,代表地区数字鸿沟的大小,由地区互联网、计算机、固定电话、移动电话、彩电五个相对差距指数构成。在计算地区间考察指标的相对差距指数时,本报告统一使用各年最低地区普及率与全国平均水平进行比较计算。

为更好地反映地区间差异及其变化趋势,本报告还对地区间基尼系数进行了测算。

2.4.1 地区互联网差距

地区互联网差距是指不同地区之间在互联网应用方面存在的主要差距。考察指标是互联网普及率。

2007年,全国互联网普及率达到16%,比上年增加5.5个百分点。

从绝对差距看,最低地区普及率与最高地区及全国平均水平间的差距都呈进一步扩大趋势(参见图2-22)。2007年,最低地区互联网普及率落后全国平均水平10个百分点,这一差距水平是2000年(相差1.52个百分点)的6.6倍。如果用最落后地区与最先进地区进行比较,差距会更加明显。2000年最落后地区互联网普及率比最先进地区落后19.91个百分点,到2007年这一差距扩大到40.6个百分点。

地区互联网相对差距呈下降趋势。2007年地区互联网相对差距指数(地区DDI-互联网)为0.63(即最低地区落后于全国平均水平63%),比2000年下降了26.7%(即差距缩小了26.7%)(参见图2-23)。

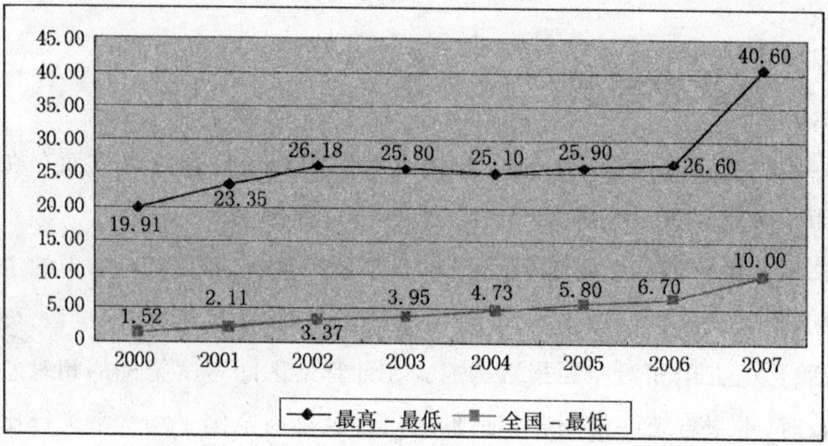

图 2－22　2000—2007 年中国地区互联网绝对差距变化情况(%)

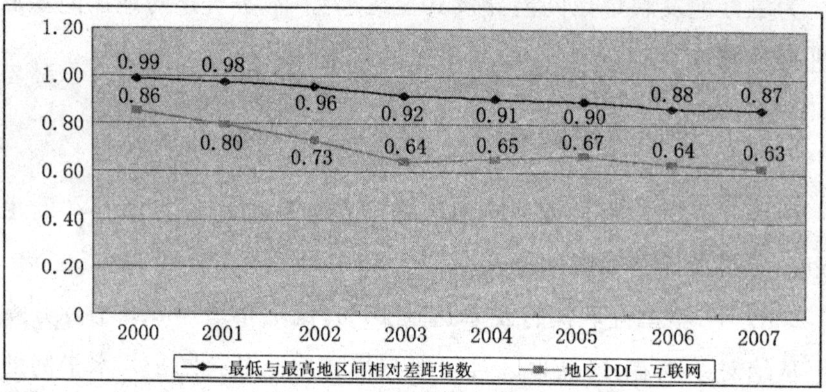

图 2－23　2000—2007 年中国地区互联网相对差距指数变化情况

2007 年地区互联网普及率基尼系数为 0.2930，在上年首次低于人均 GDP 地区基尼系数的基础上继续下降(参见图 2－24)。[①]基尼系数下降也表明地区互联网差距在进一步缩小。

① 地区基尼系数计算公式：$G_k = \frac{2}{n}\sum_{i=1}^{n} iX_i - \frac{n+1}{n}$；$X_i = Y_i / \sum_{i=1}^{n} Y_i (X_1 < X_2 < \cdots < X_n)$。其中：$G_k$ 为第 K 变量的地区基尼系数；X_i 为各省变量值占全国总量的份额(按由低到高顺序排列)；Y_i 为各省变量值；n 为省区数量。

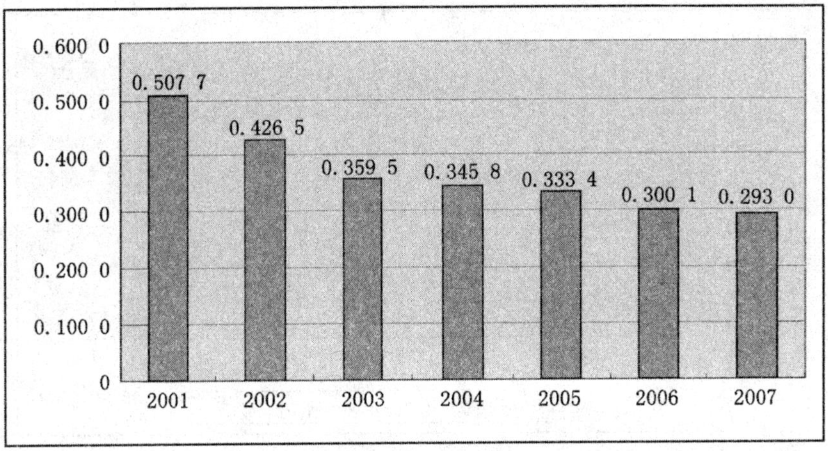

图 2-24　2001—2007 年中国地区互联网基尼系数变化情况

2.4.2 地区计算机差距

地区计算机差距是指不同地区之间在拥有和使用计算机方面存在的差距。考察指标是城市居民家庭每百户计算机拥有量。

2006 年年底,中国城市居民家庭每百户计算机拥有量达到 47.2 台,比上年增加 5.7 台,增长 14%。

从绝对差距看,2006 年每百户拥有计算机量最低地区落后于全国平均水平 27.66 台,比上年扩大 5.14 台,差距扩大了 22.8%(参见图 2-25)。由于发达地区计算机应用正处于快速扩张期,导致地区间绝对差距呈逐年扩大趋势:2006 年地区计算机绝对差距是 2001 年的 3.7 倍。如果拿最低地区与最高地区进行比较,则地区间计算机绝对差距还要大得多,2006 年最高地区比最低地区高出 76.16 台。

从相对差距看,2006 年地区计算机拥有量相对差距指数(地区 DDI-计算机)为 0.59,最低地区落后于全国平均水平 59%,表明地区间计算机应用存在明显数字鸿沟(参见图 2-26)。从变化趋势看,近几年地区计算机相对差距缩小幅度不明显,2006 年还有所扩大,表明发达

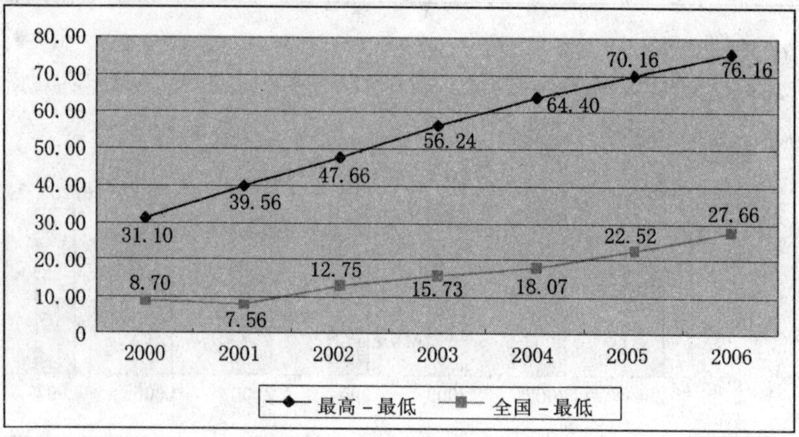

图 2－25　2000—2006 年中国地区计算机绝对差距变化情况(%)

地区计算机应正处在快速扩张期,而落后地区扩张速度不快。

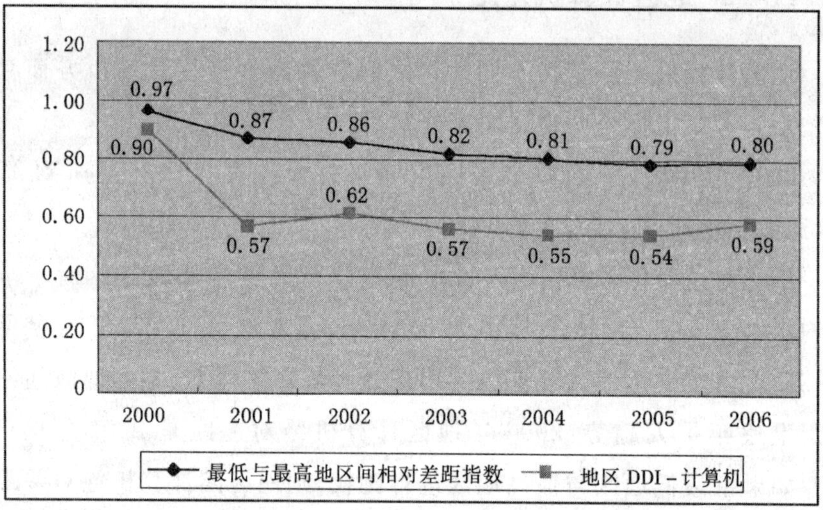

图 2－26　2000—2006 年中国地区计算机相对差距指数变化情况

2006 年城市家庭计算机普及率的地区基尼系数为 0.22,比上年下降 6%,比 2000 年下降近 40%(参见图 2－27)。总体上看,计算机普及应用的地区间差异呈逐年缩小趋势。

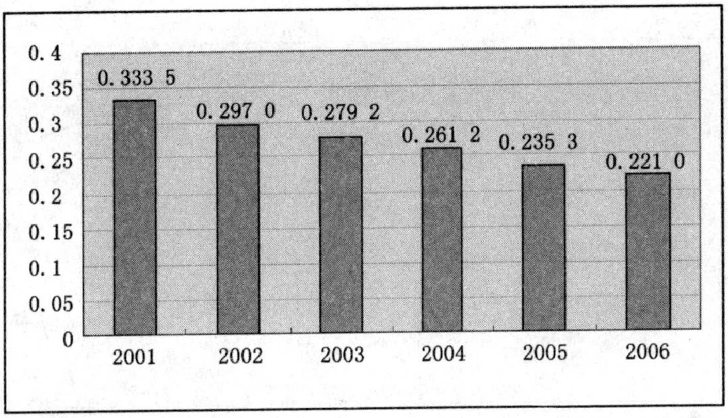

图 2－27　2001—2006 年地区计算机基尼系数变化情况

2.4.3 地区固定电话差距

地区固定电话差距是指不同地区之间在拥有和使用固定电话方面存在的差距。考察指标是固定电话普及率。

2007 年，全国固定电话普及率为 27.8%，比上年降低 0.3 个百分点。从绝对差距看，以 2004 年为分水岭，地区间固定电话差距从不断扩大开始转向逐渐缩小(参见图 2－28)。

从相对差距看，2007 年最低地区固定电话普及率仅相当于全国平均水平的一半，地区固定电话相对差距指数为 0.50(即最低地区落后于最高地区 50%)，比最高峰 2004 年的 0.59 下降了 15%(即差距缩小了 15%)(参见图 2－29)。

2007 年中国固定电话的地区基尼系数为 0.2024，继续呈下降趋势，也表明地区间固定电话差距在进一步缩小(参见图 2－30)。

2.4.4 地区移动电话差距

地区移动电话差距是指不同地区之间在拥有和使用移动电话方面存在的差距。考察指标是移动电话普及率。

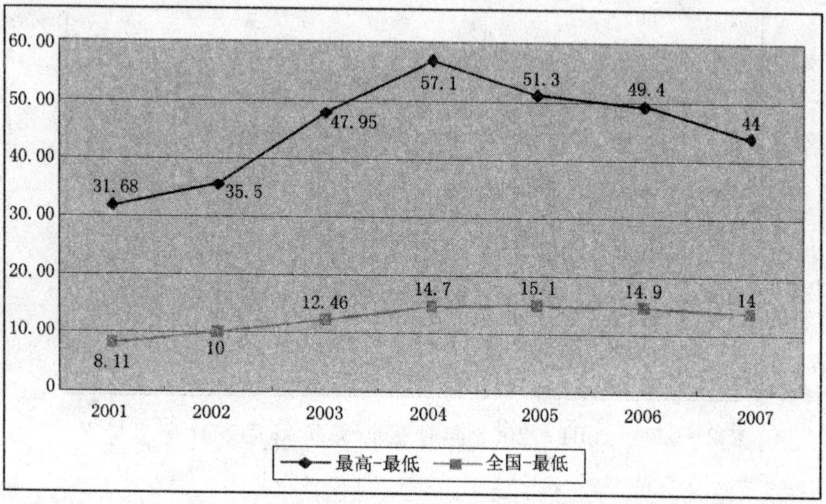

图 2－28　2001—2007 年中国地区固定电话绝对差距变化情况(%)

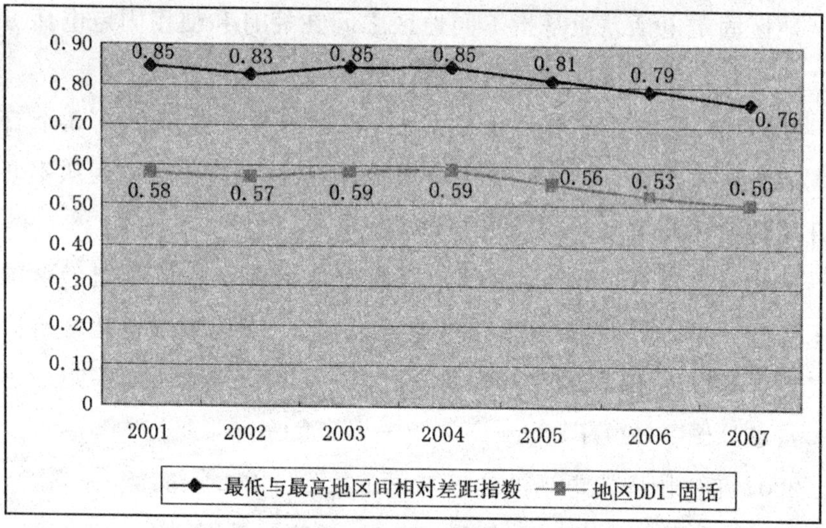

图 2－29　2001—2007 年中国地区固定电话相对差距指数变化情况

从绝对差距看,最低地区移动电话普及率与全国平均水平间的差距仍在继续扩大,2007 年二者相差 19.4 个百分点,比上年增加 1.6 个百分点,差距扩大了 9%(参见图 2－31)。造成这一现象的主要原因是越

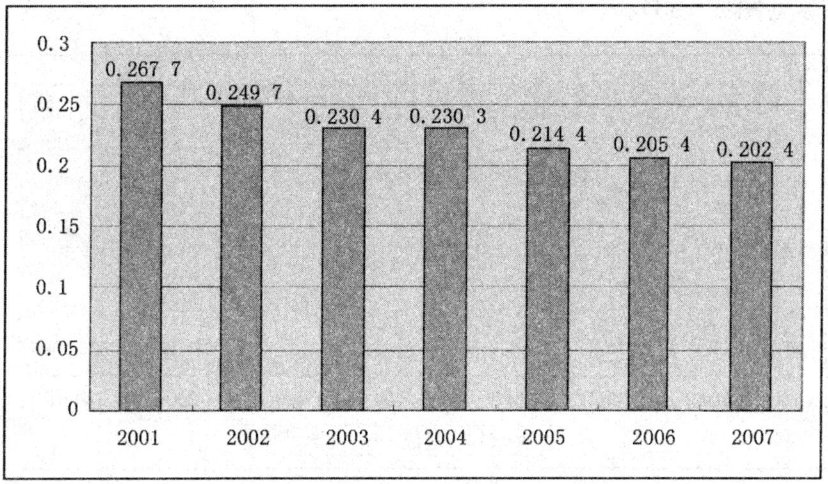

图 2-30　2001—2007 年中国地区固定电话基尼系数变化情况

来越多的较发达地区的移动电话进入了快速扩张期，导致全国平均的扩张速度比落后地区要快一些。如果用落后地区与最发达地区进行比较则会发现情况已出现明显变化：最低地区与最高地区间的差距从 2001 年的 39.9 个百分点一路扩大到 2005 年的 85.8 个百分点，2006 年后便开始下降，到 2007 年差距缩小到 78.9 个百分点。出现这一情况是因为：最高地区（北京）已达到移动电话普及率的基本饱和点（100 部/百人），扩张过程基本结束；而最低地区刚刚进入快速扩张期，扩张速度正处在上升区间。

从相对差距看，2007 年地区移动电话相对差距指数（地区 DDI－移动）为 0.78（即最低地区落后于全国平均水平 78%），比差距最大的 2002 年下降了 13%（即差距缩小了 13%）（参见图 2－32）。从变化趋势看，相对差距出现较为明显的下降是在 2005 年以后。（当年最落后地区移动电话普及率达到 13%，开始进入快速扩张期。）

2001—2007 年，移动电话普及率地区基尼系数从0.360 2逐年下降到0.206 1，也从另一方面表明地区间移动电话普及率的差距在逐年缩小(参见图 2-33)。

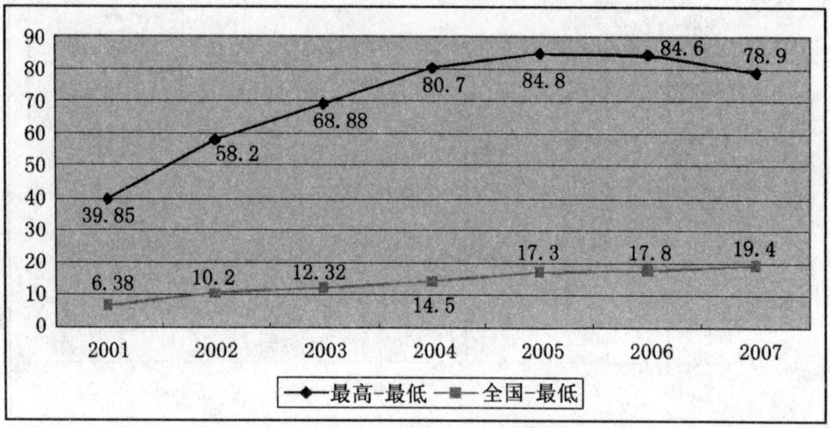

图 2-31　2001—2007 年中国地区移动电话绝对差距变化情况(%)

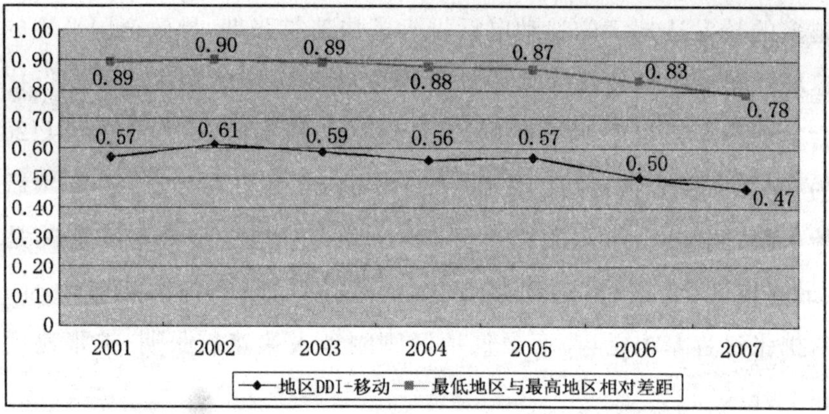

图 2-32　2001—2007 年中国地区移动电话相对差距指数变化情况

2.4.5 地区电视差距

地区电视差距是指不同地区之间在拥有和使用彩色电视机方面存在的差距,用“地区电视相对差距指数(地区 DDI-彩电)”来表示。考察指标是城乡居民每百户彩色电视机拥有量。

“地区电视相对差距指数(地区 DDI-彩电)”由“城市彩电地区间

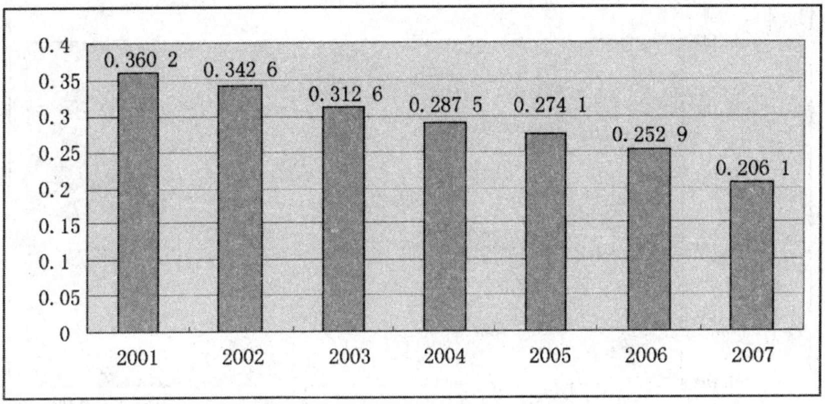

图 2-33　2001—2007 年中国移动电话普及率地区基尼系数变化情况

相对差距指数”和“农村彩电地区间相对差距指数”两个指标构成，二者各占 1/2 权重。

• 城市彩电地区间相对差距指数(地区 DDI—城市彩电)

城市彩电地区间相对差距指数(地区 DDI - 城市彩电)是反映不同地区的城市居民在拥有和使用彩色电视机方面存在的差距，考察指标是城市居民家庭每百户彩电拥有量。

2006 年最高地区(上海)城市居民家庭每百户拥有彩电 178.7 台，比上年增加 2 台；最低地区为 104.7 台，比上年减少 1 台(参见图 2-34)。

从绝对差距看，2006 年最低地区城市居民家庭每百户彩电拥有量比全国平均水平落后 32.8 台，比上年增大 3.7 台；最低地区与最高地区比落后 74 台，比上年增大 3 台(参见图 2-35)。

从相对差距看，2006 年城市彩电地区间相对差距指数(地区 DDI - 城市彩电)为 0.24(表明最落后地区的城市居民在彩电拥有量方面比全国平均水平低 24%)，比上年增长 9%(即差距扩大了 9%)(参见图 2-36)。不同地区间城市居民在彩电拥有量方面差距的进一步扩大，主要

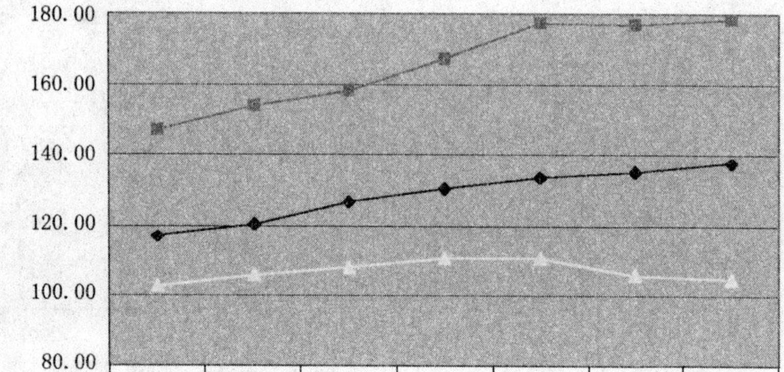

	2000	2001	2002	2003	2004	2005	2006
全国	116.56	120.52	126.38	130.50	133.44	134.80	137.43
最高	147.00	153.60	157.78	167.60	177.50	176.70	178.66
最低	102.48	105.61	107.63	110.44	110.53	105.70	104.66

图 2－34　2000—2006 年中国城市居民家庭彩电拥有量变化情况(台/百户)①

是因为发达地区城市居民每户添置多台彩电的需求较高,而落后地区这方面的需求受到了收入水平及消费习惯的抑制。

· 农村彩电地区间相对差距指数(地区 DDI－农村彩电)

农村彩电地区间相对差距指数(地区 DDI－农村彩电)是反映不同地区的农村居民在拥有和使用彩色电视机方面存在的差距,考察指标是农村居民家庭每百户彩电拥有量。

2006 年最高地区(上海)农村居民家庭每百户拥有彩电 166.8 台,比上年增加 9.5 台;最低地区为 57.3 台,比上年增加 8.8 台(参见图 2－37)。

从绝对差距看,2006 年最低地区农村居民家庭每百户彩电拥有量比全国平均水平低 32.1 台,比上年减少 3.3 台;最低地区比最高地区低

① 资料来源:国家统计局《中国统计年鉴》。

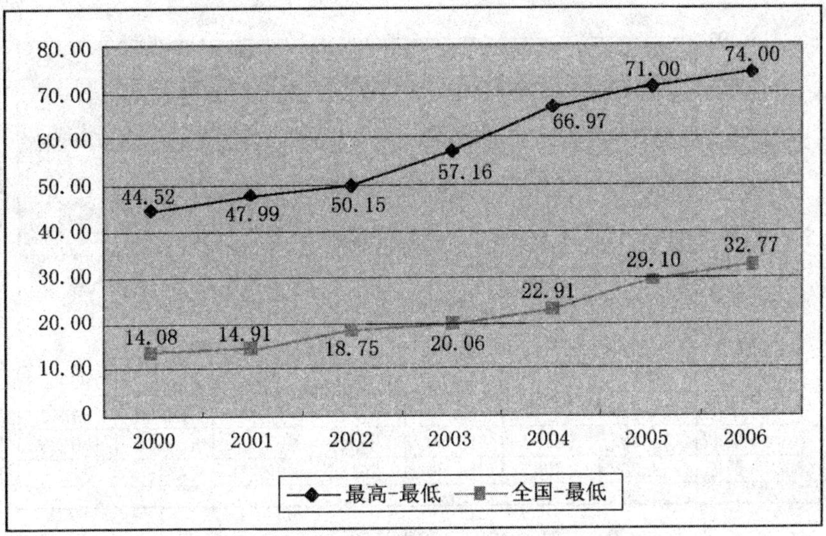

图 2－35　2000—2006 年中国城市彩电地区间绝对差距变化情况(台/百户)

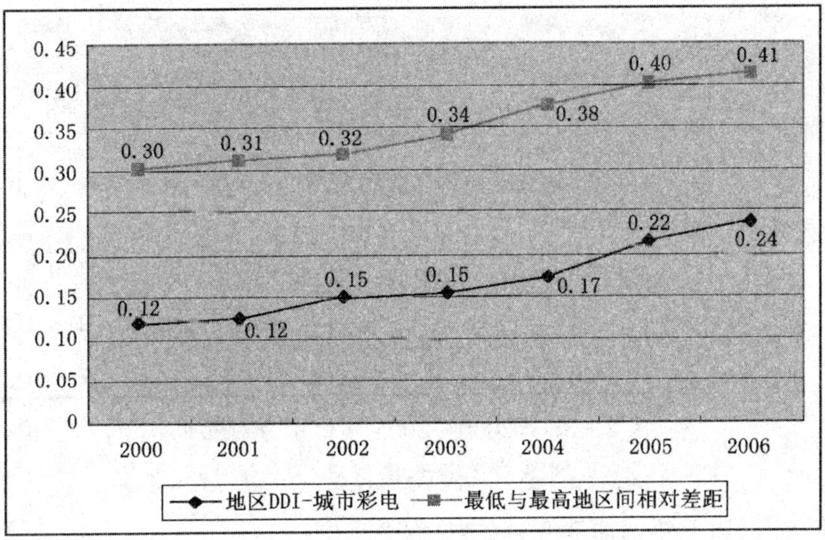

图 2－36　2000—2006 年中国城市彩电地区间相对差距指数变化情况

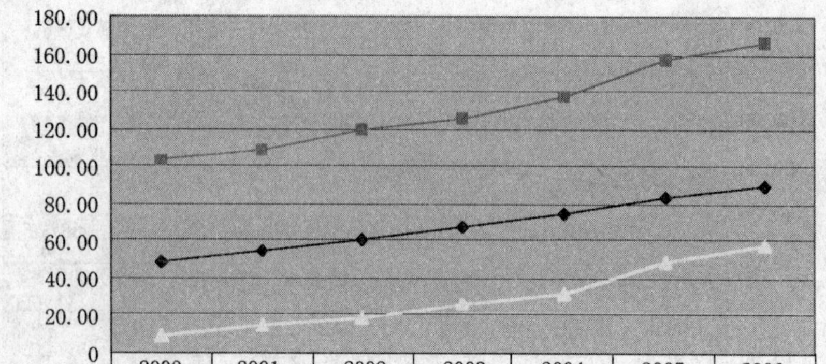

	2000	2001	2002	2003	2004	2005	2006
全国	48.74	54.41	60.45	67.80	75.09	84.00	89.43
最高	103.20	108.93	119.50	125.17	137.17	157.33	166.83
最低	8.96	14.58	18.96	26.46	32.29	48.54	57.29

图 2－37　2000—2006 年中国农村居民
家庭每百户彩电拥有量变化情况(台/百户)

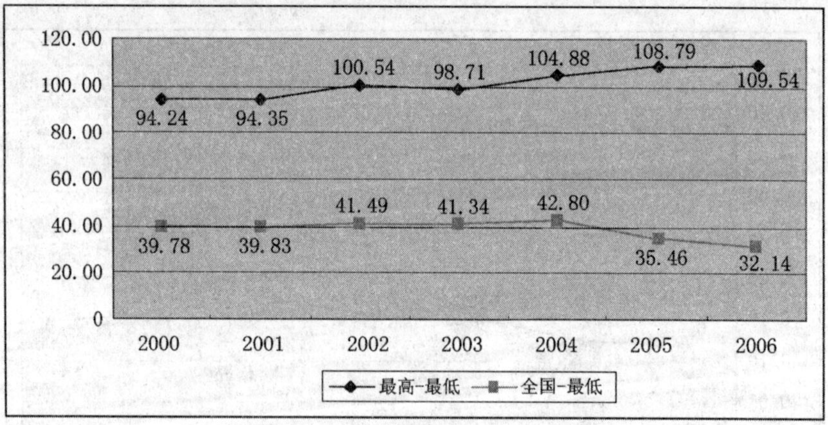

图 2－38　2000—2006 年中国农村彩电
地区间绝对差距变化情况(台/百户)

109.5 台,比上年增加 0.8 台(参见图 2－38)。

从相对差距看,2006 年农村彩电地区间相对差距指数(地区 DDI－农村彩电)为 0.36(表明最落后地区的农村居民在彩电拥有量方面比全国平均水平低36%)，比上年下降14%(即差距缩小了14%)(参见图2-39)。

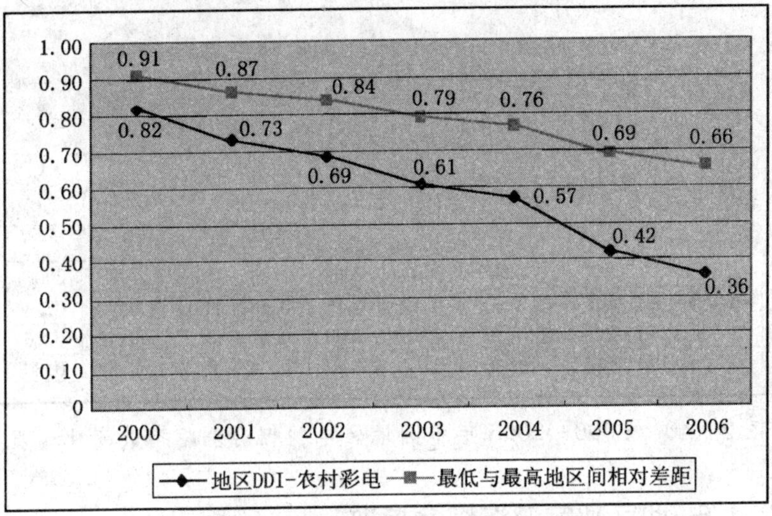

图2-39　2000—2006年中国农村彩电地区间相对差距指数变化情况

· 地区电视相对差距指数(地区DDI—彩电)

地区电视相对差距指数(地区DDI-彩电)是反映不同地区城乡居民在拥有和使用电视方面存在差距的主要指标，由"地区DDI-城市彩电"和"地区DDI-农村彩电"两个指标合成(权重分别为1/2)。

2006年地区电视相对差距指数为0.30(表明最低地区城乡居民在彩电拥有量方面落后于全国平均水平30%)，比上年下降6%(即差距缩小6%)(参见图2-40)。

从变化趋势看，2000年以来地区电视相对差距指数呈现出逐年下降趋势，最低地区与全国平均水平间的差距6年中缩小了36%。差距缩小主要得益于地区间农村居民在拥有彩电方面差距的缩小(6年中缩小了56%)，而同期地区间城市居民在拥有彩电方面的差距实际上还有所扩大(6年中扩大了50%)。

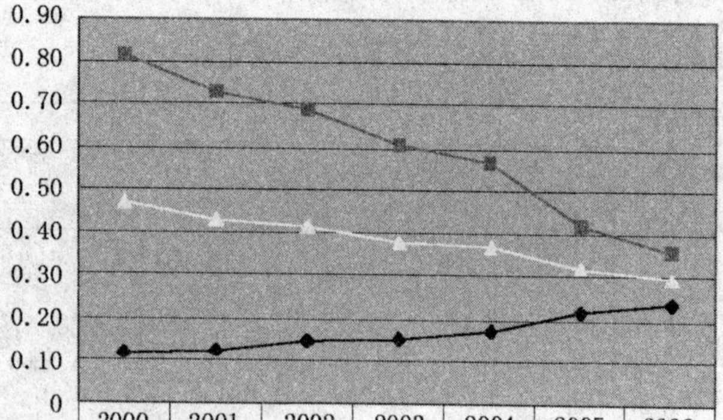

	2000	2001	2002	2003	2004	2005	2006
地区DDI-城市彩电	0.12	0.12	0.15	0.15	0.17	0.22	0.24
地区DDI-农村彩电	0.82	0.73	0.69	0.61	0.57	0.42	0.36
地区DDI-彩电	0.47	0.43	0.42	0.38	0.37	0.32	0.30

图 2－40　2000—2006 年中国地区电视相对差距指数变化情况

2.4.6 地区数字鸿沟综合指数

地区数字鸿沟综合指数(地区 DDI)是反映不同地区间在拥有和使用主要信息技术产品方面存在差距的综合性指标，其基本含义是最落后地区与全国平均水平间的综合差距。“地区 DDI”由互联网(权重 1/4)、计算机(权重 1/4)、彩电(权重 1/4)、固定电话(1/8)、移动电话(1/8)五个地区间相对差距指数构成(参见图 2－41)。

2007 年地区数字鸿沟总指数为 0.50，即最低地区的信息技术综合利用水平落后于全国平均水平 50%左右，表明地区之间仍存在着明显的数字鸿沟。

从分类指标看，地区数字鸿沟在各主要技术应用方面都很大，而互联网方面最为突出(0.63)，彩电方面的差距最小(0.30)，中间依次是计算机(0.59)、固定电话(0.50)、移动电话(0.47)。

从总体变化趋势看，地区数字鸿沟呈逐年缩小趋势，2001—2007 年地区数字鸿沟指数下降了 15%左右。

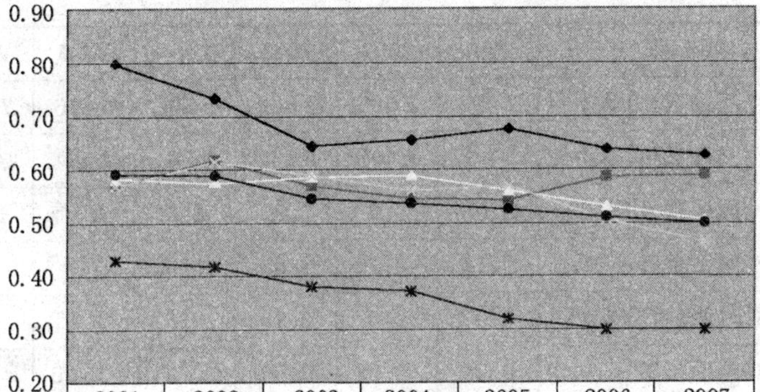

	2001	2002	2003	2004	2005	2006	2007
地区DDI-互联网	0.80	0.73	0.64	0.65	0.67	0.64	0.63
地区DDI-计算机	0.57	0.62	0.57	0.55	0.54	0.59	0.59
地区DDI-固话	0.58	0.57	0.59	0.59	0.56	0.53	0.50
地区DDI-移动	0.57	0.61	0.59	0.56	0.57	0.50	0.47
地区DDI-彩电	0.43	0.42	0.38	0.37	0.32	0.30	0.30
地区DDI	0.59	0.59	0.54	0.54	0.53	0.51	0.50

图 2-41　2001—2007 年中国地区数字鸿沟指数变化情况[①]

2.5　性别数字鸿沟

性别数字鸿沟是指不同性别的人群在拥有和使用信息技术方面的差距。

性别数字鸿沟总指数是反映性别数字鸿沟水平的主要指标，代表性别数字鸿沟的大小。本报告主要用互联网普及率指标来反映性别数字鸿沟状况。

2007 年年底，中国男性网民总数12 012万人，比上年增加4 025万人，增长 50.4%。男性网民占全国网民比重为 57.2%，比上年降低 1.1 个百分点。男性网民普及率为 17.7%，增长 48.7%（参见表 2-1）。

① “地区 DDI-移动”和“地区 DDI-彩电”使用的是 2006 年的数据。

表 2-1　2001—2007 年分性别互联网普及率及其对比变化

年份	2001	2002	2003	2004	2005	2006	2007
男性网民数(万人)	2 022	3 505	4 802	5 696	6 516	7 987	12 012
女性网民数(万人)	1 348	2 405	3 148	3 704	4 584	5 713	3 275
男性网民普及率(%)	3.08	5.3	7.21	8.5	9.7	11.9	17.7
女性网民普及率(%)	2.18	3.28	5.02	5.88	7.3	9.0	14.1
绝对差距(百分点)	0.9	2.02	2.19	2.62	2.4	2.9	3.6
相对差距指数	0.29	0.38	0.30	0.31	0.25	0.24	0.20

2007 年年底,中国女性网民总数8 988万人,比上年增加3 275万人,增长 57.3%。女性网民占全国网民比重为 42.8%,比上年上升 1.1 个百分点。女性网民普及率为 14.1%,增长 55.6%。

从变化趋势看,在 2006 年男性网民普及率达到 11.9%,女性网民普及率达到 9%后,互联网扩张的速度开始明显加快,2007 年分别比上年增加了 5.8 和 5.1 个百分点(参见图 2-42)。

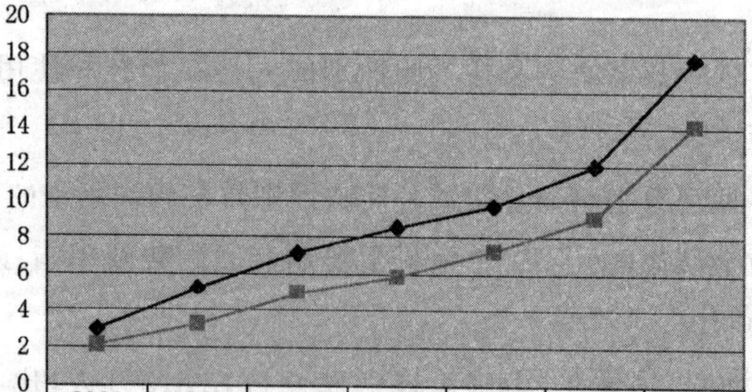

	2001	2002	2003	2004	2005	2006	2007
男性网民普及率(%)	3.08	5.3	7.21	8.5	9.7	11.9	17.7
女性网民普及率(%)	2.18	3.28	5.02	5.88	7.3	9	14.1

图 2-42　2001—2007 年分性别网民普及率对比变化情况

从绝对差距看,2007 年男性网民普及率超出女性 3.6 个百分点,比上年增加 0.7 个百分点(参见图 2－43)。总体上看,绝对差距有扩大趋势,但幅度不大。

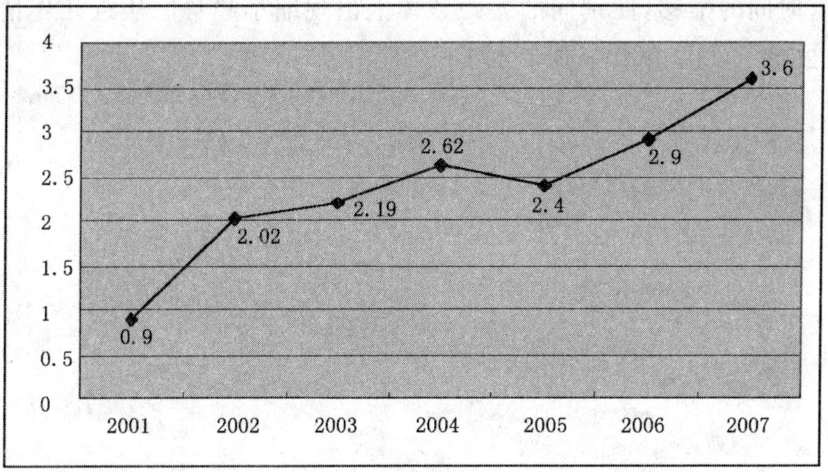

图 2－43　2001—2007 年性别数字鸿沟绝对差距变化(%)

从相对差距看,2007 年性别数字鸿沟指数为 0.20(即女性落后于男性 24%),比上年进一步缩小(参见图 2－44)。表明女性在互联网应用方面与男性存在一定的差距,但总体上看性别数字鸿沟不是很大。

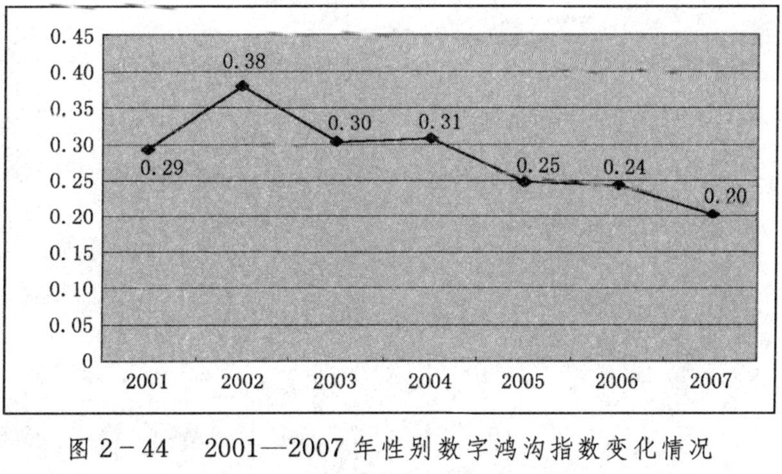

图 2－44　2001—2007 年性别数字鸿沟指数变化情况

从变化趋势上看，在互联网兴起初期，性别数字鸿沟比较明显，1998年男性互联网普及率是女性的5.6倍，数字鸿沟指数一度达到0.82。随着时间的推移，性别间的差距整体上出现缩小趋势。从近几年情况看，2002—2007年共下降了47%。

第三章　欧盟数字鸿沟现状与趋势

3.1 总体概况

欧盟地区的数字鸿沟问题实际上主要是电子包容的问题。因为欧盟已经从1962年的6个成员国发展到1995年的15个成员国，到今天已经拥有27个成员国。[①] 也就是说欧盟内部面临着整合不同语言和文化、法律和政治制度、经济发展和现代化不同阶段的巨大挑战。因此欧委会的政策重点就放在促进欧洲共同市场的和谐发展上，电子包容就是重点之一：使每个公民都有机会参与到这个共同市场中，为其发展做贡献并从中受益。

3.2 地区数字鸿沟

在本报告中，欧盟27个成员国被看做是不同地区，与中国国内的省

① 地中海地区的塞浦路斯和马耳他也加入了欧盟。

相对应。因为欧盟15国包括西部几个国家,经济收入相对较高;而位于欧洲东南和东部新加入的成员国,大多数的收入水平和经济发展水平都相对较低,因此与中国国内的西部和西南部省份相对应。

表3-1　欧盟27国地区数字鸿沟指数

	2001	2002	2003	2004	2005	2006	2007
固定电话	0.75	0.73	0.70	0.70	0.70	0.72	0.69
移动电话	0.77	0.79	0.73	0.67	0.61	0.48	0.38
互联网	0.94*	0.86	0.81	0.79	0.77	0.79	0.75
计算机	0.98*	0.92*	0.86*	0.80	0.71	0.63	0.58
数字鸿沟指数	0.90*	0.86*	0.80*	0.76	0.71	0.67	0.62

*估测数

欧盟各国之间数字鸿沟仍然明显,但2001—2007年间在逐步缩小,从2001年的0.90缩小到2007年的0.62(参见表3-1和图3-1)。尽管固定电话方面的差距缩小幅度不是很大,但移动电话的差距明显缩小,过去的几年里缩小了将近50%。互联网方面的差距也明显缩小,一方面越来越多的家庭可以通过固定电话线上网;另一方面也得益于"公共互联网接入点"的快速扩张,如公共场合设立的"网络咖啡厅"和WiFi无线网接入;另外也是最具决定性的则是拥有计算机的人越来越多了。到2007年,甚至在计算机普及率最低的成员国,普及率也达到了37%。不断降低的计算机价格以及人们计算机使用能力的提高是计算机普及率提高的主要原因。

3.2.1 地区互联网差距

从能够有规律地使用互联网(至少一周一次)的人数所占比例这个角度看,在过去几年里,欧盟27个成员国的情况存在显著的变化(参见

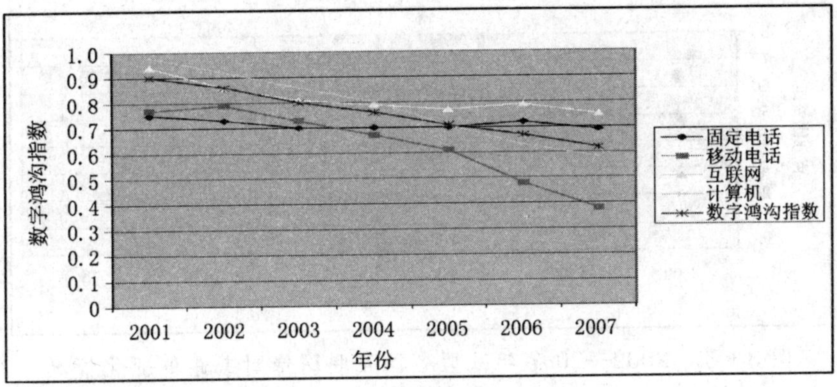

图 3-1　2001—2007 年欧盟 27 国地区数字鸿沟指数

图 3-2)。2002 年,12 个新加入的成员国中,使用互联网的人数比例在 8%(保加利亚)到 38%(斯洛文尼亚)之间,而在原有 15 个成员国中,这一比例则为 13%(希腊)到 57%(瑞典)。到 2007 年,欧盟 12 国使用互联网的人数比例从 39%(立陶宛和马耳他)到 65%(斯洛文尼亚);欧盟 15 国的这一比例为 23%(希腊)到约 90%(荷兰)。

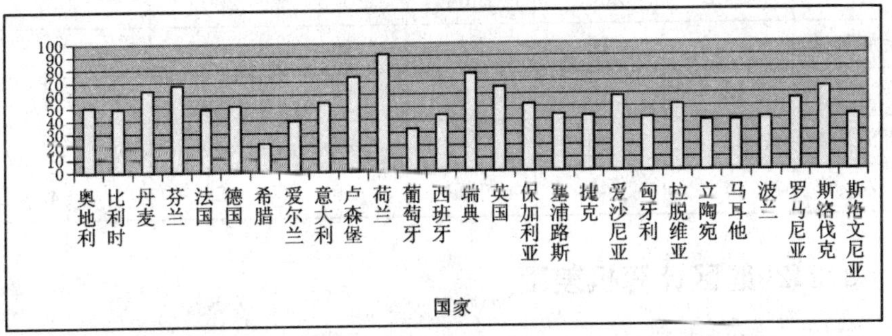

图 3-2　2007 年欧盟各国每百人中定期使用互联网的人数

就绝对差距来看,地区间互联网差距从 2002 年的 49%扩大到 2003 年的 51%,再到 2004 年的 59%和 2007 年的 68%(参见图 3-3)。

在国家的宏观经济环境、政策及其实施机构都大致相似的情况下,时间差异的影响可能就非常明显了。但如果我们把欧盟西北部、南部及东部成员国进行比较的话,几乎不存在这样的情况。如表 3-2 所示,保

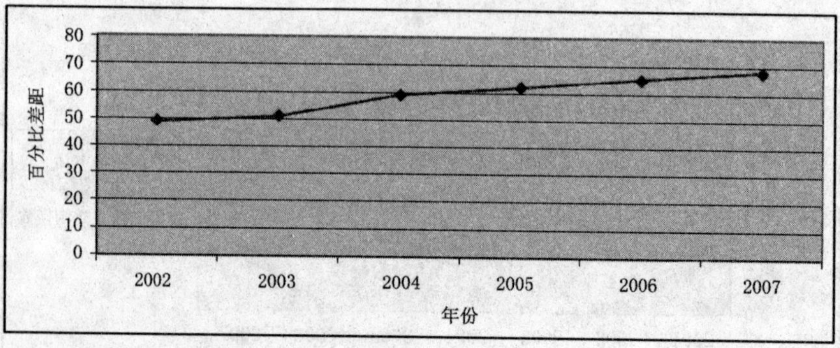

图 3－3　2002—2007 年欧盟各国互联网绝对差距的变化情况

加利亚经过 5 年的努力才达到丹麦在 2002 年时的水平；2002 年希腊上网人数的比重超过保加利亚，但到 2007 年，仍只相当于葡萄牙在 2002 年时的水平；而葡萄牙此时的互联网普及水平却落后于保加利亚了。

表 3－2　2002—2007 年欧盟四国中经常使用互联网的人数所占的百分比

	2002	2003	2004	2005	2006	2007
保加利亚	8	12	37	39	42	44
希腊	13	15	18	18	18	23
葡萄牙	22	26	24	27	30	33
丹麦	44	46	50	53	58	64

3.2.2 地区计算机差距

在新加入的欧盟成员国内，不断下降的计算机价格和日益增加的购买计算机的机会，都使得欧盟内部各国间的数字鸿沟不断缩小。在企业使用计算机方面情况也是如此，“互联网咖啡厅”和个人客户的存在都使得人们有了更多的使用计算机的机会。对年轻人而言，还包括利用计算机玩各种游戏。因为使用计算机的方式决定了参与诸如电子政务、电子教育、电子医疗及电子商务等活动的情况，这就意味着在我们判断计算机对缩小数字鸿沟发挥了多大作用时，使用计算机的目的是一个需要考虑的重要因素。就欧盟所有成员国而言，过去一年内曾使用过计算机的人所占的比重从2004年的29%（希腊）—88%（瑞典）发展到2007年的43%（希腊）—89%（瑞典）；而在新加入的12个成员国中，从2004年的18%（罗马尼亚）—62%（斯洛文尼亚）发展到2007年的37%（保加利亚）—68%（斯洛文尼亚）（参见图3-4）。

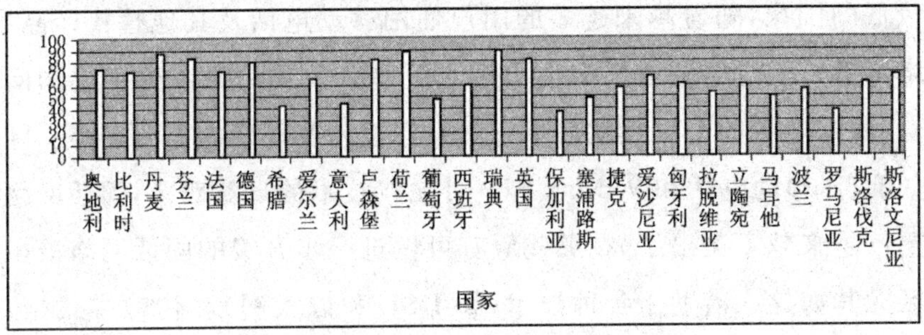

图3-4　2007年欧盟各国曾使用过计算机的人所占百分比

计算机方面的绝对差距从2004年的70%下降到2005年的62%、2006年的57%和2007年的52%（参见图3-5）。

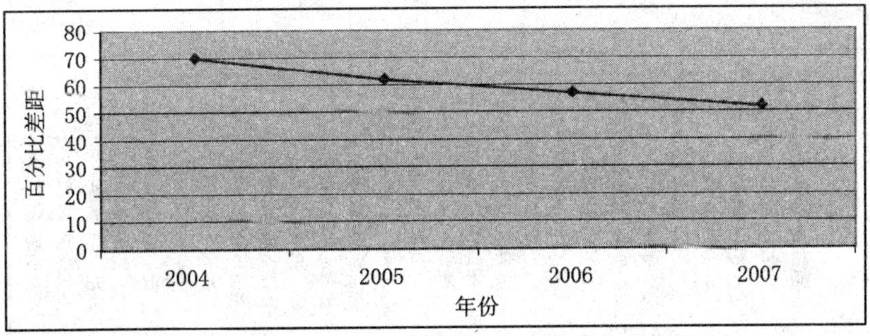

图3-5　2004—2007年欧盟各国计算机用户绝对差距的变化情况

3.2.3 地区固定电话差距

尽管有时候考察有固定电话的家庭所占的比重更为适当，但通常情况下我们能得到的数据就是“电话密度(teledensity)”或每百人电话用户数(参见图 3－6)。然而,这种差异忽视了固定电话与移动电话(尤其是预付费移动电话)普及之间的关系,对于那些信息化发展落后地区来说尤其如此。移动电话对固话的替代效应以及某些情况下作为两者结合物的固定无线手持终端也可以在户外应用,使得在许多经济发展水平和收入水平较高的地区都出现了固定电话普及率下降的情况;在收入水平较低的国家,随着越来越多的用户使用移动电话及其他替代产品(如网络电话),固定电话增长率也出现了下降。就我们研究数字鸿沟问题而言,固定电话的重要性就在于它是人们接入互联网的重要途径。随着诸如 LTE 移动电话和 WiMax 等宽带无线技术的日益普及,固话网络的重要性越来越不突出了,在那些原有可供进一步升级的固话网络极少的地区尤其如此。借助于各种技术(如 DSL 和以太网)和传输模式(包括纤维通信光缆和同轴电视电缆),固网宽带日益普及,并且已经被证实是速度最快、带宽最宽的模式,这些更推进了上述“逆势”的发展态势。未来我们在估算数字鸿沟水平的时候有必要将这些技术发展因素考虑进去。

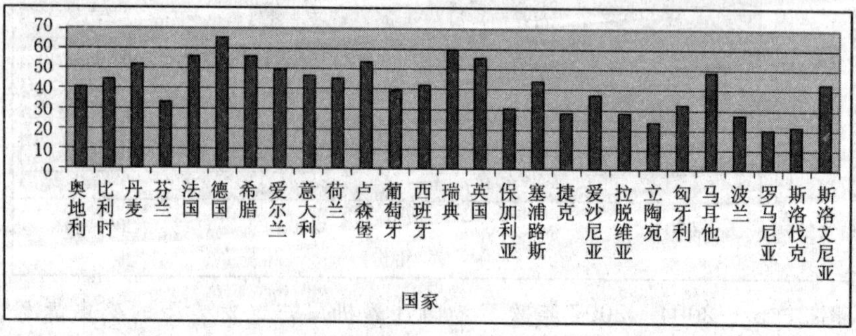

图 3－6　2007 年欧盟国家每百人固定电话数

从绝对差距看,各地固定电话的绝对差距从 2001 年的 58%下降到 2002 年的 50%以及 2003 年和 2004 年的 46%,接着出现小幅扩大,2005

年和2006年分别为47%和48%，然后2007年又回落到45%（参见图3-7）。但这些数据有些误导，因为早在2001年，在欧盟5个成员国中，移动电话用户就已经超过固话用户，到2003年，几乎所有成员国中都出现了这样的情况。

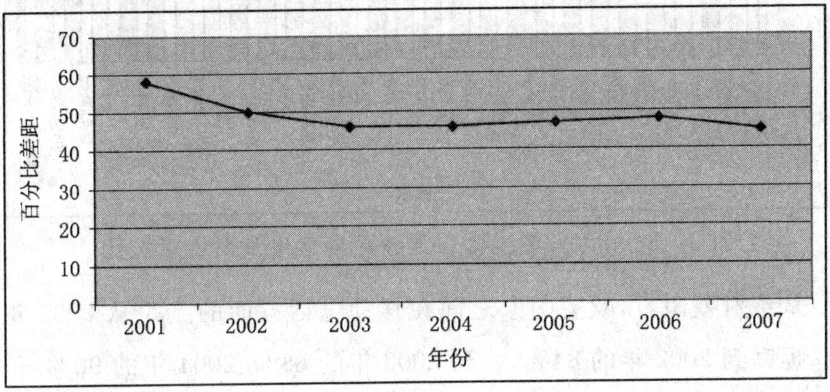

图3-7　2001—2007年欧盟各国固定电话绝对差距的变化情况

3.2.4 地区移动电话差距

在许多新加入欧盟的成员国中，人们首次加入的网络都是移动网。与固定电话通常都是每个家庭或办公室拥有一部，或者公用电话亭才有不同，绝大多数情况下移动电话都是个人所有。随着移动网络通话质量和带宽的提高，多数国家“移动替代”都出现了加速的态势。新一代移动手机（smartphones）事实上就是以操作系统为基础运行的手持计算机。在收入较低的国家里，移动电话普及水平的提高在很大程度上受益于预付费电话的普及，并且许多人拥有不止一部移动电话，因此其普及率很容易就超过100%。关于移动电话用户数的统计包括正在使用中的预付费电话。统计数据表明，欧盟27国之间在移动电话方面的差距正在迅速缩小（参见图3-8）。移动电话方面的差距指数从2001年的0.77下降到2007年的0.38。从政策制定的角度看，这就意味着许可证政策

(不管是保守型的还是自由型的)已经对新的网络技术方面的投资水平产生了影响,并且也影响到了国家与国家之间的数字鸿沟。

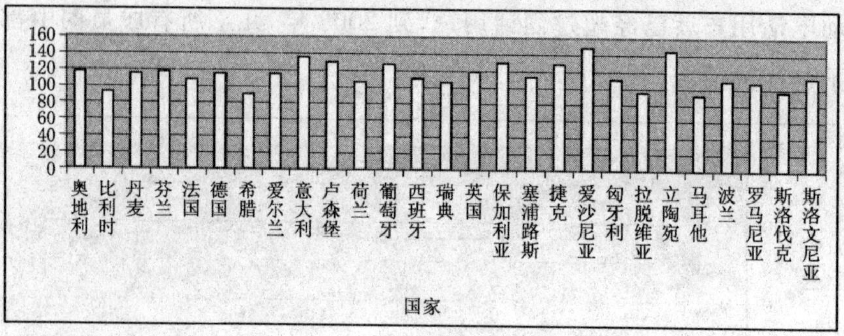

图 3－8　2007 年欧盟各国移动电话用户所占百分比

从绝对差距看,欧盟国家之间在移动电话方面的差距从 2001 年的 72%提高到 2002 年的 84%,再到 2003 年的 88%、2004 年的 96%,但在 2005 年、2006 年又骤然下降到 60%和 58%(参见图 3－9)。我们需要谨慎看待这些数据,因为存在这样一些问题:例如,如果有人申请两部或者更多的预付费移动电话的话,就会出现重复计算;电信服务商对那些很长时间不再使用其服务的客户会采取不同的政策,有些可能不再将其统计为自己的客户。但总的发展趋势还是很清楚的,随着新的运营许可政策的实施,以及服务供应商之间的竞争引起的成本下降,欧盟 15 国内迅速普及的移动电话网络已经延伸至新加入的成员国。

3.3 性别数字鸿沟

所谓性别数字鸿沟,通常指具有可比性人群中的男性和女性在接入和使用信息技术水平方面的差异。这里所谓的"具有可比性"是指比如相似的年龄、相似的受教育水平或者同住在城市或乡村等。就反映数字鸿沟问题而言,这方面的数据其实是不完整的,因为"接入"和"使用"的

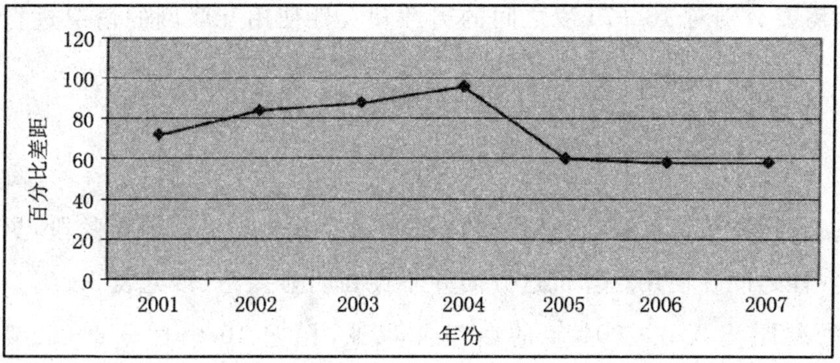

图 3-9　2001—2007 年欧盟各国移动电话用户绝对差距的变化情况

概念并不能完全反映这些人使用信息技术的场所及其全部内容。在今天，"接入"和"使用"互联网已经成为人们实现"电子包容"的基本要求，但这并不一定意味着诸如电子教育、电子政务、电子医疗等在线信息和服务对所有男性和女性公民来说都是同样可以得到的。[①] 深入理解"包容"一词的含义需要我们更详细地研究男性和女性能从当地获得的信息和服务的范围。例如，是否有一些专门为在家工作的妇女设计的培训课程，她们能否得到关于生殖健康的信息和指导等。[②] 然而，来自欧盟及欧洲其他国家的证据则表明，[③]女性使用网站服务的水平出现了显著提高，并且这已经成为提高国家整体计算机水平和上网水平的一个重要因素。[④] 事实上这就意味着定量的数据需要与定性的评价相结合进行判断，正是出于这方面的考虑，在考察欧洲各国性别方面的数字鸿沟问题

① 关于这一问题的讨论及对中东欧地区情况的评论，请参阅 UNDP/UNIFEM (2004)的"消除性别数字鸿沟：中东欧地区及独立国家共和国的性别与信息技术应用报告"，http://web.undp.sk/uploads/Gender%20and%20ICT%20reg_rep_eng.pdf。

② 参阅欧盟委员会工作报告"i2020 中期评论：第 3 卷。ICT 国家概况"，http://ec.europa.eu/information_society/europe/i2010/docs/annual_report/2008/sec_2008_470_Vol_3.pdf。

③ 参阅下文的里加评估板。

④ 参阅欧盟委员会工作报告"i2020 中期评论：第 1 卷－i2020 信息社会年度报告：标杆 i2020"。

时，需要分别对16—74岁之间的男性和女性使用互联网的情况进行测算。

3.3.1 性别间计算机差距

若把欧盟27国作为一个整体来看，在16—24岁这个年龄段，男性和女性之间在使用计算机这方面并不存在明显差距（参见表3-3）。最大的差距出现在2004年的斯洛文尼亚，相差10个百分点（92%与82%），奥地利则相差8个百分点（94%和86%）。有11个国家女性比男性更有优势。到2007年，男性比女性最大的优势差距是3%。在保加利亚，女性则拥有相对于男性的6%的优势。总体上看，尽管不同成员国内部情况差别较大，但欧盟27国中16—74岁的个体之间并不存在显著的数字鸿沟（参见表3-3）。这就意味着在欧洲内部，年龄造成的差异已经被消除了。

表3-3　欧盟27国性别数字鸿沟

数字鸿沟指数	2004	2005	2006	2007
计算机[(1)]	0.06	0.06	0.06	0.02
计算机[(2)]	0.10	0.10		0.08
互联网[(3)]	0.22	0.22	0.16	0.16

[(1)]年龄在16—24岁之间并且在一年之内使用过计算机的人；[(2)]年龄在16—74岁之间并且在一年之内使用过计算机的人；[(3)]平均每周上一次互联网的人。

3.3.2 性别间互联网差距

2007年，欧盟27个成员国中经常使用互联网的人所占比重第一次超过50%（为51%），其中女性为47%。因此性别数字鸿沟指数非常低，从2004年的0.22降低到2007年的0.16（参见表3-3）；但这个总指数

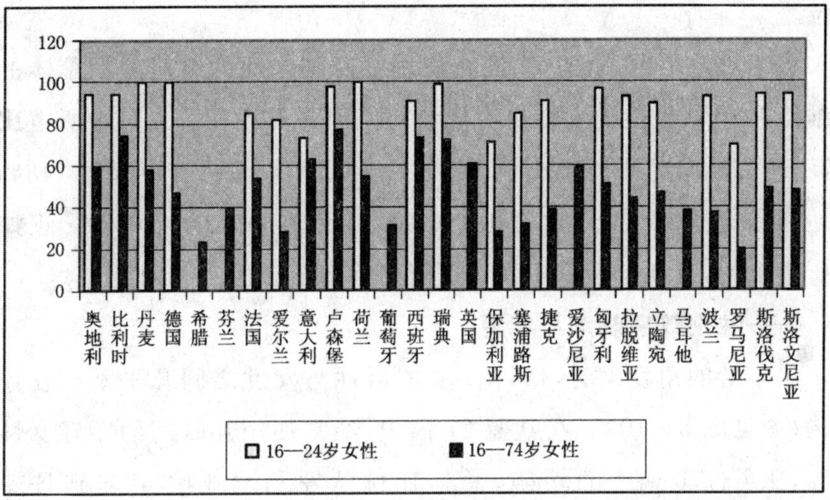

图 3-10　经常使用互联网的女性所占的比重

掩盖了一些重要的变化:2007 年女性使用互联网的比例从罗马尼亚的20%到荷兰的 77%。在某些成员国,经常使用互联网的女性所占比重较男性更高:在比利时女性为 74%,男性为 67%;在芬兰女性为 54%,男性为 33%;在爱沙尼亚女性为 59%,男性为 58%;在西班牙女性为73%,男性为 49%。经常上网的女性比例不到 50%的都是那些发展水平比较落后的国家,如罗马尼亚(20%)、希腊(23%)、保加利亚(28%)、意大利(28%)、葡萄牙(31%)、塞浦路斯(32%),还有一些处于中等发展水平的国家,如波兰(37%)、捷克(39%)、西班牙(40%)、立陶宛(44%)、爱尔兰(47%)、匈牙利(47%)、斯洛文尼亚(48%)、斯洛伐克(49%)。这些国家中有 9 个是欧盟的新成员,有 5 个(希腊、意大利、葡萄牙、西班牙和爱尔兰)是欧盟 15 国的成员。其余 13 国则为欧盟内发展水平较高的国家。

出现上述情况的部分原因在于女性受教育水平、就业水平和收入水平的提高,尤其是年轻的女性。除了少数例外情况,男性与女性之间在使用互联网方面的差距非常小,或许这也反映了女性在社会中的作用和地位。

从绝对差距看，欧盟27国在使用互联网方面的绝对差距总体上基本维持在9%（男性比女性更有优势），但因为男性在总人口中所占比重较高，所以相对差距就很小了。女性上网比率较高的有卢森堡（18%）、奥地利和德国（12%）、意大利（11%）、希腊和马耳他（10%）。正如上文所指出的，有四个国家中女性上网比例高于男性。

——性别数字鸿沟与年龄

从年龄的角度来看，16—24岁的男性与女性之间几乎不存在数字鸿沟（参见图3-10）。在欧盟27国中，经常使用互联网的年轻女性占77%，比男性低两个百分点，总体比例从罗马尼亚的48%到丹麦的96%。25—54岁的女性中，经常上网的人所占比例降为55%，男女之间的差距扩大到6%。55—74岁的女性中，经常上网的人所占比例降到19%，男女之间的差距扩大到12%。显然，"年龄较大"和"女性"两者结合起来是造成数字鸿沟的主要因素，并且随着年龄的增加情况更糟糕。但需要注意的是，年龄在55—74岁的男性中，经常上网的人所占的比重也下降到31%。因此尽管年龄是造成个体之间互联网应用绝对差距的原因，性别因素似乎是造成年龄较大的群体内数字鸿沟不断扩大的主要因素。

——性别数字鸿沟与教育

从教育的角度看，欧盟27国中，78%的受过较高水平正规教育的女性经常使用互联网，比男性低7%。希腊国内这一比例最低，为53%；荷兰最高，为94%。男女之间的差距大于欧盟总体平均水平的国家有：意大利（13%）、塞浦路斯和希腊（12%）、爱尔兰和葡萄牙（11%）、德国（10%）、英国（9%）以及波兰（8%）。就受教育水平再低一点的女性看，经常上网的人为53%，比男性低了5%；受教育水平更低的女性中，26%的人经常使用互联网，比男性低10%。显然，"较低的受教育水平（中等教育以下)”和“女性”两者结合起来是造成数字鸿沟的主要因素;但需要注意的是,受教育水平较低的男性中经常使用互联网的人所占比重也降到了 36%。因此,尽管较低的受教育水平是造成个体之间互联网应用绝对差距的原因,但性别似乎是受教育水平较低的男性和女性之间存在差距的原因所在。

在分析年龄较大并且受教育水平较低(中等以下)的人与其他人之间存在数字鸿沟的因素时还应考虑到:这些人年轻时在多大程度上了解过信息技术,在多大程度上没有机会使用信息技术,没有机会接受更高层次的教育。这些因素都在不断变化。比如人们在年轻的时候通过学校、家庭及社区里接触信息技术已不再困难,政府正在想方设法为公众提供更多的教育机会(包括在线教育)。在欧洲,年龄及受教育水平不再可能成为人与人之间存在数字鸿沟的决定性因素;因此,性别对数字鸿沟相对差距的影响就可能从消极的变成中立的,甚至可能成为积极的。①

有关数据并没有按照性别分别统计使用电子医疗、在线教育或者其他电子政务服务的人数,但 2007 年欧盟 27 国使用在线医疗服务的人仅占全部人口的 24%,据此可以推断,受教育水平低且年龄较大的女性可能并不在此之列。2005 年的一份“在线用户调查”结果表明:在欧盟 10 个成员国中,通过互联网获取医疗保健信息的人中,是男性的概率比女性高 30%;那些不使用互联网的人中,是女性的概率比男性高 40%。②随着网络应用时代的来临,在线医疗服务的兴起对于实现使信息技术惠及大多数人这一目标来说,既可能成为一个很好的政策机会,也有可能

① “在美国,……总体上看女性比男性更有可能成为在线医疗服务的使用者,反映了这里并不存在性别数字鸿沟,甚至可能存在相反的情况(女性比男性更有优势。——译者注)。”见 http://www.euser-eu.org/ShowAnalysisReport.asp? IDFocusAnalysis1=16&MenuID=202。

② http://www.euser-eu.org/ShowAnalysisReport.asp? IDFocusAnalysis1=16&MenuID=202.

成为一种挑战。欧盟委员会曾发布的"'电子包容'进展评估：里加评估板，2007(Measuring progress in e-Inclusion: Riga Dashboard 2007)"中指出，在欧洲，"里加 2010 目标"——政府网站的可接入程度达到国际水平——只实现了 5%(参见图 3-11)。①

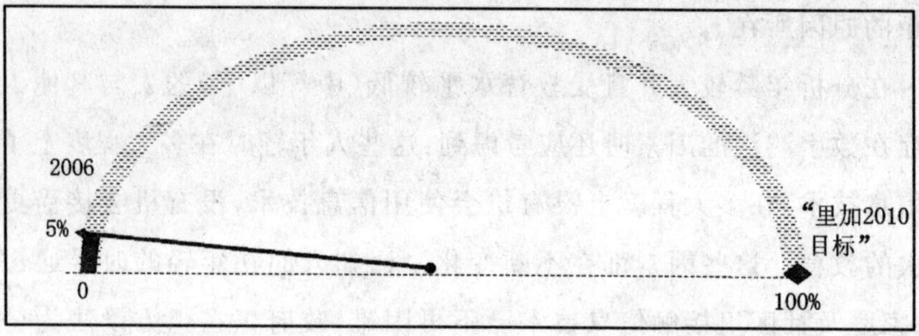

图 3-11　欧洲公众网站的可接入水平

从就业的角度考虑性别数字鸿沟，信息技术知识水平和操作技能较低的人很难得到好的工作机会，并且因为很多信息技能是通过在职培训获得的，这就意味着一个人失业的时间越长，他就越有可能更加落后。因此，了解一下女性相对于男性可能面临的失业机会，并将这种可能性与他们各自使用互联网的比率结合起来考虑，可能更有助于说明信息技术对于数字鸿沟的影响。2004 年一份关于欧盟 27 国的中东欧国家的研究报告估测，女性的失业概率比男性高 34%，②而经常使用互联网的人面临的失业风险则会降低 74%。③ 这就意味着，因为 55 岁以上的女

① 2006 年 6 月 11 日，34 个欧洲国家在里加签署《部长宣言》(Ministerial Declaration)并宣布要提出实现电子包容的措施后，欧委会提出了"里加板(Riga Dashboard)"这一概念。里加目标是到 2010 年使数字鸿沟缩小 50%。http://ec.europa.eu/information_society/activities/einclusion/docs/i2010_initiative/rigadashboard.doc.

② 据欧盟统计，2007 年欧盟 27 国中 25 岁以上的女性占 23%。

③ Tobias Husing (2004)，"信息技术对社会凝聚力的影响：跨越数字鸿沟的视角"，2002 年 11 月 4 日终稿，http://fiste.jrc.es/download/EUR21474%20Final%20-%20Impact%20of%20ICT%20on%20Social%20Cohesion%20-%20Huesing%202004.pdf。

性使用互联网更少，与其同龄的男性相比，互联网对她们找工作所带来的好处也更少。

因此我们可以说，年龄、受教育水平和就业三者共同决定了个体之间在信息技术应用方面绝对差距的大小，共同决定了男性与女性之间相对差距的大小①。上述数据也说明，尽管在欧盟每个成员国内部，性别数字鸿沟并没有消失，但已经明显缩小了，对年轻人来说尤其如此。

3.4 城乡数字鸿沟

低收入常常(但并不总是)与农村地区、离开父辈从农村到城市的年青一代，以及低教育水平联系在一起。正因为如此，我们可以假定农村地区能够接触到并利用的信息技术更少。然而，在欧洲，人口密度似乎并不是影响数字鸿沟状况的决定性因素，因为在经济发展水平较高的国家，小社区的居民也可能有着较高的收入。另一方面，在经济发展水平较低的国家，偏远地区与城市地区之间的数字鸿沟也是客观存在的。

3.4.1 城乡计算机差距

欧盟 27 国的总体统计数据显示，欧盟内城乡之间在计算机和互联网方面的差距都非常小。就计算机而言，甚至在那些分散的成员国内部，城乡之间的差距都很小(参见表 3－4)。2007 年，计算机方面的差距指数最高为罗马尼亚(0.62)和保加利亚(0.56)，然后是拉脱维亚(0.38)和希腊(0.31)。其他国家的指数都低于 0.30。罗马尼亚和保加利亚缺少 2004 年的相关数据，但当年指数最高的为希腊(0.44)，然后是波兰(0.41)、拉脱维亚(0.40)和立陶宛(0.38)。这就意味着，就连城乡相对

① 从“里加板”示意图上也能得出相似的结论。

差距处于中等水平的国家，到 2007 年这种差距都出现了一定程度的缩小。

表 3－4　欧盟 27 国城乡互联网普及差距指数

城市—乡村[1]	2004	2005	2006	2007
计算机用户	0.23	0.20		0.19
互联网用户	0.30	0.30	0.30	0.20

资料来源：欧洲统计部门。[1]“城市”是指每平方公里人口超过 500 人的地区；“乡村”是指每平方公里人口少于 100 人的地区。

然而有些方面，绝对差距仍然是很大的。2007 年这种绝对差距最大达 73 个百分点——罗马尼亚（20%）和瑞典（93%），然后是 66 个百分点（保加利亚）、57 个百分点（希腊）、55 个百分点（塞浦路斯和葡萄牙）和 53 个百分点（意大利）。这就意味着，在经济发展水平较低的经济体内，城乡之间的相对差距不太明显，主要是由于其城市和农村的计算机普及率都比较低，因此城乡数字鸿沟的主要原因更有可能存在于宏观经济及其他社会指标方面。另外一个影响因素可能是统计方面的。欧洲统计部门公布的数据显示，2005 年，在每平方公里少于 100 人的地区，至少能通过一个成员使用计算机的家庭占比 51%，高于 2004 年的 41%。这里所提的人口密度已经是相当高的了，还没有把那些密度低于 6 人/平方公里甚至更少的真正偏远地区包括进来；但这些数据的确能够表明，接入计算机和互联网（如通过 PIAP）可以为那些在信息技术利用方面处于不利地位的人提供机会。

3.4.2 城乡互联网差距

欧盟 27 国总体的测算数据显示，欧盟内城乡之间在互联网应用方面并没有显著差距，因为这方面的差距指数已经低于 0.3。然而，从各个不同国家内部来看,2007 年,互联网应用方面城乡差距指数:罗马尼亚是 0.82,保加利亚是 0.62,塞浦路斯是 0.48,拉脱维亚为 0.44。从绝对值看,差距就相当大了(参见图 3-12)。在罗马尼亚,只有 6% 的农村居民使用互联网,比荷兰城市互联网用户数低了 76 个百分点,比保加利亚城市互联网用户数低了 66 个百分点。

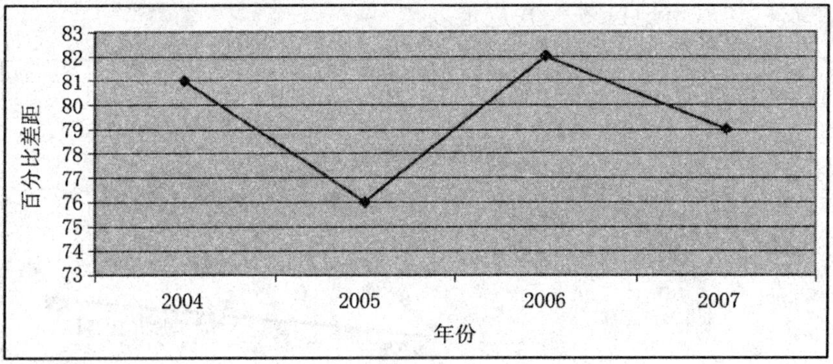

图 3-12　欧盟内不同地区城乡互联网应用绝对差距变化情况

3.4.3 城乡电话差距

欧盟 27 国内移动电话网络的迅速普及,使得 2007 年电话方面的数字鸿沟指数下降到了 0.38,只有 5 个成员国内每百户居民移动电话用户数低于 100,没有一个国家每百户居民移动电话用户数低于 90。即便考虑到存在重复计算和申请多部电话的用户存在,这也意味着基本电话通信并不是缩小数字鸿沟的障碍所在。在那些诸如偏远农村地区等经济不发达地区,政府应当建立普遍服务基金或类似的机制以解决电话普及问题。

真正的挑战在于,要在有需求的地方提供互联网和宽带接入服务,现在看几乎是大多数地区都需要了。因为宽带网络的使用成本较高,欧盟地区经济发达与欠发达成员国之间出现了较为明显的差距,但下一代宽带网(NGBNs)也可成为新网络运营商进入市场的切入点,并且这些新的运营商不需要面临原有宽带网络折旧的问题。近年来,欧盟27国内宽带应用方面的差距快速缩小,似乎正好验证了这一说法:波罗的海沿岸国家在某种程度上"跨越式"地进入了公共转换电话网络时代。下面的"里加板"(参见图3-13)反映了一种很有意思的现象:在欧洲,宽带在农村与城市地区齐头并进地发展。①

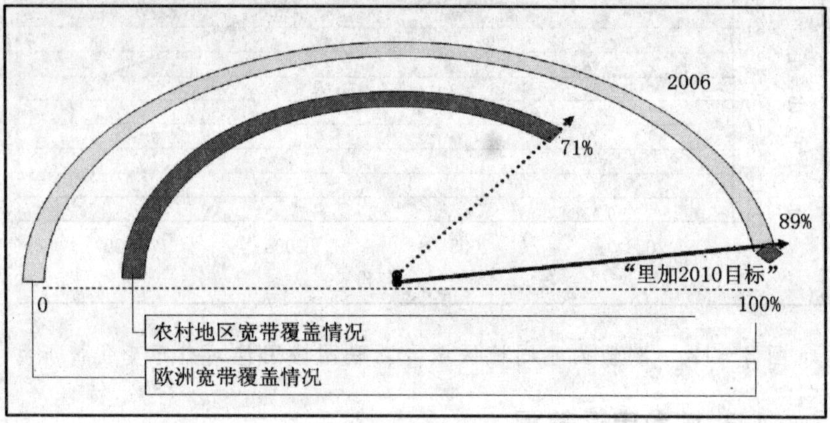

图3-13　宽带覆盖情况

3.5　结论

就欧盟内部情况看,地区数字鸿沟最为明显,考虑到欧盟成员国从最初的15个高收入的西欧国家发展到现在的包括来自中东欧收入较低国家在内的27个国家,出现这样的情况也很正常。但就欧盟整体情况看,统计意义上的性别数字鸿沟几乎不存在,但年龄较大、受教育水平较低或失业的人与其他人之间仍存在较大差距。总体上看,城乡数字鸿沟

① http://ec.europa.eu/information_society/activities/einclusion/benchmarking/index_en.htm.

也不是十分明显，但从各地区来看，经济发展落后地区绝对差距还是很大的。但与性别数字鸿沟情况相似，现有数据表明，那些农村地区信息技术应用水平低的国家，其城市的技术应用水平同样很低。这说明，在更大程度上是宏观经济环境导致了数字鸿沟的存在，而并不是简单的城乡分化。“农村”是指每平方公里内人口少于100人的地区（这与欧洲统计部门可得到的有关数据口径一致），但即使这样的人口密度也是相当大的，还包括不了那些人口规模更小、更为偏远的农村地区。因此，地区统计数据反映出来的最重要的结论似乎就是：差异巨大的宏观经济环境和其他社会指标是欧盟内部存在的许多数字鸿沟的主要原因。

然而，“里加板”反映出的重要信息是，除了宽带接入，目前在实现“里加目标”（使数字鸿沟指数降低50%）方面的进展速度仅仅是在2010年实现这一目标所必需的速度的一半。[①] 欧盟采取的政策是给予首选地区（Objective 1 Regions）专项扶持，即那些GDP低于欧盟平均水平75%的地区〔达到平均水平的地区才有资格享受欧盟结构基金（EU's Structural Fund）的资助〕。[②] 因此，即便欧洲总体数字鸿沟指数明显缩小，显然仍然存在一些可以称之为“数字贫困”的地区。如果没有政策干预和支持，差距必然会持续存在，某些情况下甚至可能进一步扩大。

① http://ec.europa.eu/information_society/activities/einclusion/benchmarking/index_en.htm.

② 2000—2006年，大约50个地区（约占欧洲人口22%）都在扶持范围内。参阅 http://ec.europa.eu/regional_policy/objective1/index_en.htm。

第四章　中欧数字鸿沟现状与趋势

中欧数字鸿沟是指中国与欧盟之间在拥有和使用主要信息技术方面存在的差距。本报告重点考察中国与欧盟在固定电话、移动电话、计算机和互联网四个方面存在的差距。

4.1　中欧固定电话差距

2007年欧盟27国固定电话普及率为41%，比上年下降6个百分点，比2001年下降8个百分点；中国固定电话普及率为27.8%，比上年下降0.3个百分点，比2001年增加13.9个百分点(参见图4－1)。

从变化趋势看，由于受“移动替代”影响，欧盟固定电话普及率2001年以来出现稳定下降，而中国总体上处于上升阶段，导致中欧间固定电话差距呈明显缩小趋势。

从绝对差距看，2007年欧盟27国固定电话普及率比中国高出13.2个百分点，与2001年(35.1个百分点)相比差距缩小了62%。

从相对差距看，2007年中欧固定电话相对差距指数(中欧DDI－固定电话)为0.33，即中国落后于欧盟33%。与2001年相比，中欧固定电

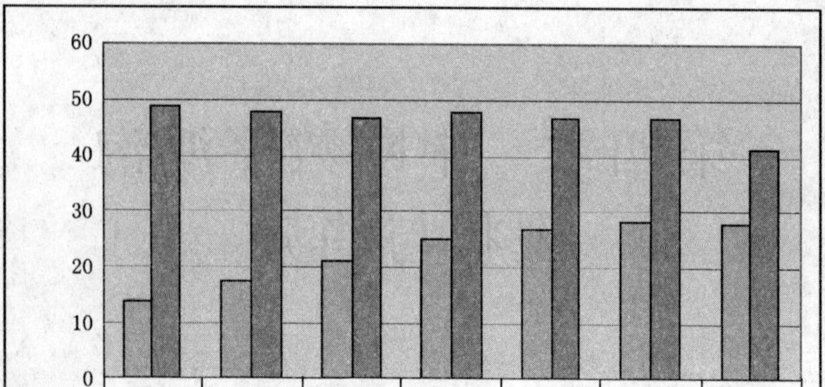

	2001	2002	2003	2004	2005	2006	2007
中国	13.9	17.4	21.2	24.9	27	28.1	27.8
欧盟	49	48	47	48	47	47	41

图 4-1　2001—2007 年中国和欧盟固定电话普及率变化情况(%)

话相对差距缩小了 54%(参见图 4-2)。

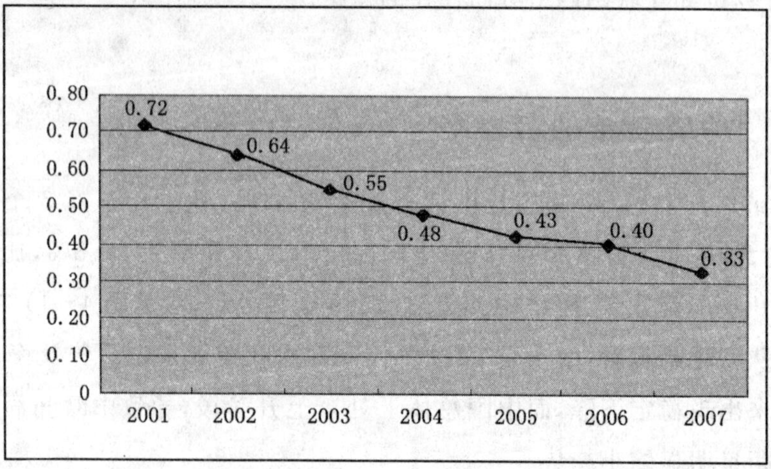

图 4-2　2001—2007 年中欧固定电话相对差距指数及其变化情况

4.2 中欧移动电话差距

2007年欧盟27国移动电话普及率为120%，比上年增加14个百分点，比2001年增加55个百分点；中国移动电话普及率为41.6%，比上年下降6.3个百分点，比2001年增加30.4个百分点(参见图4-3)。

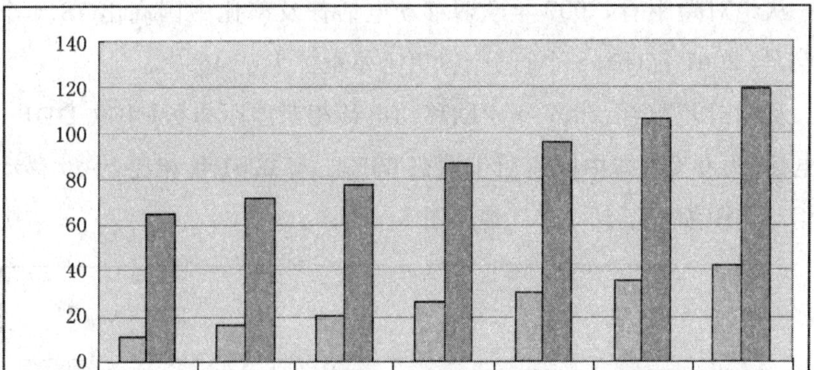

	2001	2002	2003	2004	2005	2006	2007
中国	11.2	16.6	20.1	25.9	30.3	35.3	41.6
欧盟	65	71	78	87	96	106	120

图4-3　2001—2007年中国和欧盟移动电话普及率变化情况(%)

欧盟移动电话普及率在2006年整体上首次超过100%，达到每百人106部，2007年仍实现了较大幅度扩张。这一现象的出现，使国际上通用的“移动电话普及率以100%为基本饱和点”的理论受到了挑战。2007年欧盟27个成员国中有22个国家的移动电话普及率超过100%，其中爱沙尼亚(148%)和匈牙利(145%)甚至超过了140%。

移动电话普及率超过100%意味着有些个人拥有不止一部移动电话。促使个人拥有多部移动电话的主要因素有两个：一是电信运营商服务模式与内容不同，如果需要使用不同运营商提供的服务就需要分别购置不同的移动电话(卡)；二是电信资费水平不统一，不同的运营商收费不一样,消费者如果需要跨区移动办公,购买不同运营商的服务就比较划算。这两种情况在欧盟国家都表现得很明显,欧盟各成员国之间的联系较为紧密,而电信运营商间的差异也比较大。

由于上述原因,欧盟移动电话普及率在较高水平时仍有扩张空间。2001—2007年欧盟移动电话普及率平均每年递增9.2个百分点,同期中国移动电话普及率平均每年递增5.1个百分点。

从绝对差距看,2007年欧盟移动电话普及率比中国高出78.4个百分点,与2001年(53.8个百分点)相比差距扩大了45.7%。

从相对差距看,2007年中欧移动电话相对差距指数(中欧DDI-移动电话)为0.65,即中国落后于欧盟65%。与2001年相比,中欧移动电话相对差距缩小了约22%(参见图4-4)。

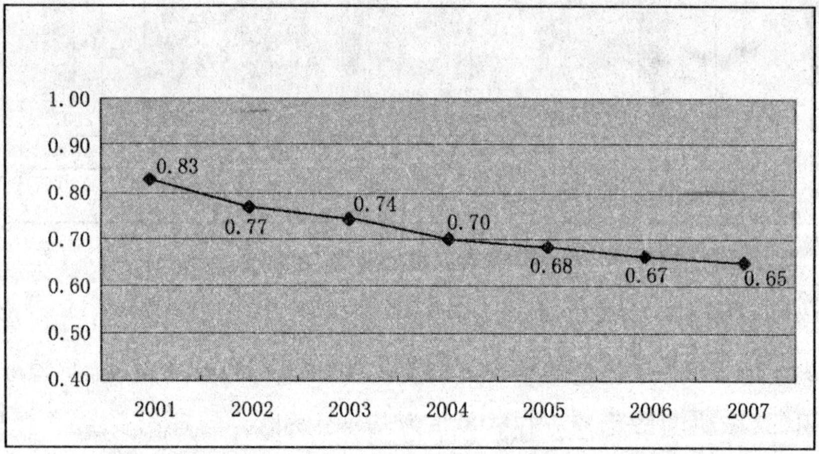

图4-4　中欧移动电话相对差距指数及其变化情况

4.3　中欧计算机差距

为便于进行比较分析并考虑到数据的可得性,在计算中欧计算机差距时，使用计算机普及率指标(即平均每百人计算机拥有量)。

2007年欧盟计算机普及率为66%，比上年增加2个百分点，比2001年增加26个百分点；而2007年中国计算机普及率为8.1%，比上年增加1.1个百分点，比2001年增加6.4个百分点(参见图4-5)。

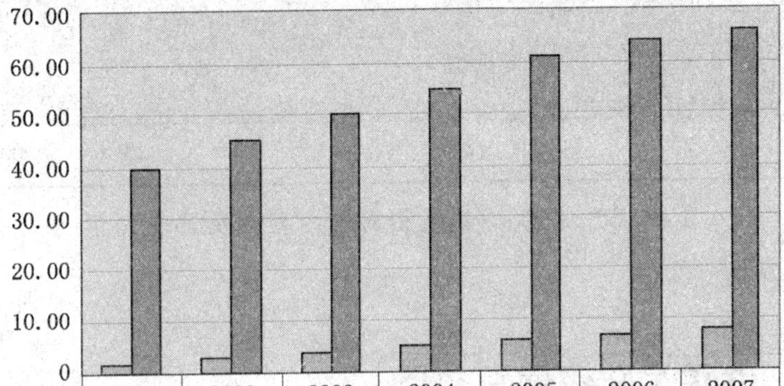

	2001	2002	2003	2004	2005	2006	2007
中国	1.70	2.74	3.82	4.70	5.99	6.97	8.11
欧盟	40	45	50	55	61	64	66

图4-5　中国和欧盟计算机普及率变化情况(%)①

总体上看，欧盟计算机普及已进入扩散中后期，而中国计算机普及尚处于起步期。

从绝对差距看，2007年欧盟计算机普及率比中国高出57.9个百分点，与2001年(38.3个百分点)相比差距扩大约51%。

从相对差距看，2007年中欧计算机相对差距指数(中欧DDI-计算机)为0.88，即中国落后于欧盟88%。与2001年相比，中欧计算机相对差距缩小了约8%(参见图4-6)。

① 中国计算机普及率是根据城乡居民家庭每百户计算机拥有量及户均人口数进行推算得出。欧盟计算机普及率中除2004、2005、2007年外为估算数据。由于中国计算机普及率测算中只计算了居民家庭计算机拥有量而不是社会保有量，因此计算年度差距时与实际结果有一定出入，但对于分析变化趋势结论影响不大。

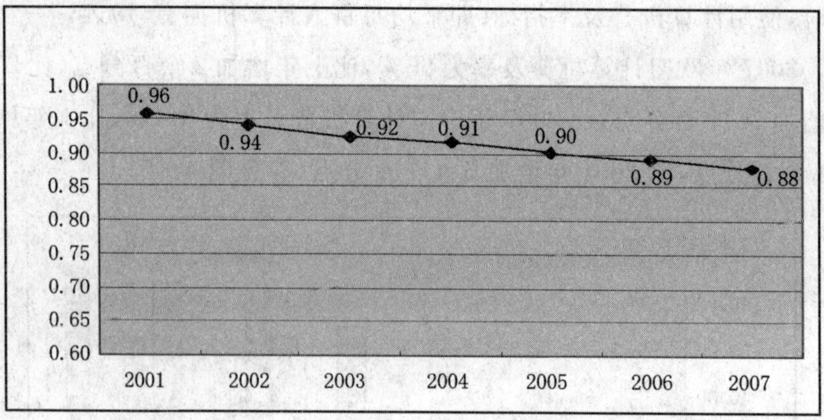

图 4－6　中欧计算机相对差距指数及其变化情况

4.4　中欧互联网差距

2007 年欧盟互联网普及率为 52%，比上年增加 4 个百分点，比 2001 年增加 28 个百分点；中国互联网普及率为 16%，比上年下降 5.5 个百分点，比 2001 年增加 13.4 个百分点（参见图 4－7）。

从绝对差距看，2007 年欧盟互联网普及率比中国高出 36 个百分点，与 2001 年（21.4 个百分点）相比差距扩大约 68%。

从相对差距看，2007 年中欧互联网相对差距指数（中欧 DDI－计算机）为 0.69，即中国落后于欧盟 69%。与 2001 年相比，中欧互联网相对差距缩小了约 22%（参见图 4－8）。

4.5　中欧数字鸿沟综合指数

中欧数字鸿沟综合指数（中欧 DDI）是反映中国与欧盟之间在主要信息技术产品的拥有和使用水平方面的差距的主要指标，由固定电话、

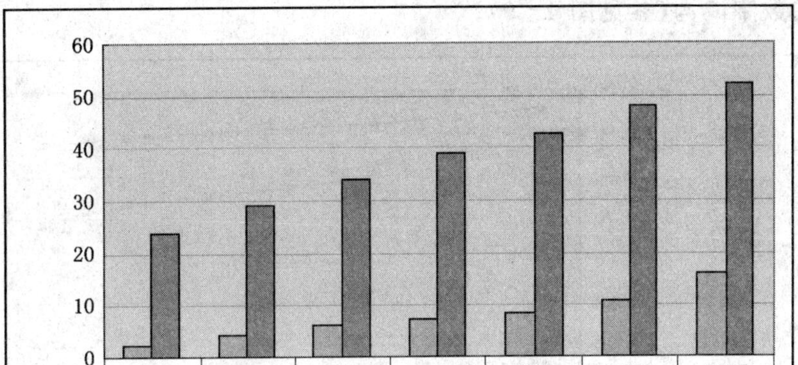

	2001	2002	2003	2004	2005	2006	2007
中国	2.64	4.6	6.15	7.23	8.6	10.5	16
欧盟	24	29	34	39	43	48	52

图 4－7　中国和欧盟互联网普及率变化情况(%)

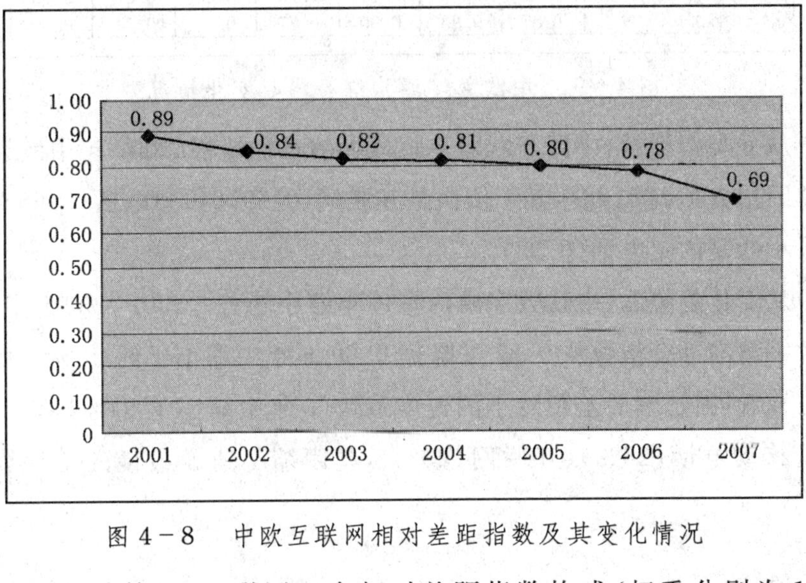

图 4－8　中欧互联网相对差距指数及其变化情况

移动电话、计算机、互联网四个相对差距指数构成(权重分别为 1/3、1/3、1/6、1/6)。

2007 年中欧数字鸿沟综合指数为 0.69,即中国主要信息技术拥有和使用总体水平比欧盟落后 69%,表明中国与欧盟之间存在着非常明显的数字鸿沟(参见图 4－9)。

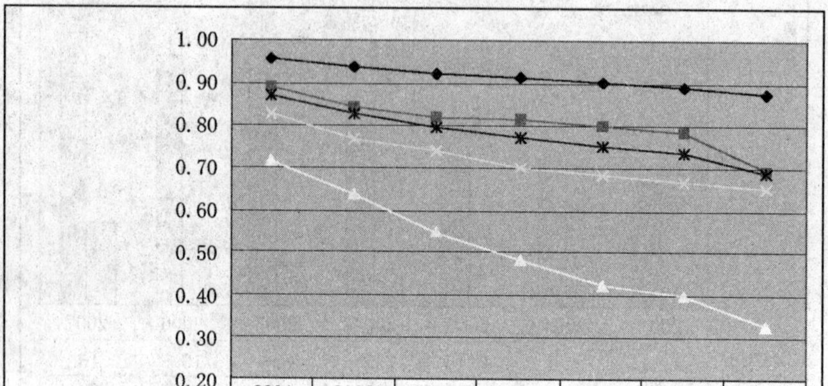

	2001	2002	2003	2004	2005	2006	2007
中欧DDI-计算机	0.96	0.94	0.92	0.91	0.90	0.89	0.88
中欧DDI-互联网	0.89	0.84	0.82	0.81	0.80	0.78	0.69
中欧DDI-固定电话	0.72	0.64	0.55	0.48	0.43	0.40	0.33
中欧DDI-移动电话	0.83	0.77	0.74	0.70	0.68	0.67	0.65
中欧DDI	0.87	0.83	0.80	0.77	0.75	0.74	0.69

图 4－9　中欧数字鸿沟综合指数变化情况

从分类指标看,中国与欧盟差距最大的是计算机(2007 年中欧计算机差距指数达到 0.88),其下依次是互联网(0.69)、移动电话(0.65),差距最小的是固定电话(0.33)。

从变化趋势看,中欧数字鸿沟呈逐年缩小趋势。2001—2007 年,中欧数字鸿沟综合指数从 0.87 下降到 0.69,6 年中缩小了约 21%。从分类指标看,固定电话差距缩小的速度最快(6 年中缩小了 54%),其下依次是移动电话(26%)、互联网(22%),差距缩小速度最慢的是计算机(8%)。

第五章　中国缩小数字鸿沟的行动与成效

近年来，中国启动了一批旨在缩小数字鸿沟的工程项目，进行了有益的探索，取得了一定成效，但也存在一些明显的问题，需要在进一步深入研究的基础上采取切实有效的措施加以解决。

5.1　主要成效

总体上看，近年来中国政府沿着基础设施建设和基础信息服务两条主线，努力为大多数公众提供最低数量和基本质量的公共信息服务，不断摸索缩小数字鸿沟的长效机制，在缩小数字鸿沟领域进行了一系列努力。

——缩小数字鸿沟问题开始引起政府部门重视

政府文件中越来越多地出现“缩小数字鸿沟”字样。《2006—2020年国家信息化发展战略》中有三处提到“数字鸿沟”。首先，“全球数字鸿沟呈现扩大趋势，发展失衡现象日趋严重”是中国信息化建设面临的基本形势之一；其次，中国信息化发展中值得重视的问题之一是，“数字鸿沟有所扩大。信息技术应用水平与先进国家相比存在较大差距。国内不同地区、不同领域、不同群体的信息技术应用水平和网络普及程度很不平衡，城乡、区域和行业的差距有扩大趋势，成为影响协调发展的新因素”。再次，报告提出要“坚持政府主导、社会参与，缩小区域之间、城乡之间和不同社会群体之间信息技术应用水平的差距，创造机会均等、协调发展的社会环境，”并把“缩小数字鸿沟计划”作为中国信息化发展的战略行动之一。2006 年 11 月，《农业部关于进一步加强农业信息化建设的意见》明确提出，通过提高信息化水平缩小城乡数字鸿沟，已经成为构建和谐社会和建设社会主义新农村的一项紧迫任务。

组织实施一系列旨在缩小数字鸿沟的工程和项目。2000 年以来，中国政府已经组织实施了一系列旨在缩小城乡、区域数字鸿沟的重大工程和项目，如“村村通”工程、农村中小学现代远程教育工程、农村党员干部现代远程教育工程、全国文化信息资源共享工程、农村商务信息服务工程、“信息大篷车”工程等。这些工程的共同特点：从组织上看，均由中央部委牵头实施，为项目推进提供组织保障。如 2002 年 10 月开始实施的“缩小数字鸿沟——西部行动”是由国务院信息办、西部开发办和科技部共同发起，由国家高科技发展计划（863 计划）提供支持；农村中小学远程教育由国家发改委、财政部和教育部共同发起。从投入方面看，这些工程和项目得到了财政的大力支持。2003—2007 年 5 年里中国农村中小学现代远程教育工程总投资超过 100 亿元，2002—2006 年 5 年里全国文化信息资源共享工程累计投入 6.27 亿元，“十一五”期间还将投入更多；“缩小数字鸿沟——西部行动”项目科技部投资 2 亿元，西部 12 个省区也都投入配套资金。从服务对象上看，主要是农村和偏远地区的党员干部、农民和学生。

缩小数字鸿沟领域的国际合作与交流活动有所加强。2005 年 8 月中国政府与欧盟联合开展的“中国—欧盟信息社会项目”正式启动以来，在数字鸿沟领域开展了一系列的活动：如开展《中欧数字鸿沟比较研究》、组织了两届以缩小数字鸿沟为主题的年度论坛、围绕数字鸿沟问题开展了一系列研讨会。此外，数字鸿沟相关问题的理论研究也在逐步推进，如国家自然科学基金和社会科学基金都设立了关于数字鸿沟的研究项目等。

——把改变农村及偏远地区信息基础设施落后的面貌作为缩小数字鸿沟的重点之一

在中国，数字鸿沟的表现是多方面的，城乡之间、不同地区之间在信息基础设施和信息资源的拥有量、公众的信息意识和信息能力、信息技术应用深度与广度等各个方面都存在明显差距。相比较而言，农村及其偏远地区信息基础设施落后的问题尤为突出。几年来，中国政府把完善农村地区信息基础设施作为缩小数字鸿沟的重点工作之一，努力解决“用得上”的问题。

“十五”以来，中国在农村通信基础设施建设上累计投资200多亿元，基本实现了行政村村村通电话。为实现中央广播电视节目无线覆盖目标，中央财政在2006—2007年共安排30亿元，专项用于中央台节目无线覆盖。2004年1月，原信息产业部组织中国电信、中国网通、中国移动、中国联通、中国卫通、中国铁通等几大电信运营商，在全国范围内开展了发展农村通信、推动农村通信普遍服务的划时代工程——“村村通电话”工程(简称“村通”工程)。通过政府部门强有力的推动和电信运营商的积极参与，到2007年底，全国行政村通电话比例达到99.5%，全国(除西藏外)行政村通电话问题基本得到解决，农村通信发展水平整体迈上新台阶。2007年5月，中国正式在全国启动自然村的“村通”工程，目前已有上海、天津、江苏、广东、宁夏五省市实现了20户以上自然村通电话。“村通”工程显著改善农村通信基础设施的同时，也使得农村地区互联网建设快速发展。目前全国范围内97%以上的乡镇具备互联网接入条件，92%的乡镇开通宽带，部分行政村也具备了宽带或窄带上网能力。上海、江苏、广东等省市基本实现行政村通宽带，北京、天津、浙江、贵州、山东、吉林等一批省市已经实现乡乡通宽带。

——努力解决信息传输“最后一公里”的问题

如何使信息真正到达每位用户手中则是农村和偏远地区信息化建设中面临的另一大难题，也就是通常所说的“最后一公里问题”。近几年，围绕解决这一问题，中国政府、企业等都做了不少的努力。

针对中国农村和偏远地区电话和电视普及程度高、计算机和互联网的普及水平相对较低这一现状，农业部于2005年推出了“三电合一”农业信息服务新模式。具体讲，就是利用计算机和互联网采集信息，为电话、电视语音系统和电视节目制作提供信息源；利用电话语音系统，为农业生产经营者提供语音咨询和专家远程解答；利用电视，针对农民关心的热点和共性问题，制作播放电视节目，提高信息服务进户率。电话和电视普及程度高、简便、实用，计算机与互联网则具有及时、高效、信息量大的优势，“三电合一”模式综合了三方面的优势，很大程度上起到了“$1+1+1>3$”的效果。在政府的大力倡导下，各大电信运营商也纷纷推出面向三农信息服务的业务。如中国移动通信集团面向全国推出了“农信通”业务、中国联合通信集团推出了“农业新时空”业务，中国电信集团推出了“信息田园”业务，等等。这些业务的共同特点在于：整合各电信运营商覆盖广大农村的移动通信、数据和互联网网络以及人工呼叫中心等资源，利用手机、农业信息机、电话、电视、计算机等多种终端，将乡镇信息员、农业信息采编人员等收集的各种涉农信息及时传递到农民手中，为广大农民提供政策法规、农业科技、务工信息、市场行情、农业气象、灾害预警以及农村医疗、卫生、教育等“三农”信息服务。从实际应用情况看，这些业务平台在宣传各种政策法规、农技气象信息服务、灾情预警及灾后重建等多个领域都发挥了重要作用。

——开始重视提高公众的信息意识和信息能力

从根本上说，如果社会中只有部分人具备运用信息技术的能力，那么信息技术深化应用的结果势必是产生新的不平等和贫困，缩小和消除数字鸿沟也就成为一句空话。因此近几年，当面向农村的“村村通”建设颇具规模，很多的乡镇和行政村都配备了计算机和相关网络设备，面向广大农村地区服务的业务平台陆续投入使用的时候，强化农民对信息化手段的使用意识并提高他们的使用技能就显得非常重要；同样在城市，如何提高全体公众，尤其是弱势群体的信息意识，大力普及信息化知识和技能，在使信息技术应用变得简单、便捷的同时，努力使其成为人们工作、学习、生活不可缺少的组成部分，也开始受到关注和重视。

早在2003年，中央组织部就在山东、湖南、贵州和安徽启动了旨在提高农村党员干部信息意识和技能的“农村党员干部现代远程教育试点工作”，2006年底试点工作基本结束。近4年的试点期间，建成了20多万个终端站点，整合开发了近4万个教材课件，建立了一支由30万人组成的骨干队伍，接受教育培训的农村党员干部和农民群众达2亿多人次。从2007年下半年开始，在试点的基础上，在全国农村普遍开展党员干部现代远程教育工作。原信息产业部实施的“信息大篷车”培训项目已经在河南、山东、黑龙江、四川等省启动。“信息大篷车”所到之处，当地信息化主管部门都充分利用“大篷车”提供的设备，采用教学和实践相结合的互动式培训方式，使培训活动进一步深入群众当中。配合农村中小学现代远程教育工程的实施，国家还通过面对面培训的方式先后培训了15 000多名一线教师，各地有80多万名教师接受了较为系统的远程教育应用培训。从2006年起，原信息产业部和中国残疾人联合会等单位每年组织的“中国信息无障碍论坛”则以宣传和普及信息无障碍理念为宗旨，引发社会各界对残疾人信息无障碍的关注；鼓励技术创新，通过提供定制化的产品来提高残障人士的信息能力。旨在为残疾人等弱势群体服务的信息无障碍活动的社会影响逐步显现。2006年“全国盲人软件、网页设计大赛”的主旨就在于提高社会各界对盲人信息无障碍的关注，鼓励盲人利用信息技术进行学习、交友、就业等活动，活动中也发掘了不少适合盲人使用的新技术和工具。

——探索缩小数字鸿沟的长效机制

如何建立缩小数字鸿沟的长效机制？近年来，中国政府在这方面也进行着持续的摸索与创新。随着社会各界对缩小数字鸿沟问题的关注度和参与度日益提高，“政府主导、企业参与、多方共赢”的运行模式已见雏形。

在政府的大力宣传和政策引导下，各企业尤其是电信企业积极参与。微软、英特尔、联想、海尔、摩托罗拉等公司积极为“信息大篷车”提供设备等支持，在让农民得到信息化体验和知识的同时，赞助企业也得到了品牌形象、产品宣传、业务推广的充分展示。中国移动、中国联通、中国网通、中国电信等电信运营集团和 IT 企业等工商企业纷纷看好农业农村信息服务事业，采取多种模式、多种形式进入其中，在为农民提供信息服务的同时，各自的市场空间也得到了拓展。中国移动与浙江农业厅合作共建了“农民信箱”，与重庆市供销合作社一起搭建了“农信通”信息服务平台，其省、地、县域公司与所在地涉农部门也实现了合作。中国网通吉林公司与吉林省农委有关单位合作，开通了“12316”农村信息服务热线。也有不少其他经济成分的企业参与建立服务平台，开展信息服务、网上购物和电子商务等经营活动。如中国枣网、中国大蒜网、中国西瓜网等，都是民营经济实体在运营；福建厦门的海峡农业网和海峡畜牧兽医网为台湾、大陆两家社团组织和一家民营公司所共建；等等。

5.2 存在的问题

但另一方面，从中国信息化发展水平和各地的实践看，在缩小数字鸿沟方面还只是刚刚起步，城乡差距、地区差距有扩大趋势，信息基础设施的普及、国民信息能力的提高、信息化应用效果的提升等还面临一系列挑战和困难，近年来缩小数字鸿沟的实践中也暴露出一些不容忽视和亟待解决的问题，全面建设和谐的信息社会任重道远。

——对缩小数字鸿沟的紧迫性和必要性的认识还不够

尽管近年来有关政府文件中已经明确提出缩小数字鸿沟问题，但大多数都是原则性的指导意见，缺乏与之配套的具有可操作性的实施细则。如 2006 年 5 月《2006—2020 年国家信息化发展战略》中提出的“缩小数字鸿沟计划”，更多的是从我国缩小数字鸿沟需要完成的任务的角度进行阐述，并未展开讨论如何实现等问题；迄今两年多时间过去了，仍未见具体的实施计划。出现这样的情况，归根到底是因为尽管认识到了数字鸿沟存在的客观现实，但对于解决这一问题的紧迫性和必要性的认识还不够。

——缩小数字鸿沟实践缺乏统筹规划和资源共享

缩小数字鸿沟问题引起越来越多的关注，不少政府部门和企事业单位开始开展一些旨在缩小数字鸿沟的项目和工程，这些固然是值得肯定的。但从近几年的实践看，由于缺乏统筹规划和资源共享，重复建设和资源浪费的现象相当严重，也大大提高了公众的应用成本。如，在中国农村及偏远地区，无线网络覆盖并不理想，不同电信运营商各有自己的信号盲区，如果能互相合作，资源共享，效果要好很多。有关部门曾做过调查，发现基站重复建设，资源浪费现象非常严重，多座铁塔、数条光缆线路并行的场景随处可见。这种混乱局面造成的后果之一就是用户需要承担高额的技术使用成本。

——城乡之间、区域之间信息基础设施水平差距仍然很大

就互联网普及情况看，当前普及水平最高的北京市(46.6%)比最低的贵州省(6.0%)高出 40 多个百分点；31 个省(区、市)中 21 个地区的普及率未达到全国平均水平，其中5个地区普及率不足10%。到2007年年底，东、中、西部互联网发展差异也巨大，东部地区网民数占全国网民总数的58.5%，超过中、西部网民数总和。城乡之间差距也相当显著，2006年我国农村网民普及率为3.1%，仅为全国平均水平的30%，城市普及率为20.2%，是前者的6.5倍；城市居民家庭每百户拥有计算机47.2台，而农村仅有2.7台，前者是后者的17倍。城市居民家庭每百户拥有移动电话152.9部，普及率是农村的2.5倍。尽管前几年"村村通电话"工程积极推进，但农村固定电话普及率连续两年出现下降(从2005年的20.3%下降到2007年的16.5%)。一系列数据说明，农村及偏远地区信息基础设施仍然远远不能满足公众信息化应用的需要，信息化水平落后地区基础设施建设的步伐仍需加快。

——面向占人口大多数的农民群体信息服务效果不理想

目前全国大部分省(市)已经建立面向"三农"的信息服务平台，各平台在组织结构、信息发布方式、服务内容等方面基本类似。但从农民的实际应用来看，由于服务内容的针对性和服务模式等方面的原因，服务效果不是很理想。如各平台提供的服务以短信息为主(开通了语音业务的平台很少)，受字数限制(通常为每条短信息在140个字节即70个汉字以内)，短信息无法向农民详细传递诸如农业实用技术之类的科技知识；网站可以提供海量的丰富信息，但目前农村互联网普及率和计算机普及率都相当低；同时受教育水平等的限制，具备上网查询适用信息的技能的农民也只是少数。

——缩小数字鸿沟的长效机制和可持续发展的模式仍未形成

从近年的实践看，政府是缩小数字鸿沟行动的核心推动力，但其主要作用更多地体现为"输血"而不是"造血"，即目前中国尚未建立起政府、企业与农民共建共享、市场化运作的缩小数字鸿沟的运行机制。缩小数字鸿沟并非一蹴而就的事情，需要在政府主导下动员全社会力量广泛参与，在实践中建立起可持续发展的长效机制，完全依靠财政投资、政府单方行为很难实现预期目标。

——对于其他弱势群体如残障人士、老年人等的信息普及服务还没有形成制度

近年来我国缩小数字鸿沟的工作多数是围绕农村和农业信息化开展的，对于社会中的其他弱势群体如残障人士、老年人、城市低保人口等的信息普及服务尚未引起足够的重视。

——对数字鸿沟有关问题的理论研究与实践经验总结等明显滞后

数字鸿沟是信息社会才出现的新现象和新问题，很难找到现成的解决思路和具体做法，这就需要我们展开深入的理论与实践研究。目前看，相关的研究还相当匮乏，如数字鸿沟理论层面的研究、对近年来国内外有关探索经验与教训的总结等等。

第六章　欧盟地区缩小数字鸿沟的行动与成效

最近几年，欧盟许多国家相继实施了一些旨在缩小数字鸿沟的项目。有些项目取得了比较显著的成效，实践中也出现了一些需要注意和有待解决的问题。其中许多案例及其做法都适用于中国国内的情况。从政策的角度看，这些实践对中国探索信息通信技术(ICT)能否、如何有效地帮助消除不同经济、社会区域的鸿沟，以及该采取何种措施缩小数字鸿沟等，都具有一定的参考价值和借鉴意义。

6.1　主要成效

——政策焦点：电子融合

最近欧盟范围内旨在缩小数字鸿沟的各项政策都是根据2006年6月11日在里加签署的《部长宣言》制定的。该宣言将“电子融合”定义为“包含信息和通信技术，以及通过使用其以实现更广泛的融合目标，落实消除ICT使用差距以及利用ICT消除排他性的方针政策”。①

---

① http://ec.europa.eu/information_society/events/ict_riga_2006/doc/declaration_riga.pdf.

《里加宣言》明确指出:ICT在欧洲社会的发展过程中起着强大的推动作用,为提高人们的日常生活质量和社会参与做出了巨大贡献。《宣言》还进一步指出:ICT不仅能在许多特定领域起作用,还可以帮助一国政府缩小数字鸿沟,以及改善残疾人、老年人、失业者以及其他的社会边缘群体的生存状况。这些都至关重要。

另外,欧盟组织及其成员国的政策都一再强调:在政策声明和各种国家计划中,都必须减小城市和农村社会之间在互联网和宽带接入方面的差距,ICT在诸如成人教育(在线学习)、公民参与(电子政务)和公共福利(电子医疗)等领域的社会融合方面还有巨大的贡献潜力。

——地域分化

《里加宣言》明确提出了显著缩小地区差异的目标,特别是在整个欧盟地区的网络接入方面,提高服务区域宽带的覆盖率,力争在2010年实现欧盟地区90%的宽带覆盖率。

这些基础的覆盖率目标已基本被实现了,2007年欧盟地区宽带覆盖率已经达到89%,上述宽带覆盖率目标基本得以实现。然而,农村地区的覆盖率仍然停留在71%,下载速度低于城市地区,宽带服务提供商之间的竞争也相对较少。①

不同国家之间的情况也大不一样。一些国家已实现高度的宽带覆盖率水平,90%—100%的人口已接通宽带(《里加宣言》的目标已实现)。与此同时,另一些国家的人口宽带覆盖率水平仍低于10%,有些国家的覆盖率在80%左右,而另一些国家的则在60%—70%。

欧盟成员国采取了许多提高宽带覆盖率和利用率的方法。在某些国家,比如荷兰,主要是专注于全面覆盖;另一些成员国,比如挪威和匈牙利,则是专注于缩小现有的差异和连通覆盖空白地区;还有一些国家,

① Broadband Coverage in Europe, Commission Services (2007).

比如德国，则是侧重于培养市场竞争和提高下载速度（包括农村地区）。欧盟所提供的主导型推进方式明显地聚焦于成员国对宽带基础设施项目和下一代宽带计划研究开发和创新的支持之上。

——信息能力

欧盟的目标是：到2010年，将人们的信息能力差距缩小至2005年水平的一半。这包括了欧盟地区失业者、移民、低学历者、残疾人、老年人以及边缘化青少年等与社会平均水平之间的差距。

欧盟的研究调查一再证实：总体上看，计算机和互联网技能最差者往往是低学历者、老年人口和非经济活动人口。与平均水平相比，这些群体在互联网的日常使用率方面的差距也非常显著。失业者和妇女在计算机和互联网技能方面优于其他的弱势群体。

人们发现，在提高信息能力方面，那些所谓的“社会中介组织（social intermediaries）”扮演了出人意料的重要角色。比如说，在被调查的10个国家中，将近42%的电子政务使用者代表他们的家人和朋友获取相关服务，在电子政务服务更普遍的国家，这一比例更高。在许多新成员国甚至更多，比如捷克，平均有18%的人需要借助于社会中介获得电子政务服务，其中7%的人需要完全的帮助。

通过中介的帮助获得电子政务服务的比例在新成员国中最高，这可能要归因于这些国家所面临的较大的技术使用困难和较低的数字化技能水平。因此，这些人可能需要借助于熟练的中介使用数字化服务。也许，这同时也反映了不同国家数字化服务发展水平的差距，特别是在复杂项目和用户方便性方面。在旧成员国中，只有意大利和爱尔兰的使用者借助于社会中介的比例高于欧盟平均水平。

根据对数字化业务使用者的调查，[①]得到中介帮助的市民往往具备

① http://www.euser-eu.org.

以下典型特征：数字化娱乐活动少，信息技术能力差，从事简单的体力劳动，很少使用互联网并居住在互联网渗透率低的地区。受帮助使用者的年龄往往在50岁以上，明显不具备从事在线休闲活动的意向，女性多于男性，教育水平在中等之下，处于失业或者待业状态，收入水平较低，生活处于贫困线以下或中低收入水平，无法在家上网，或者是刚刚才开始"使用"计算机。总之，需要借助于社会中介的使用者往往处于一种边缘化状态，未能受益于信息社会，所在国家在数字化接入和服务领域并不处于领先位置。

《里加报告》中提到："社会中介自身代表了潜在的丰富资源，同时，也更可能地存在于家庭或社区层面，远在互联网出现之前，就帮助宣传公共或私人服务的好处。他们同时也可能反映了处于转变阶段的群体，在他们独自使用电子化服务之前……"①

——下一步目标

《里加部长宣言》指明了两个未来介入的领域：帮助老年人和文化多元化。

• 帮助老年人

帮助老年人口方面的目标包括：a）到2010年，将老年人口互联网使用率与欧盟平均水平之间的差距缩小到2005年的一半；b）消除互联网ICT服务市场和产品中存在的不利于老年人使用的障碍，并支持在工作中"积极老化"，特别是加强ICT技能的培训；c）支持老年人口积极参与社会活动，同时，支持他们独立生活和提高生活质量。

网络技术进步给老年人带来了某些好处，但与平均水平相比，他们在这一领域的差距还是巨大的。长此以往，这一趋势将使得已面临老龄化的欧洲社会在财政和社会持续发展方面受到诸多挑战。1995年，欧

① http://ec.europa.eu/information_society/activities/einclusion/docs/i2010_initiative/rigadashboard.doc.

盟 60 岁以上的人口达7 000万，接近总人口的 20%。到 2020 年，这一比例将上升至 25%，超过 80 岁的人口数要比之前翻一倍多。与此同时，从 2005 年到 2030 年，处于工作年龄段的总人口（15—64 岁）将减少2 100万。人口年龄结构的变化将引起许多挑战，ICT 将有助于解决这些问题，不仅仅是为老年人带来收益，还能使经济增长更富有成效。

可供使用的 ICT 解决方案和支援技术可以帮助战胜许多伴随年龄老化而来的障碍，因此，这将有助于支持老年人口积极参与社会活动，坚持独立生活和提高生活质量。

然而，在今天，只有 27%的年龄在 54 岁以上的人和 10%的年龄在 65 岁以上的人经常使用互联网。相对而言，欧盟 25 个成员国的平均水平是 47%。这意味着现有的障碍中，技术上的、经济上的，尤其是那些与信息意识和信息技能有关的，都必须加以消除。

为实现上述目标，2007 年，欧盟委员会通过了一个关于在信息社会中保持良性老化的 ICT 行动计划，意在通过 ICT 提高市场意识和个体机遇以达到良性老化，鼓励那些适用于老龄化社会的技术的研究开发。

• 文化多元化

关于信息社会中的文化多元化，《里加宣言》提出的目标是：a）利用各种手段推动文化多元化，包括：在数码世界鼓励多元主义、文化认同和语言多样性；b）通过更多地参与信息社会，提高经济、社会的参与度与整合度，以及移民和少数民族的创造力和创业精神。

ICT 被认为在推动文化多元化方面具有潜在的综合效应。它在帮助移民与远方的家人、朋友保持个人联系方面发挥着有益作用，同时，这也可能引起进一步的社会孤独感，减缓融入速度。另一方面，随着 ICT 的广泛运用，尤其是在年轻人中（包括移民和少数民族群体），这可能有助于通过新的社会化媒体跨越诸如民族、文化和语言等方面的障碍，并帮助移民企业家开创小型企业（这也是经济领域整合的重要途径之一），也有助于提高许多城市的生活质量。

关于公共部门网络站点上的多国语言信息，有证据表明：有用性通常仍然只局限于英语，并以旅游者、外国投资者和研究人员为目标。当然，电子政务门户网站也可以使用其他官方语言(如果存在的话)：[①]捷克有个专门面向居住在该国的外国人的国家网站，其内容可以转换为多种语言；[②]在英国，政府内阁办公室发布了关于政府网站通过不同语言设计信息资源的指导方针；在荷兰，许多当地的政府部门采用特殊设计的"虚拟整合计算器"，使移民和少数民族可以更便利地使用，当然本地人也经常使用。[③]

然而，除了上述这些经验外，总体上看，关于多元文化群体使用 ICT 和可能引起排他性的风险因素的研究似乎还很少。为解决这一问题，欧洲委员会正在进行大量的研究，目前已启动了竞争能力方面的探索性项目和创新计划(CIP)。

6.2　存在的问题

——进展速度有待提高

《里加宣言》指出：到 2005 年，57%的欧盟人口不能经常使用互联网，只有 10%的超过 65 岁的人口用过互联网，只有 24%的低学历者用过互联网(相比较而言，高学历者为 73%)，只有 32%的无业人口用过互联网(相比较而言，在职人员则为 54%)。只有 3%的被调查公共网络站点遵循了最低网址可操作标准和指导方针，约占欧盟人口 15%的人使用网站内容和服务时会遇到访问障碍。除了宽带连通性不考虑城市和

① 例如，关于西班牙的情况，参见 http://www.060.es/。

② http://www.en.domavcr.cz/.

③ 可参见 http://www.GovWorks.nl/amsterdam。

农村的差异外，实现《里加宣言》提出的到2010年数字鸿沟减小一半的目标的速度仅为预想的一半。①

因此，虽然近几年，整个欧盟地区的数字鸿沟整体上看明显缩小了，但所谓的“数字化贫穷”问题仍然突出。如果没有适当的政策介入，数字化差异将一直存在，某些情况下甚至会进一步加剧。为了解决这一问题，欧盟制定并实施了一项专门帮助目标1地区（GDP低于欧盟平均水平的75%，并且符合欧盟结构基金提供的2/3援助的资格的地区）的政策。②

——“处境危险”的弱势群体仍然落后

为了实现《里加宣言》提出的到2010年将互联网使用方面的差距缩小到2005年的一半的目标，欧盟将制定一系列政策以扶持弱势群体：从不同年龄段人群的情况看，除了54—65岁年龄组外，其他各年龄段的人很难在2010年前实现《里加宣言》提出的将互联网使用率方面的差距缩小至2005年的一半的目标。

《里加宣言》的规划目标为：“有力地解决电子融合问题，从2005年到2010年，欧盟整体人口以及老年人、残疾人、妇女、低学历者、无业者和‘欠发达地区’人口的互联网使用率差距将缩小一半。”

然而，从数字鸿沟指数测算上看，整个欧盟内部各地区之间的差距仍存在着显著区别。一些国家对“处境危险”的群体的界定远低于整个欧盟地区总体平均水平。关于特定的弱势群体，在大多数国家中，那些低学历、不参加经济活动、年龄在65—74岁的人口的互联网使用率偏低。有些国家，比如匈牙利和斯堪的纳维亚国家，在缩小数字鸿沟方面

① “Riga Dashboard (2007): Measuring Progress in e-Inclusion European Commission DG Information Society and Media”，参见 http://ec.europa.eu/information_society/activities/einclusion/benchmarking/index_en.htm。

② 在2000—2006年间大约有50个地区，涉及欧洲人口的22%，参见 http://ec.europa.eu/regional_policy/objective1/index_en.htm。

进展较快。这就意味着，在欧盟地区各成员国内进行更广泛的规划可能有利于那些发展水平落后的国家——在那里数字鸿沟并没有显著缩小，某些情况下甚至是变大了。

值得注意的是，在大多数国家，妇女、城市居民和无业人员之间的差异明显小得多；相比较而言，不同国家间54—65岁年龄组（仍然在岗的老年人口）的差异则非常显著。

——无所不在的电子政务服务尚未实现

欧盟的另一个重要目标是：到2010年，保证所有的公共网站的设计、关键服务传送和公共服务政策都以用户为中心，并且通过那些有助于实现用户收益最大化的渠道和中介为公众提供服务。因为实践中存在的种种障碍（如互联网有效性差，使用电子政务服务的意识较差等）限制了人们对信息技术的使用，如何解决这些问题已成为欧盟及其成员国关注的重点所在。在这方面，电子政务服务使用不足不再仅仅是弱势群体面临的问题——尽管与其他群体相比，弱势群体受到的影响可能更大。

虽然各成员国都采取了许多干预政策，但公共网站的可获得性在2006年只是小幅提高了5%。在这方面，各成员国所采取的方法和途径都不尽相同。特别是斯堪的纳维亚国家和丹麦，它们在电子政务领域处于领先地位，而捷克国内的使用率仍然很低。匈牙利也已采取特定计划以解决这一问题。

除了供给方的有关情况外，需求方所具有的信息能力则是高效使用电子政务服务并从中获益的另一个重要因素。就电子政务发展而言，这些因素似乎比社会人口学方面的因素如收入、性别、劳动力状况（在某些程度上还包含教育）等更重要。因此，提高弱势群体的信息能力是实现更广泛地自助使用电子政务服务的重要途径。

——新旧成员国之间的差异仍然巨大

新旧成员国在能够获得的信息服务方面的差距仍然是相当大的(如果只考虑在家里可以得到的互联网服务,差距就会更大)。这是因为越来越少的新成员国用户依靠家庭宽带,而是通过其他方式,特别是通过公共网络接点(PIAP)接入互联网。对穷国(爱沙尼亚、拉脱维亚、立陶宛、斯洛伐克、保加利亚和罗马尼亚)而言,PIAP 显得特别重要。

6.3 关于未来重点工作的几点建议

——不仅要强调覆盖率,还要关注渗透率

许多评论家指出:欧盟的宽带目标注重的是覆盖率,而非渗透率。同时,由于不同的地区和国家之间存在着巨大的差异,在强调统计学的覆盖率之余,关注渗透率有利于宽带的进展。

在 2006 年年底,欧盟 27 国的宽带渗透率达到 27%(比 2005 年的 12.5%翻了一倍多)。然而,不同国家之间的渗透率差距仍然显著:保加利亚为 3.3%,丹麦为 32.3%。还有 7 个欧盟国家的渗透率仍然低于 10%。

农村地区的渗透率也偏低:在城市,特别是在旧成员国,宽带几乎无所不在,宽带的可获得性与实际使用之间关系并不很大。相反,这在农村地区却有着正相关关系:宽带普及率越广泛的农村,使用得越多。即便我们考虑到农村人口不太愿意采用新技术这一因素,不具备基本的接入条件也可能会限制技术的潜在应用者。其他因素可能与农村地区的支付能力、宽带质量(如速度)和所提供的内容和服务有关。

——不仅要关注渗透率,还要关注使用情况

未来我们必须更加关注收集那些能够反映使用情况的数据,而非简单的接入数据。要更好地了解信息如何被适当地传递,社会(以及不同的社会群体)将得到哪些益处,各种数字鸿沟有多重要,我们就必须更好地了解人们是如何使用数字化服务的。

近来关于信息技能和信息技术带来的好处的研究越来越多,也反映了人们对使用情况的关注。已有证据表明,即便一国内部或国家之间的接入和使用水平相等,人们在信息技能和信息技术带来的收益方面也存在明显差异。

对个体或社会中的各种群体而言,进一步的研究发现,如果仅提供接入服务而没有配套的数字化技能培训,会大大削弱接入服务所带来的收益。一般而言,通过个人计算机平台连入互联网的数字化服务(比如电子政务服务)的使用者往往是收入较高、年龄较小且受过高等教育的社会群体。因此我们必须更好地了解不同的接入手段和不同的服务的利用率,以保证政府计划和政策的有效性。

——同时还要注意多渠道接入

利用便携式设备(如手机或 PDA)接入信息服务,这一趋势显得越来越重要。这其中不仅包含那些无法得到接入服务的农村地区的人,还包括低学历者、无业人员和残疾人。多渠道传输策略,特别是手机的使用,便成为提供周全服务的重要方式。

就电子政务服务而言,尤其如此。研究表明,通过个人计算机平台连入电子政务服务的使用者往往是收入较高、年龄较小且受过高等教育的群体。因此,对那些信息依赖群体而言,移动政务(或移动化政府)正变得越来越重要。

第七章　中国缩小数字鸿沟的政策建议

与大多数欧盟国家相比，中国的数字鸿沟有其特殊性。中国是一个发展中大国，人口众多，经济水平相对落后，信息技术的普及应用还处于初期水平。比较而言，中国的所谓“弱势群体”，往往是多数（如农村居民、中西部地区、低教育水平人口等），而不是少数。因此，在寻求缩小数字鸿沟的解决方案时，必须统筹考虑，在发展中解决问题，尤其要充分利用好制度优势，发挥好政府的引导作用。

总体上说，加速缩小数字鸿沟，努力化数字鸿沟为数字机遇，重点要把握好四个“准”字，即瞅准机遇，选准路径，瞄准薄弱环节，找准着力点。

——瞅准机遇

努力缩小数字鸿沟可以为中国发展带来四个方面的机遇：一是促进经济增长的机遇。信息化为未来30年经济发展提供了巨大增长空间，并与城市化、市场化、国际化共同成为重要增长引擎。二是强化民族信息产业的机遇。电子产品制造业、软件业、信息服务业、数字内容产业持续快速发展，创新能力、国际竞争力显著增强。三是全面快速提升国民素质和信息能力的机遇。远程教育、电子学习、综合培训效果得到强化，优势教育资源充分共享，国民素质和信息能力得以全面快速提升。四是实现跨越发展的机遇。以信息化带动工业化，加速实现现代化，充分利用现代信息技术改造传统产业，综合国力显著增强。

——选准路径

2007年中国农村彩电普及率仅为城市的64%，近一半城市家庭、90%以上的农村家庭没有计算机，固话普及率仅28部/百人，手机普及率仅42部/百人，网民普及率仅16%。这同时也意味着巨大的成长空间：1亿多潜在家用彩电用户，2亿多潜在家用计算机用户，4亿多潜在固定电话用户，近8亿潜在手机用户，9亿多潜在网民。如何将增长潜力转化成现实生产力，需要进行科学的路径设计。

——瞄准薄弱环节

据CNNIC最新调查，"不懂电脑或网络，不具备上网所需的技能"是导致中国非网民不上网的最主要因素，目前仍有超过1/3的非网民由于此原因不能上网。此外，由于硬件条件不满足而不具备上网条件导致超过30%的非网民不能上网。总体上看，信息基础设施普及不够，国民受教育水平不高，支付能力不足，是造成信息技术不能广泛应用并产生数字鸿沟的主要原因，也是中国信息化的最薄弱环节。从薄弱环节入手将收到事半功倍的成效。

——找准着力点

从用得上、用得起、用得好三个环节，分别以普及信息基础设施，降低应用成本，强化教育培训为着力点，完善政策环境，采取多种措施，迅速提升农村边远地区和城市弱势群体的信息技术应用能力和应用水平。

从近期看，可以考虑着手做好以下几个方面的工作：

第一，统一规划指导，研究制订"缩小数字鸿沟行动计划"。国家信息化发展战略已明确提出要制订"缩小数字鸿沟行动计划"，需要进一步细化和落实。建议由国家有关部门（如国家发改委、工业与信息化部、科技部、农业部、教育部、广电总局等）共同制订一个"缩小数字鸿沟行动计划”。行动计划可以五年为期，也可以十年为期，明确目标、任务、措施、进度和各方的责任。

第二，多管齐下，突出重点，大力推进农村信息化。为尽快使农村信息化上新台阶，应重点抓好以下几个环节：一是多种支持政策的整合利用；二是农村信息基础设施的建设和普及，重点是抓好电话、电视两个“村村通”工程，并在资费和服务承诺上给予保证；三是建立和完善涉农信息综合服务体系，用信息引导农业发展、农村建设和农民增收；四是大力发展农村中小学远程教育，全面提高农民文化素质和信息能力水平。

第三，关注弱势群体，建立普遍服务基金。缩小数字鸿沟必须在信息基础设施建设、信息服务提供等环节树立普遍服务的理念，同时要有相应的普遍服务基金作为保障和支持手段。通过建立普遍服务基金，对运营商、服务商进行支持和鼓励，对弱势群体使用信息技术予以补贴。

第四，加强协调领导，加快推进三网融合。电信、广播电视、计算机三大网络的逐步融合，既是国际趋势，也是迅速缩小数字鸿沟的重要途径。目前看，三网融合的关键问题不在于技术，也不在于认识，而是在于部门间利益的协调，国家必须从政策、法律上加以推动。

利用信息技术革命实现跨越发展是中国面临的一次历史性机遇，而缩小数字鸿沟，让大多数人乃至所有人都能充分享受到信息技术革命带来的好处，是实现跨越发展的基础保证。因此，应当将缩小数字鸿沟作为国家发展战略的一个重要目标给予高度重视。

第八章　中国缩小数字鸿沟的典型案例

8.1　“村通”工程

在中国，数字鸿沟的表现是多方面的，城乡之间、不同地区之间在信息基础设施和信息资源的拥有量、公众的信息意识和信息能力、信息技术应用深度与广度等各个方面都存在明显差距。相比较而言，农村及偏远地区信息基础设施落后的问题尤为突出。

【工程概况】

2004年初，原信息产业部组织中国电信、中国网通、中国移动、中国联通、中国卫通、中国铁通六家电信运营商，在全国范围展开了发展农村通信、推动农村通信普遍服务的划时代工程——“村村通电话”工程(简称“村通”工程)。

“村通”工程从2004年1月启动，按照“分片包干”原则由六家运营商具体负责实施。

第一阶段的任务是2005年年底前实现“邮电十五规划”中“全国95%以上行政村通上电话”的目标(该目标已经实现)；

第二阶段的任务是继续实施行政村通电话项目，增加农村电话普及率并将“村通”工程向自然村延伸，构建农村信息服务平台和开发应用农村适用信息资源，“十一五”末基本实现全国“村村通电话，乡乡能上网”。

【实施成效】

——行政村“村通”工程成效

到 2007 年年底，29 个省(区、市)实现了所有行政村通电话，全国行政村通电话比重达到 99.5%。2007 年工程还为新疆、内蒙、黑龙江、海南等地的生产建设兵团、林场农场、油田等的2 536个基层生产单位新开通了电话。全国(除西藏外)行政村通电话问题基本得到解决，农村通信发展水平整体迈上新台阶。

——自然村“村通”工程成效

2007 年 5 月，我国正式在全国启动自然村的“村通”工程，开辟了“村通”工程的新战场。自然村“村通”工程启动的半年时间内，共计为20 036个 20 户以上无电话自然村新开通电话，全国自然村村通率提高 0.8 个百分点；全国已有上海、天津、江苏、广东、宁夏 5 省市实现了 20 户以上自然村通电话。早在 2007 年 5 月 9 日，广东率先完成了全省 20 户以上自然村 100%通电话的目标，共有128 427个自然村开通了固定电话。

——农村互联网建设成效

“村通”工程显著改善农村通信基础设施，电话网基本覆盖到行政村的同时，也使得农村互联网建设突飞猛进。目前全国范围内，97%以上的乡镇具备互联网接入条件，92%的乡镇开通宽带，部分行政村也具备了宽带或窄带上网能力。目前上海、江苏、广东等省市基本实现行政村通宽带，北京、天津、浙江、贵州、山东、吉林等一批省市已经实现乡乡通宽带。农村电话网与互联网双双发展，相得益彰，构成了农村信息服务的基础平台和主要渠道。到 2007 年年底，各类涉农互联网站已经超过

6 000个，为各地农村提供的形式多样的服务种类达到 7 万多种，各类农村信息平台注册农户达到2 700多万户。农村信息服务的活跃，为广大农民脱贫致富，改善生产生活条件，防灾减灾和医疗教育起到了极大作用。

【简评】

提高农村电话普及水平，让更多农民用上电话，才能真正改变农村的通信状况，使“村通”工程真正充分发挥帮助千家万户脱贫致富，加快新农村建设步伐的作用，从而最大限度地消除城乡之间巨大的数字鸿沟，以促进社会和谐。在这方面，政府和通信企业都有着义不容辞的责任和使命。

8.2 农村中小学现代远程教育

长期以来，在我国农村，特别是经济欠发达、教育基础薄弱的中西部地区，教学资源匮乏和教师整体水平不高使得大量课堂教育还停留在“一支粉笔一张嘴，一本教案满堂灌”的状态。

【工程概况】

2003 年，国家发改委、财政部、教育部决定实施“农村中小学现代远程教育工程”，以发挥现代远程教育工程的综合功能，为农村教育、经济和社会发展服务(该工程后来被列入国家“十一五”规划)。规划用 5 年左右的时间，在全国约 11 万个农村小学教学点配备教学光盘播放设备和成套教学光盘，38.4 万所农村小学建成卫星教学收视点，3.75 万所农村初中建设计算机教室，使农村在校生能与城镇学生一样，共享优质教育教学资源，接受信息技术教育，为促进教育均衡发展，推进全社会信息化奠定良好的基础。

工程采用三种模式：(1)模式一，是教学光盘播放点，简单地说，一个彩色电视机、一个 DVD 播放机和一套教学光盘。这个光盘的创新，实现了光盘里面有老师，有学生，教室里面也有老师，也有学生，这四者之间形成一种互动关系。(2)模式二，教育部面向全国公开征集优秀教学资源，免费、及时、源源不断地把优质教育资源送到学校去。(3)模式三，在普及远程教育的学校，建一间计算机教室、一间多媒体教室，在网络环境下学习信息技术以及计算机辅助教学。通过这样的教学模式，基本上可以使农村的孩子在经过九年义务教育之后，具备基本的信息素养和信息能力。

【实施成效】

——投资情况

到 2007 年年底，我国农村中小学现代远程教育工程完成投资 111 亿元，其中，中央专项资金 50 亿元，地方投资 61 亿元。工程覆盖中西部所有 36 万所农村中小学。

——教学资源建设

据不完全统计，工程已免费发放了6 500多万张教学光盘，建设了超过4 000学时的教学多媒体资源和超过2 000学时的视频资源，同时还有7 692条教学素材资源按照教学进度每周向农村中小学免费发送，内容涉及专题教育(安全教育、少先队活动、远离毒品等)、科学人生、世纪讲坛和学科实验等多个方面。

——基础设施建设

2003 年以来，先期启动的"农村中小学现代远程教育试点示范项目"和"农村中小学现代远程教育试点工作"，覆盖西部 12 个省(自治区、直辖市)、新疆生产建设兵团、中部 6 个省和东部 1 个省共 20 个省级单位，将建设教学光盘播放点20 977个，卫星教学收视点48 605个，计算机教室7 094间。到 2006 年，农村小学计算机配备量由 2002 年平均每 98 人拥有 1 台计算机提高到平均每 39 人拥有 1 台；同期农村初中的这一比例则由平均每49人拥有1台提高到平均每19人拥有1台。农村学生不仅利用信息技术开展创新活动，还通过网络展示自已的优秀作品。

——队伍建设

为配合工程的实施，国家还通过面对面培训的方式先后培训了15 000多名一线教师，各地也有80多万名教师接受了较为系统的远程教育应用培训。已应用远程教育平台组织教学光盘应用培训、学校安全培训、农村义务教育保障新机制培训等，培训人次近300万。同时，逐步建立和完善以县为主，国家、省、地(市)、县四级技术服务支持体系。

【简评】

教育部基础教育司副司长李天顺在介绍农村中小学现代远程教育工程时，用六句话总结了农村中小学远程教育取得的突出成果：第一句话，“大山再也挡不住知识了”；第二句话，“同在蓝天下，共享优质教育资源”；第三句话，“促进义务教育均衡发展”；第四句话，“一校变两校，一师兼两教”；第五句话，“低成本、高效益、快速度”；最后一句，“学生笑了，老师笑了，农民笑了”。

8.3 农村党员干部现代远程教育

我国历来高度重视农村党的建设工作。近年来，随着农村“三个代表”重要思想学习教育活动、保持共产党员先进性教育活动的开展，农村党员干部教育培训工作得到明显加强，取得了显著成效。但是，新的形势和任务对农村党员干部教育培训工作提出了新的更高的要求，为了进一步提高农村党员干部教育培训工作的质量和水平，适应形势和任务的需要，我国实施了农村党员干部现代远程教育工程。

【工程概况】

2003年4月，中央决定，在山东、湖南和贵州首先开展农村党员干部现代远程教育试点工作。从2005年年初至2006年年底，试点省区扩大到山西、辽宁、吉林、黑龙江、江苏、浙江、河南、四川省和新疆维吾尔自治区9省区。

2007年9月，中共中央办公厅印发《关于在全国农村开展党员干部现代远程教育工作的意见》指出，经党中央同意，从2007年下半年开始，在试点的基础上，在全国农村普遍开展党员干部现代远程教育工作。开展农村党员干部现代远程教育工作的总体安排是：用3至4年的时间，力争到2010年年底，在全国基本建成农村党员干部现代远程教育网络体系。先期试点的3个省，进一步巩固提高已建站点的管理使用水平。扩大试点的9个省（自治区）在现有基础上，加快建设进度，力争到2008年年底完成基础设施建设任务，在乡镇、村基本实现站点全覆盖。没有进行试点的其他19个省（自治区、直辖市）和新疆生产建设兵团，力争到2010年年底完成基础设施建设任务，在乡镇、村基本实现站点全覆盖。东部地区可适当加快建设步伐，中西部地区根据本地实际，稳步推进站点建设。

农村党员干部现代远程教育工程的主要任务包括：(1)建设农村党员干部现代远程教育教学平台；(2)建设农村党员干部现代远程教育终端站点；(3)开发农村党员干部现代远程教育多媒体教学资源；(4)建立农村党员干部现代远程教育骨干队伍；(5)建立科学规范的农村党员干部现代远程教育工作机制。

【实施成效】

截至2006年10月底，各试点省区共建成乡镇、村终端接收站点197 320个，其中乡镇站点9 855个，村级站点187 465个。据初步统计，在2003—2006年间，参与现代远程教育学习培训的农村党员干部和农民群众达2亿多人次。到2007年10月，先后在12个省（自治区）进行了试点。

2007年，中央共补助地方文化信息资源共享工程资金62 084万元，建设县级支中心629个，农村党员干部远程教育基层点97 463个。

【简评】

农村干部培训工作是干部队伍建设的重要内容之一，如何解决农村教育资源的缺乏问题是农村干部培训工作的关键。利用远程教育系统开展针对农村干部的培训，既可以解决教育资源共享的问题，又可以降低培训成本。

8.4 全国文化信息资源共享工程

全国文化信息资源共享工程于2002年4月正式启动，由财政部、文化部共同组织实施。该工程是利用先进科技手段传播、建设先进文化的大型公益性文化网络工程，旨在整合全国文化信息资源，通过互联网、卫星宽带传输和光盘将数字化文化信息资源传输到群众身边，实现优秀文化信息资源在全国范围内的共建共享，满足广大人民群众日益增长的文化需求，整体提高文化资源的利用率。

【工程概况】

工程总体目标：(1)实现网络联网"135"计划，即实现1个国家中心、30个省级分中心、5 000个以上的县、乡、街道和社区基层网点的联网。(2)完成以百万册件文献共建和"四个'一'优秀作品"为核心的数字资源建设，即完成100万册文献、1 000台优秀地方剧目、1 000部优秀美术作品、1 000部优秀音乐作品、1 000件珍贵文物的数字化，并提供网上服务。(3)通过文化信息资源联合目录，建立网上文化信息导航系统，利用国家中心、省级分中心以及基层中心组成的网络开展服务。

组织机构：共享工程受全国文化信息资源共享工程领导小组领导，设有全国文化信息资源共享工程国家咨询委员会、全国文化信息资源共享工程国家中心以及各省分中心和基层中心。

服务对象:共享工程的服务对象是最广泛的公众群体,包括城市的社区、边远山区、边防哨所的基层文化单位。

服务方式:共享工程利用计算机、网络、通信、多媒体等最新技术成果,建立一个基于网络的、分布的、贴近最终用户的组织模式,有组织、有系统地为广大基层群众服务。

【实施成效】

工程自启动以来,经过五年多努力,建设成效显著。

迄今工程已建立了 1 个国家中心,33 个省级分中心,2 010个市、县支中心,7 462个乡、村基层服务点,1 214个其他系统的基层服务点,共计10 720个。另外,文化共享工程通过与农村党员干部现代远程教育工程、农村中小学现代远程教育工程合作共建,建成基层服务点 42 万多个。

资源建设方面,2007 年,工程资源总量达到 13.6TB。在资源加工、征集过程中,工程管理中心注意对少数民族语种资源的征集,制订《少数民族语言翻译资源方案》,委托相关省开展朝、蒙、藏、维 4 种少数民族语言翻译资源征集加工,包括图书1 250种,视频 443 小时。工程网站新开辟的"新农村科技知识影库",有近 900 多个视频节目,成为帮助广大农民增产增收的有效平台。"名家讲座"新增视频 884 个,"舞台艺术"栏目新增京剧、话剧、歌剧、舞剧、地方戏、小品、相声、杂技等视频节目 400 多个,"影视剧场"新增 500 多部影片。

工程管理中心与国家信息中心合作开通了外网服务镜像,所有接入政务外网的单位用户,均能够通过该网络使用文化共享工程的大量资源。共享工程的 13 个省级分中心也已接入该网,实现了大量音、视频资源的传输下载。日均资源传输量可以达到 50GB—100GB,相当于每天可传输 100—200 张光盘的资源量,很好地满足了国家中心到各省级分中心大批量资源传输的要求。

工程与农村党员远程教育与农村中小学现代远程教育不断加强合作，共建乡、村基层服务点超过42万个。2007年6月30日，农村党员干部现代远程教育卫星数字专用频道“文化共享工程专栏”在中国教育电视台开通，实现了共建共享、一站多用，有效拓展了文化共享工程的服务面。

截至2007年第三季度，中央、地方主要媒体对文化共享工程不重复报道683篇，共约110万字：其中广播电视媒体（中央电视台、中央人民广播电台）报道19次，主要平面媒体报道377篇，主要网络媒体报道294篇。在平面媒体中，有116篇头版报道；香港的《镜报月刊》、澳门的《澳门日报》也对文化共享工程进行过报道。文化共享工程在全国范围得到了广泛关注，形成了一定影响。

【简评】

中华传统文化博大精深，对人类文明做出过重大贡献。在人类进入新世纪之际，如何始终坚持中国先进文化的前进方向，实现中华民族的伟大复兴，是摆在我们面前的重大历史课题。文化信息资源共享工程开辟了一个不受地域、时空限制的崭新的文化传播渠道，势必将对扭转我国广大中西部地区，特别是贫困地区的信息匮乏和经济、文化落后的状况起到极大的作用，对继承和发扬中华民族优秀文化产生深远影响。

8.5 “三电合一”

为提高为农信息服务水平，创新农业服务能力，破解农业信息走进农户的“最后一公里”难题，农业部2005年启动了“三电合一”农业信息服务新模式。“三电合一”项目是“十一五”乃至今后相当长一段时期内农业部重点推广的项目之一。

【工程概况】

2005年农业部在全国选择了具有一定基础的6个地级和50个县级农业部门，建设“三电合一”农业综合信息服务平台，面向“三农”开展农业生产信息服务。到2006年年初，56个试点单位农业综合信息服务平台已建成并全面开展信息服务。

“三电合一”农业信息服务模式，利用计算机网络采集信息，丰富农业信息资源数据库，为电话语音系统和电视节目制作提供信息资源；利用电话语音系统，为农业生产经营者提供语音咨询和专家远程解答服务；利用电视传播渠道，针对农业生产经营中的热点问题和电话咨询过程中反映的共性问题，制作、播放生动形象的电视节目，提高信息服务入户率。项目主要实施内容包括电话语音、计算机网络、电视节目制作三个系统和全国公用数据库，其中电话语音系统是建设的核心。

【实施成效】

到2008年7月，全国已有19个省(市、区)、295个地级市、1 732个县开通“12316”服务热线，运行成效显著。各地热线累计服务达493.8万人次，为农民挽回直接经济损失和帮助农民增收2.3亿元，各地农民反响热烈。“12316”在服务农业生产、维护农民权益、促进农产品产销、建设服务型政府等方面起到了积极的推动作用。

“三电合一”信息服务具有快捷、方便的特点，能够提高农业部门应对突发事件的能力，挽回生产经营者的经济损失。2005年安徽省宣城市宣州区针对水稻等农作物病虫害发生较重的情况，将病虫害预报通过“三电合一”信息平台发布，并与电视台合作举办病虫防治讲座，由于农民及时防治，挽回粮食损失2.2万吨、皮棉1 412吨、油料1 810吨。该项目还搭建了全国公用的信息交换平台，从项目启动到2006年年初，中央本级组织入库信息近2万条，实现了地方数据库与全国公用数据资源库的链接和信息交换，实现了信息资源的整合和共享。

【简评】

“三电合一”是各地在农业信息服务实践中探索出的成功做法，是满足农业生产经营者及时获取有效信息、最大限度减少农产品生产的大幅波动与农产品市场风险的有效方式，也是新阶段农业部门转变职能、推进科技入户、提高信息服务水平和效能的一个重要手段。

8.6 农村商务信息服务工程

解决“三农”问题已经连续三年被列为中央“一号文件”，打通农村信息路是一项重点工作。改革开放以来，我国农业生产能力大幅提高，农副产品产量大幅增加。但由于农民缺乏获取市场信息的能力，我国农村地区出现了“三不”现象，即“农民不了解市场需求，不知道种什么”，“农民不知道卖给谁，不敢扩大生产”，以及“农民不知道市场行情，卖不了好价格”。农村信息瓶颈已成为农村经济发展的严重障碍，迫切需要公益性商务信息来指导生产和销售。

【工程概况】

2006 年 4 月，商务部启动“农村商务信息服务工程”，通过推进农村商务信息服务体系建设，提升农村信息化应用水平，引导和方便农民推销农副产品，购买质优价廉的生产资料和消费品，促进工业品下乡，帮助农民增收致富。

工程的主要内容包括：

建立新农村商网。充分发挥新农村商网的“信息发布”、“咨询互动”和“购销对接”功能，为促进农村流通提供公共信息服务。

创办《新农村商报》并建设“农村商务信息服务站”，使其基本具备应用信息化手段促进农产品流通的能力，开展价格行情查询、购销信息发布、产品宣传、市场分析、政策咨询等服务，采集农产品流通相关信息，建立专门的数据库。为农民提供信息服务，有效缓解了我国农产品的“卖难”问题。

【实施成效】

——新农村商网

2007年，新农村商网进行了大幅改版，重点对服务平台、互动及信息发布等栏目进行了深度拓展，访问量较去年明显提高。截至2007年12月初，总访问量达4.07亿人次，2007年访问量3.11亿人次，日均访问量108.7万人次，比2006年日均52.6万人次提升了107%。2007年共发布政策、市场等信息244万条，比2006年增长了48%；咨询互动已为农户解答各类问题21 370人次，比2006年增长超过20倍；购销对接平台已注册用户7 052个，已开通4 511个，比2006年增长了9倍。

——《新农村商报》

《新农村商报》自创刊以来，已累计出版63期，总发行份数累计5 560万份，总编发文字量近220万字。2007年，商报在立足商务、服务农民方面不断改进，进行了专题策划和改版，扩大宣传，完善机构。并针对农村报刊发行工作的难点进行认真清理，查漏补缺，改进发行方式，取得了较好的传播效果。全年共发行47期，向全国62万个行政村免费赠送报纸3 008万份，编发文字量达164万字。

——网上对接会

网上“对接会”坚持免费服务，帮助搞活农村流通，受到农民朋友普遍欢迎。在国务院信息办、农业部、信息产业部以及有关涉农网站的大力支持和各地商务主管部门的密切配合下，2007年，商务部为帮助农民解决“卖难”问题举办的冬、夏、秋三次网上购销对接会取得了圆满成功，共促成农副产品销售345万吨，成交金额55.45亿元。为帮助农民解决日常“卖难”问题，从3月开始尝试常态对接服务，至12月初，共促成成交15.1亿元。三次对接会加上常态对接，共促成农产品销售431.27万吨，成交总额70.6亿元。网上对接服务范围覆盖全国30个省(区、市)，788个县，51 350个村，约274万农户，涉及327种农副产品，有效缓解了广西香蕉、海南辣椒、安徽毛豆、河南鲜桃等农副产品“卖难”问题。对接会不仅受到农民欢迎，同时也受到媒体关注：央视、央台、新华网、《人民日报》、《经济日报》、《农民日报》、《国际商报》等近200家媒体先后予以报道。

【简评】

实施农村商务信息服务工程的实践表明，用信息化手段为农民提供信息服务，投入少、见效快、受益面广。特别是举办秋季、冬季、夏季对接会，利用互联网帮助农民促销，为缓解农产品“卖难”问题探索出一条新途径。

8.7 “信息大篷车”

为了加速新农村建设的步伐，信息产业部统筹规划了面向全国的农村信息化综合信息服务试点工作。

【工程概况】

2007年年初，信息产业部批准了16个省市的约40个地市作为“信息大篷车”的试点地区。就已启动试点的河南、山东、黑龙江、贵州、四川5省来看，基本上每个试点地市配备一辆车，每辆车内配有15台计算机和投影仪、桌椅等教学所需设备，以及有线或无线上网功能，成为一个移动的网络教室。可以利用该车对农民培训计算机、互联网使用知识，让农民上车亲身体验信息化的便利；同时它还是农村信息化的宣传车、信息产品的展示车、农村综合信息的采集车。

为了更好地推进工程实施，原信息产业部信息化推进司统一管理车辆、培训及其推广应用工作，各试点省市也有专门的管理机构和人员参与。培训教材有计算机入门、文字处理、互联网应用和农村信息化应用教材，文化部的科教影片，农业部的科技兴农教学片和科普书籍，以及中组部全国远程办的党员现代远程教育和流媒体。培训教师则由各试点省市委派，但需在上岗前接受统一的培训。结合农村实际情况，每车每年培训人员不少于2 000人次。

【实施成效】

经过试点，"信息大篷车"这种推进农村信息化的形式还是适合农村实际情况的，受到了试点地区农民的欢迎。河南漯河、四川成都、山东寿光等地的农民切实感受到了信息化到家门口的好处。"信息大篷车"的优势在于灵活、机动，没有固定培训教室的地理限制，可以走乡串户，把信息化知识送到农民家门口。例如，在成都，到 2007 年 10 月，"信息大篷车"共出车上百台次，单车行程超过6 000公里，已完成包括温江、大邑、龙泉、都江堰在内的 9 个区、市、县的培训工作，累计培训人员超过 700 人次；在河南，2007 年 4 月开始至 10 月，"信息大篷车"行程4 200多公里，培训行政村 50 多个，培训农民1 600多人。"信息大篷车"激发了农民学习计算机知识和上网查找信息的兴趣，宣传了党和政府支持新农村建设的相关政策，架起了城市和农村信息沟通的桥梁。"信息大篷车"还可以进县城、进社区，而不局限于农村，在社区信息化、企业信息化中都能得到广泛的应用。

参与该项目的企业也得到了不小的收益。"信息大篷车"及车内设备主要由企业赞助，目前参与赞助的企业已经有微软、英特尔、联想、海尔、摩托罗拉等公司。赞助企业也借此获得了开拓农村市场的大好机会。据了解，30%的农村家庭具有计算机购买能力，但实际购买计算机的还不到 3%，这是一个巨大的潜在市场。"信息大篷车"行程跨越省会、地市、县、乡、村，冠名赞助企业可以得到品牌形象、产品宣传、业务推广的充分展示，让农村消费者首先接触、了解企业和企业的产品，让企业的品牌在农村消费者心目中占据先发优势，而且可以获得信息产业部颁发的国家农村信息化建设合作证书、“信息产业部国家农村信息化应用指定产品（业务）”称号，在农村消费者心目中树立良好的企业形象，给企业拓展农村市场打下很好的基础。

【简评】

过去受客观条件限制，农村信息员培训工作通常采取人员集中到城里统一办班讲课的方式进行。“信息大篷车”则成为专门面向广大农村群众、迅速普及信息科技知识的“流动教室”和“信息化体验中心”。在这里，农民可以学习计算机使用、互联网技术、快速检索、收发邮件等实用技术，并亲身体验上网查询农村信息化知识和农产品销售信息，切实感受到信息化的好处。其次，“信息大篷车”项目是政府与企业互动，共同推动农村信息化的一个创新举措，该项目采用的是一种“农民、企业、政府”多方共赢的新的运作模式。

8.8 “农信通”

中国农村信息化建设最突出的困难是解决信息传输“最后一公里”的问题。要解决这个问题，就要做便宜耐用、功能强大、操作简便的信息载体，而在这方面移动信息有独特的优势：移动电话目前在中国的用户最多、渗透率最高，移动通信具有随时、随地、随身的特点，更适合解决“最后一公里”的问题。中国移动为满足农村的信息化需要，基于手机和通过短消息服务，推出了面向全国的“农信通”业务。

【项目概况】

“农信通”项目主要依托中国移动覆盖广大农村的移动网络，在重庆建设面向全国服务的农村综合信息平台，包括语音服务中心、短信服务平台、互联网站及移动信息服务站，整合涉农部门信息资源，通过语音热线、农民信息机、互联网等多种方式，为广大农民提供政策法规、农业科技、务工信息、市场行情、农业气象、灾害预警以及农村医疗、卫生、教育等“三农”信息服务。

“农信通”包括互联网站、短信、语音呼叫中心等多个子平台和乡村信息服务站，分别实现互联网信息采集与发布、订制与发送短信、语音主动与被动呼叫服务以及信息采集、发布与服务等功能。该项目将建成“1”个平台（即中国移动农村信息网，指定统一接入号“12582”、统一短信接入码“12582”和统一 WEB 域名“www.12582.com”），建立“2”级业务体系（即总部业务体系和省级业务体系），利用、建设和依靠“3”张网（即通信服务网、信息服务网和渠道服务网），实现“4”类服务（即语音热线服务、语音 PUSH 服务——主动推送式信息服务、短信服务和网站服务）。

“农信通”项目分两期实施：一期工程投入 1 亿元在重庆建设面向西部 12 省的中国移动农村信息网基础信息平台，可提供 305 万短信用户、230 万语音热线用户及 30 万互联网网站用户的业务能力需求；二期工程拟在一期工程的基础上将“农信通”平台扩展到其余的省、自治区和直辖市，建成全国性的农村综合信息服务平台。

“农信通”项目采取了低资费策略：短信订制包月费为 2 元；拨打“12582”目前只收取通话费，免收信息费；免费在“12582”网站发布农业产品信息以及获取市场销售信息等。努力使尽可能多的农民“用得起”相关信息产品和信息服务。

【实施成效】

到 2007 年年初，“农信通”平台承担了 23 个省的语音热线服务、16 个省的短信信息服务、13 个省的网站服务，其用户超过 123 万户，已累计发布 1.2 亿条信息，网站访问量超过 42 万次，语音服务 83.6 万人次。“农信通”网站已经形成了政策法规、新闻快讯、农业科技、价格行情、农业气象、市场动态、供求信息、农家百科、预警信息等近 200 种涉农信息内容,每日信息更新量超过5 000条。到 2007 年 10 月,重庆已累计实现了3 897个信息村、519 个信息镇、90 个涉农企业的信息化建设,农村信息网用户数突破 120 万,语音呼入次数日均近 1.5 万余次。

2008 年初中国南方遭遇罕见的冰雪灾害,中国移动利用移动通信网络信息传递的便捷优势,有针对性地对灾后重建和恢复生产提供免费信息服务,共发送灾后生产信息 8.11 亿条,为政府部门指导灾区实现灾后重建提供了有效支撑。通过"农信通"平台发布农业部、各涉农政府部门的农作物恢复生产信息、防冻防灾等各类信息累计 1.94 亿条。同时,中国移动配合当地政府和物价管理部门发布物价及商品信息共计 1.28 亿条,协助政府做好灾区人员的稳定和引导工作。协助当地政府和医疗卫生部门发布抗冻救灾和冻灾医疗小知识等 0.98 亿条信息。截至 2 月 12 日,中国移动积极配合农业部发送抗灾恢复生产指导短信1 900万条;配合当地气象部门,发送气象情况和预警信息2 400万条;发送高速公路路况、车次信息2 600万条;发送灾后次生灾害的预防等其他信息2 000万条。

与项目配套推出的农村信息机(简称农信机),不仅可以方便地查阅农村信息网的信息,行政村还可以利用信息机将信息直接发布到广大村民的手机上;通过农信机连通乡村原有的有线广播,可以通过手机随时远程进行广播,方便了基层政府的政务管理和服务。

【简评】

"农信通"项目充分利用了移动网络覆盖优势,采取低资费策略,并将低廉的农村信息机作为终端,低成本地解决了农村基层信息落地的难题。

8.9 全国首届盲人软件、网页设计大赛

为鼓励盲人和社会各界开发、研制盲用软件,进一步推动盲人信息

无障碍工作，2006年10月31日，由信息产业部、中国残疾人联合会联合主办，中国盲人协会、中国残联信息中心、中国盲文出版社等单位承办，美国雷曼兄弟公司独家赞助的“全国首届盲人软件、网页设计大赛”决赛在京举行。

【做法】

本次活动围绕国际盲人节“克服视觉障碍，共享信息文明”的主题，旨在营造平等和谐、信息共享的社会环境，更好地在盲人群体中普及计算机网络知识。大赛分为盲人软件设计组、盲人网页设计组和明眼人盲用软件设计组，共有14个省推荐的15名选手进入决赛。参加决赛的选手通过介绍参赛作品、现场答辩和现场考试三个环节进行作品展示。

【简评】

全球60多亿人口中，大约有15亿人具有这样那样的残疾，而全球50岁以上的人口超过4.5亿，人口老龄化给人们带来了一系列的问题，需要我们去积极应付。在我国有近8 000万残障人士，肢体障碍人群有877万人，视力障碍人群有800多万人。由于无法像普通人一样获取和使用信息，他们对于信息的需求更加迫切，而目前为他们量身打造的产品和服务却非常少。信息时代，若不能掌握和使用信息技术，他们与健全人之间的数字鸿沟将越来越大，他们面临着被信息社会边缘化的危险。

举办这样的比赛，一方面希望能够引起社会各界对包括盲人在内的残障人士信息无障碍的关注；同时鼓励盲人自己利用信息技术参加远程学习、就业、交友等社会活动，充分发挥潜能，使他们可以从简单的社会救助者转变为社会贡献者。此外，这次大赛不但盲人积极报名，很多开发盲用产品的企业和个人也都送来了参赛作品，表明已有相当一部分盲人通过计算机和网络技术进行交流、学习与工作，残疾人信息无障碍事业已经得到部分企业的关注。残疾人利用信息技术，实现无障碍并不是一蹴而就的，需要全社会长期坚持不懈的努力。

8.10 甘肃"金塔模式"

作为西部的欠发达省份，受经济社会发展水平的制约，甘肃省农村信息公共服务网络建设还处于起步阶段，农业信息网络难以延伸到乡村进入农户，使得信息服务一直在农村外围徘徊，"最后一公里"的难题一直困扰着农业信息化的建设。为此各地农业信息工作者做了不同程度的探索和实践，积累了一些经验，创造出了许多与当地经济发展相适应的农业信息服务模式。"金塔模式"是其中比较成功的一种，在全国也产生了一定的影响。

【做法】

"金塔模式"就是以"网络连乡村，信息进万家"为具体内容的信息服务新模式，是甘肃酒泉市金塔县于 2001 年开始的农村信息公共服务网络建设形式。具体做法是：

• 由政府主导建设农村信息公共服务网络体系，并把其作为提高农村经济市场化程度，促进农村经济发展，切实转变政府职能和作风，沟通基层群众的战略任务。

• 组建由县政府直接管理的信息中心，成立了由县级各涉农部门组成的信息协调小组，整合各种信息资源，建设县级信息平台。

• 以"国家农村中小学现代远程教育工程"中的农村小学网络设施为依托，建立村级信息点，通过广大师生的充分参与，把网络信息与广大农民的生产实际紧密联系起来。

• 县信息中心采用"虚拟主机"方式，在省级网络服务平台设立了网站，既节省了资金，减少了维护任务，又避免了盲目投入和浪费。

• 县信息中心负责在"中国金塔经济信息网站"上按农时季节，从县经贸、农业、科技、气象等涉农部门以及互联网上有关农产品技术和市场信息的网站，收集整理适合本地区农业发展需要的各类信息，编辑整理《经济信息导报》电子版，村小学信息点通过互联网下载后，打印分发给学生，由学生放学时带给家长或邻居，从而让信息走进千家万户。而对农民的反馈意见，则以便条形式由学生带到学校汇总整理后，反馈给县信息中心，县信息中心依据反馈的信息调整相关的信息内容，达到上下联动，互促共进的目的，形成了完整的农村信息公共服务网络体系。

【成效】

信息网络新格局使得农民轻松获得免费信息。经过几年的建设和发展，金塔县现已制作开通了“中国金塔经济信息网”、“西域农产品交易网”、“金塔文化旅游网”等 15 个网站，形成了以县信息网络中心的网络开发、星火学校的培训、电脑公司网站维护维修为龙头，政府有关部门和乡镇信息网站为依托，各村信息点和信息小分队为纽带的信息网络新格局。到 2006 年 10 月，金塔已先后建成部门信息网站 3 个、企业信息网站 6 个、乡镇信息网站 10 个、村级信息点 95 个，建立信息小分队 594 个。金塔农村信息公共服务所涉及的范围已经涵盖了政务信息（如农税改革等）、公共卫生（如非典防治等）、涉农收费、气象信息（如本地区中长期天气预报以及对农作物生长影响分析等）、农作物栽培技术、新产品推介、市场行情动态信息、农村基层党务信息等等，形成了门类齐全、丰富多彩的信息服务机制。

学校信息点的建立使得信息网络体系不断拓展。到 2006 年 10 月，金塔县已为各乡镇、管理部门和 60% 的农村中小学配备了上网微机及网络设施，在 5 个乡镇和 3 个涉农部门建起了信息站，农村小学信息网络辐射点 40 个，20 所农村小学建起了微机室，60 所小学普及了单机教学。农村各类中小学已成为县级信息服务网络的信息发布收集站和农村的区域信息中心，同时这些信息站也成为农村中小学的信息化教育课堂。累计编辑《经济信息导报》96期，每年向农户发送近300万份。各信息站、点先后从网上搜集各类信息15万多条，提供各类农业信息近10万条，反馈信息1万多条，发布招商信息900条，产销信息2万多条，网上签订农业订单85个，辐射农户签订购销合同6万份。通过资源整合，农村县级信息服务网络成为农业产业化、工业化、城镇化、教育信息化服务的综合信息平台，在促进农民增收方面发挥了积极作用。

【简评】

“金塔模式”的特点是由政府主导为农民提供信息公共服务，综合利用社会资源，特别是以农村中小学远程教育网络平台为切入点和突破口，把农业信息化和农村教育信息化有机结合，带动农村信息化和农村教育信息化共同发展，以最低的成本、最小的投资，达到了较好的效果。

8.11 江西“信息田园”

“信息田园”是中国电信配合政府推进社会主义新农村建设而提供的综合信息服务。“信息田园”数字技术应用平台，可通过电话语音、手机短信和互联网数字技术，为涉农企业、乡镇机构、普通农户和打工青年提供综合信息服务。2006年3月31日，江西电信开通了全国第一个专门面向“三农”提供综合信息服务的平台——“信息田园”。

【做法】

江西“信息田园”在全国较早整合了声讯系统、短信系统及各类、各级网站系统，采用了网站集群、智能采集、语音推送、短信互动四大先进互联网应用技术，具有信息发布、信息订制、信息共享、专家咨询、视频点播、远程医疗、远程教育和电子商务八大功能。通过该平台，农民可以方便地利用电话、短信、互联网、114号码百事通等多种方式，实时获取和发布各种实用信息并进行沟通交流。

"号码百事通田园热线"服务。江西2006年7月1日开通了全省"号码百事通田园热线",为农村用户提供自动和人工语音服务。热线可为广大农村用户提供自动和人工话音服务,农民只要拨打"118114",就有专门的话务员解答有关农村的各类问题,可以查询农作物价格行情、咨询科技知识、申请发布供求信息。

"农博士"系统。"农博士"是江西"信息田园"借鉴"威客"运行模式,为广大用户搭建的网络公共平台,于2007年4月上线运行。该系统借助于"互联网+电话",以"网上答疑+专家答疑"的形式,向广大用户提供农业科技咨询、供求信息发布等服务。通过该平台,用户可以在知识、经验、能力等方面与其他用户实现共享,从而实现"我帮人人,人人帮我"。

【成效】

到2007年2月,全省1 435个乡镇全部在"信息田园"上建成乡镇子网站,800多家乡镇企业成为注册会员,设立信息服务站点近200家;到9月,"信息田园"平台总访问量已突破1 000万次,各种致富科技信息进入千家万户。到2007年年底,全省1 425个乡镇全部建立了"信息田园"子网站,为农民提供信息咨询165万人次。网上农业科技专家视频咨询频道每周定期为农民免费解答各种生产问题,通过电话主动为农民家庭推送天气预报、农业气象、供求信息等。

"号码百事通田园热线"开通以来,共为全省农民提供咨询181万人次。近1 000家涉农企业提供了行业首查、查询转接、信息发布等服务。"信息田园"注册涉农企业700多户,发布有效供求信息1 000余条。

"农博士"系统开通不到半年的时间,已解决农民的实际问题5 000多个,"信息田园"热线回访的结果表明,用户对"农博士"的服务处于非常满意的水平。

【简评】

江西"信息田园"是全国第一个专门面向"三农"提供综合信息服务

的平台，成了政府促进农业发展、加强农村建设和增进农民富裕程度的服务媒介和沟通桥梁；同时它已成功地走出江西，上升为中国电信农村信息化业务品牌，面向全国推广。其推出的“农博士”系统则是全国第一个农业专业“威客”系统，为农业生产和农民生活解惑。

8.12 海南“农技110”

农业科技服务“110”是海南省创造性地探索出的新型农村科技服务推广体系：通过智能化农业网、星火计划网、科技“110”网等网络手段，结合制作农业技术 VCD 光盘和编印各种科普小册子，通过农业科技服务点开展形式多样、内容丰富的科学普及活动；让农民掌握实用电脑知识，依靠电脑网络查询科技信息、市场信息并发布供求信息，普及电脑知识。

【做法】

引入市场机制，免费提供技术服务。一方面，以快速、可靠的技术服务取得农民的信任；另一方面，还开展农资销售服务，农民可自主选择是否在站里购买农资，通过经营农资获得合理利润来维持正常的经营和发展。

整合资源，调动多方力量参与。海南省省、市、县、乡、镇均设立农业科技服务“110”领导机构和工作机构。工作由科技部门牵头，农业、海洋与渔业、科协、各农业技术服务机构等相关部门共同参与，一些有实力、信誉好的农资公司加盟，形成政府多部门、社会力量共同参与的格局。技术服务力量方面，设立省级专家团、市县专家团，吸纳大专院校、科研院所、政府农业技术服务机构、社会农业技术机构的大量专家、专业技术人员参加，服务站有专职技术人员及服务志愿者，构建一支专业全、能力强的技术服务队伍。具体说，海南省农业科技“110”服务站点的建设主要有 3 种模式：(1)由政府出资，改造原来的市县农技推广站；(2)农技部门与公司合作，成立既提供农业技术，又销售农药、化肥等农业生产资料的农业科技“110”服务站；(3)由公司或者具有丰富农业生产知识的科技人员独立建设。

提高信息化水平，提升服务质量、水平和效率。农业科技服务“110”每一级服务机构都配备智能农业专家系统并链接海南省星火计划网，可提供农业决策、信息服务、网上多媒体培训、农事讲座、网上专家咨询等。今年 5 月开通的视频系统，可实现视频远程诊断、咨询、培训等。

【成效】

海南农技“110”自 2001 年开始在海南省部分市、县试点推广，随后在全省推广。截至 2005 年 8 月，全省 18 个市、县设立服务站点 200 多个，服务覆盖面达 120 个乡镇，省、市、县都设立了农业科技服务“110”指挥中心，开通了视频系统，初步形成了以农业科技信息服务“110”为主的新型农业科技服务体系，深受农民的欢迎。

到 2007 年年初，海南拥有视频终端 77 个，覆盖全省。建立了 23 个市县(区)级指挥中心、98 个服务站和 283 个服务点，逐步形成了全省性的农技“110”服务网络，基本上覆盖到全省各村镇。通过视频系统举办了专家远程技术培训、咨询、指导和远程诊断，直接培训农民上万人。全省农技“110”服务站(点)已做到统一选址、统一标志、统一服务电话、统一指挥协调，实现了标准化建设和规范化管理。

针对农民的需求，农技“110”开发了橡胶、胡椒、香蕉、芒果、辣椒、对虾等专家系统，建立实用农业知识库与数据库，农业专家系统覆盖全省主要农作物，从种植上扩大到养殖上。全省农技“110”服务站的电脑都安装了智能化农业专家系统，并设有电脑农业专家咨询点，农民可到服务站上网咨询技术信息，查询技术服务手段。2005 年“达维”台风刚过，海南省农业科技“110”指挥中心就利用远程视频系统，邀请省里的农业专家到指挥中心去，为全省 18 个市、县的农民提供灾后农业生产技术远程培训，指导基层农业技术员帮助农民进行生产自救。

【简评】

海南省农业科技服务"110"最大的亮点在于农业科技服务体制的创新，其灵活多样地创办农技"110"服务站的做法，充分发挥政府、企业乃至个人的优势，既充分利用了社会资源，又减少了政府投入。

8.13 浙江"百万农民信箱"工程

浙江"百万农民信箱"工程是根据"数字浙江"建设的总体规划，利用互联网技术，依托浙江移动设备建立的一个可以管理的实名制信箱。2005年9月22日工程正式启动，目标是争取通过三年的努力，到2008年，使浙江农民信箱用户达到100万以上，将农民信箱系统建设成为一个覆盖浙江全省的农技人员为农服务平台、企业与农民的对接平台、农民的电子商务平台、党和政府与广大农民群众的沟通平台，构建起浙江的"农民网上社会"。

【做法】

农民信箱分系统信箱和普通电子信箱两部分。全省农民、专业合作社、农业龙头企业和其他人员都可申请注册登记。系统信箱是给注册用户开设的可管理信箱，用户可通过互联网收发信息，也可发送手机短信。普通电子邮箱是给注册用户开设的POP3电子信箱，用于对系统信箱以外对象收发邮件。系统信箱以实名制注册使用，不同于互联网上的电子邮箱，具有可管理性，每个用户的收发信息都有记录、可追溯。农民信箱应用系统按从事专业、行业、主营品种、职级、职称列为13大类、280个小类，用户注册时确定相对应的类别，形成分类群发信息的用户群数据库。系统由权威部门发布公共信息，并根据权限以及不同用户的需求分类提供针对性信息，较好地堵截了垃圾信息的产生。

农民信箱有以下主要功能：一是买卖信息对接。农民只要在信箱里发布信息，就在信箱内设立了一个虚拟摊位，信箱 24 小时沟通省内外买卖双方。查找买卖信息，可按产品分类、发布时序、信息点击率等进行搜索，方便买卖信息对接。二是共享信息资源。信箱系统收集发布省、市、县、乡、镇、村的农业政策、生产指导、农产品市场信息等与农民生活相关的公共信息，使有效信息资源在农民间广泛传播。三是农技"110"咨询。包括向省、市、县、乡、镇23 000多个各级农业专家和农技人员咨询。用户要咨询生产技术问题时，都可从信箱系统找到相关行业的专家地址等联系方式，通过农技"110"联系，也可发信或电话咨询。农技人员答复时，信件同时在专家答复栏目显示，可供其他农民查看。四是网上通信联系。注册用户可通过信箱进行远距离免费联络。农民信箱收件人地址本，按行政区域分类，也可以按身份类别，彼此之间联络十分方便。农民与政府间沟通也实现了"零距离"。五是网上信息调查。通过设置调查表可进行定性、定量调查，政府可以经常地向乡村一级甚至农民了解社情民意，定性、定量地加以分析。

【成效】

大大提高了农民群众应用信息化的积极性。2006 年农民信箱用户数从 2005 年的 22.9 万跃升至 116 万，省、市、县、乡联络站建立率为 100%，行政村联络点建立率为 98%，构建了纵向到底，横向到边的联络体系。到 2007 年 4 月，注册用户已经突破 140 万户。农业龙头企业、合作社、农户等各类经济主体在"农民信箱"中发布买卖信息 14 万条；各级农业单位发布政策、气象、农业技术等公关服务信息 5.3 万条。2007 年 5 月，由《浙江日报》、《钱江晚报》、《今日早报》等联合举办的"群众最满意的实事"评选中，"农民信箱"推销农副产品入选 20 件实事之一。

据不完全统计，到 2007 年 3 月，"农民信箱"累计发送个人信件 5 800万封，群发信件5 600万封，发送短信8 600万条、农产品买卖信息 12

万条，累计发布农产品买卖信息25 615条，达成交易额 3.3 亿元，有力地促进了农产品产销对接。此外，信箱在灾害预警方面也发挥了重要作用。农民信箱开通一年内，累计发布自然灾害预警信息2 525万条，挽回农业经济损失 5.5 亿元。

【简评】

“农民信箱”具有六大特点：一是按身份证实名制开户注册；二是邮件与手机短信结合；三是由权威部门发布公共信息；四是根据权限可以分类群发短信和信件；五是采用分级授权管理；六是系统大，设计规模 100 万，同时在线 1 万用户。中国工程院常务副院长潘云鹤任组长的专家组在对该项目做鉴定后给予了如下评价：“‘农民信箱’选题正确，构思新颖，立意深远，具有重大的现实意义和实践价值。系统设计合理，安全策略周密，创新性和实用性强，创建的信息服务模式居于国内领先、国际先进水平。”

第九章　欧盟及亚洲部分国家缩小数字鸿沟的典型案例

9.1 荷兰：宽带发展

荷兰位于欧洲西北部，到2007年年底总人口约为1 645万人。①虽然人口不多，但它却是世界上人口密度最大的国家之一，密度高达每平方公里393人。荷兰拥有当今世界最发达的互联网市场，到2007年年底，其互联网普及率达88.9%。同时，荷兰还是宽带接入的主要市场，其宽带普及率达33%（参见图9－1）。

尽管荷兰在宽带应用方面处于领先地位，但截至2007年上半年，仍有98%以上的宽带用户使用电缆或ADSL调制解调器接入互联网，只有不到2%的用户使用高速（单用户速率高达10Mbps以上）的光纤到户（FTTH）网络。相较而言，在中国香港、韩国、日本，均有15%以上的宽带用户使用FTTH网络接入互联网。而在欧洲，瑞典、挪威、丹麦等国在FTTH网络方面的发展均领先于荷兰。②

---

① 世界地名录。
② 光纤到户委会员，2007。

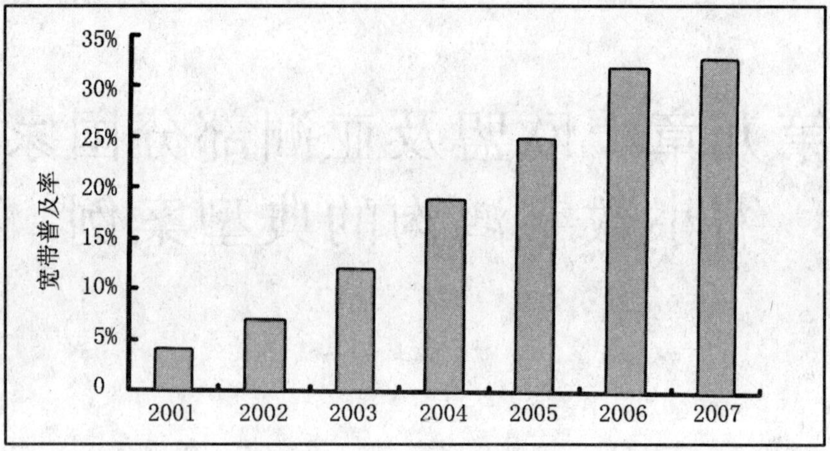

图 9－1　2001—2007 年荷兰宽带普及率变化情况

资料来源：经济合作与发展组织宽带使用情况统计，2007 年。

【背景】

1999 年，荷兰政府针对发展新一代网络及其相关服务制定了一系列政策。2001 年发布的一项政策，着重强调了宽带对社会的重要性和鼓励其发展的必要性。同年，成立了宽带专家组。专家组发表了一份题为《荷兰宽带网》的白皮书。书中详细说明了荷兰宽带部署的现实发展形态和相关政策目标，以及对公私合营的政策建议。

此外，专家组还重新定义了“宽带服务”，他们认为现有的电缆和 ADSL 连接（通常速度为 1Mbps）只能称为“中带”，而非“宽带”。专家组认为，“真正的宽带”速度应至少达到 10Mbps，并且能保持速度的稳定性和对称连接。他们建议荷兰把先进的高速（10Mbps 及以上）互联网市场作为发展目标。同时还指出，尽管在宽带市场的发展过程中，仍需对现有基础设施进行升级，但最终必然会转变为光纤连至千家万户。因此，专家组主张从 2004 年起开始实施光纤部署，“以满足未来的市场需求”。

专家组还特别建议，虽然市场竞争会推动基础设施的建设和应用及服务的发展，但政府应推行公私合作计划，使其在“发展过程中发挥重要作用”。该计划由政府发起，但政府只是其中的参与者之一。专家组建议政府制定明确、可测量的目标，包括：(1)2003 年前，在有限的“现实发展模式”的基础上启动 15—30 个本地试点计划；(2)2005 年前，使 FTTH 网络在荷兰各大城市得到推广；(3)2007 年前，实现 30 万个速率达 10Mbps 或更快(尤其是光纤)的活跃宽带连接数和至少 120 万家庭用户；(4)2010 年前，速率达 10Mbps 或更快(尤其是光纤)的活跃宽带连接数达到 100 万个，家庭用户达 250 万；(5)2015 年前，速率达 10Mbps 或更快(尤其是光纤)的活跃宽带连接数达 300 万个，家庭用户达 500 万。

2003 年，荷兰政府接受了专家组的建议并推出了宽带行动计划(Actieprogramma Breedband)，主要目的在于进一步部署荷兰的宽带基础设施(尤其是光纤到户)及其应用(增值服务)。荷兰经济部于 2004 年正式发布了宽带白皮书，文中指出，预计到 2010 年，荷兰将成为 10Mbps 以上速率宽带普及率世界第一的国家。

【政府及各方面的努力】

荷兰政府关于宽带发展的方案主要集中在四个方面：本地环路开放(网络所有者为他人提供开放接入，见专栏 1)，网络及服务发展的公私合作制(PPPs)，鼓励试验新接入技术，鼓励“更好、更巧妙”地利用宽带。

——本地环路开放

荷兰皇家(KPN)集团是荷兰现有电信运营商，其网络覆盖了 99% 的家庭。2000 年，电信监管机构荷兰邮电监督管理局(OPTA)，发布了本地环路开放条例。该条例规定，各运营商可通过两种方式参与宽带服务的竞争：一是通过自己购买设备向客户提供数字用户线(DSL)服务，二是通过租用 KPN 公司的 DSL 设施来提供服务。

专栏 1　本地环路开放的定义

本地环路开放是一项监管政策，要求拥有本地环路的电信提供商(也被称为现有地区通信运营商)，开放接口给其竞争对手进入本地环路，即开放连接客户与公司的物理线路连接。竞争运营商为使用开放的网络元素而向现有电信运营商支付的费用，由政府监管机构规定。

常见的本地环路开放模式主要有两种：(1)完全开放，要求现有电信运营商将所有的铜对频段或光纤网络提供给其竞争对手。这样，客户就不能再连接现有运营商的设备，而是连接到竞争运营商的设备上。(2)共用接口(或部分分拆接口)到本地环路，要求现有运营商将"高速"铜对频段(即传输数据而非语音的频段)提供给竞争对手，以便其提供 xDSL 宽带服务。在这种模式下，客户在接入竞争运营商提供的宽带互联网的同时，仍然可以保留现有运营商提供的电话服务。

随着更多的互联网服务提供商进入市场，本地环路开放对荷兰 DSL 市场的竞争具有很大的促进作用。截至 2003 年年底，包括 Planet Internet、Het Net、XS4ALL、Tiscali、Speedlinq 和 Demon 等在内的互联网服务提供商通过租用 KPN 公司的网络，都成功地向消费者提供了宽带服务。而 Tele2 和 Orange Breedband 等其他运营商，则一方面通过拓展自身业务，另一方面通过将它们的 DSL 网络出租给 Versatel、BBned、Wanadoo 等互联网服务提供商，开始参与市场竞争。

由于开放条例的实施，截至 2003 年年底，其他运营商和互联网服务提供商从现有运营商 KPN 手中抢占了 20%左右的 DSL 市场。同时，有线电视运营商和DSL提供商之间日益激烈的竞争，还促使提供商不断降低服务价格和提高宽带速率。

——公私合作制

虽然电缆和DSL线路目前仍是荷兰宽带连接的主要方式，但高速光纤到户网络的建设正在有序进行。光纤到户网通过公私合作计划已初步筹建。公私合作制对荷兰前瞻网络的前期发展和基础设施发展起到了有效的推动作用。

——Kenniswijk宽带示范项目

Kenniswijk是荷兰邮电总局(DGTP)提出的一个方案，其目标是建立一个开放的“具备新国家和国际特色的未来消费市场”，包括：(1)建立并实现对服务和宽带设施的特殊结合，“以打破设施与服务相独立的僵局”；(2)加强荷兰在国际竞争中的地位，吸引更多的信息通信技术公司；(3)学习信息通信技术部署对空间、社会及流动形态的影响，并与其他城市分享这方面的知识。

为了实现上述目标，特制定了以下原则：(1)Kenniswijk是政府、市场各方和社会组织共同参与的公私合作项目，它是一个开放的市场，鼓励新组织参与其中。(2)消费者仍是关注的焦点，Kenniswijk中的服务必须能为用户提供增值服务。(3)投资费用由私人各方承担。只有当私人各方证实，政府必须出资才能达成预期目标时，政府才会拨款资助。(4)必须将Kenniswijk开展的试验推广到全国范围。

2000年年初，荷兰所有城市被邀请针对如何实现这一试验环境提出建议。中央政府确定预算为1亿荷兰盾(4 540万欧元)，选定的试验市场是爱因霍芬地区(后来纽南和唐哥拉也加入该试验项目)。

规划后期，他们决定成立一个公私合作公司。该公司由27个组织构成，包括荷兰王国(七部委)、壳牌集团、Fontys、DHV、Simac、阿尔卡特、Infraconcepts、AM、Dura Vermee、ROC、飞利浦、Ex'ovision公司、

Kennisproject、爱因霍芬市政府、荷兰皇家邮政、Grontmij、可靠性工程师协会、Crescendo、荷兰合作银行、Draka Comteq、赫尔蒙德市政府、Casema、爱因霍芬科技大学、德勤会计师事务所、Arcadis、KPN电信集团、Wegener。

截至2004年年底，该项目共投入资金4 960万欧元(58.5%来自公共部门)。同时，共推出65种新型服务供15 430个终端用户使用(其中：爱因霍芬1 430个，纽南7 500个，唐哥拉6 500个)。有了这些用户的参与，电影点播、IP语音、在线学习、在线培训等试验都取得了显著成效。

——阿姆斯特丹的“城市网络(CityNet)”项目

阿姆斯特丹的“城市网络”项目开始于2006年。该项目通过政府资助为4万个家庭提供100Mbps的连接，并计划在2010年前扩大至45万个家庭。

光纤到户网络连通整个阿姆斯特丹市的计划最初是在2000年时提出的，当时预计下一代网络需要7—9年建成。但2001年，阿姆斯特丹政府与KPN和UPC就这一项目进行协商时，却未能达成共识。2004年2月，市政府决定采用公私合作模式来建立该网络，并以最小的市政投资，集中建设底层的被动网络层。

随后，阿姆斯特丹政府与七家公司，包括荷兰国际房地产、Reggefiber和其他五家住房公司(AWH、Ymere、RD、Key、Oosten)，达成了一项协议，确定八家共投资1 800万欧元共同成立GNA公司。其中，阿姆斯特丹市政府拥有33.3%的股权，荷兰国际房地产和Reggefiber各占16.7%，其余的33%归其他五家住房公司拥有。当BAM/Draka和BBned(意大利电信公司)这两个欧洲公司，分别签约承担该网络的建设和运作时，GNA已经有了被动网络。这样BBned便可通过第三方运营商向最终用户提供零售服务。

这一公私合作模式为当局政府确保推出 FTTH 接入提供了第三条出路,此种方式对于服务提供商而言似乎也是公正、均衡、公开的(见专栏 2)。

专栏 2　三层运作模式

阿姆斯特丹的光纤到户网络可划分为三个不同的层次:

基础设施:GNA 负责建设被动网络,在本地环路拥有光纤基础设施。BAM/Draka 中标承担网络的建设,因为它提供了"最有利的"报价。同时,"智能挖掘"在条件允许的情况下也已被采用。

网络开发:租用 GNA 基础设施的批发提供商需激活本地环路。在这方面,BBned 最具竞争力,中标承担网络的开发。

网络服务:网络对服务提供商是尽可能(在其实际应用和经济条件允许范围内)开放的,包括商业性的或非商业性的服务、公共的或私人的服务、大的或小的供应商、传统的或创新的应用。所有的服务提供商都不会受到任何歧视,可以按需购买传输网络容量,以便向客户提供服务。

因此,阿姆斯特丹给出了一个由监管机构实行结构性分离的先例。2007 年 11 月 13 日,作为改革欧盟现有监管框架的一项提议,欧盟委员会对《接入与互联指令》进行了修订,允许国家监管机构对网络实行功能性分离,以此作为一项监管补救措施。与结构性分离不同的是,功能性分离并不需要设立一个新的公司,因此也不会影响到股东的个体利益。相反,它允许纵向整合的电信运营商持续运作,保持不变。

2007 年 10 月,欧洲管制集团〔ERG (07) 44〕发表了对功能性分离的见解,表示支持将这一补救措施列入修订后的欧盟框架。但是，欧盟委员会和欧洲管制集团都认为职能性分离不应在欧盟范围内强制执行，而只有在以个案数据为基础，经过仔细评估后才能施行。

——鹿特丹 FTTH 网络项目

2001 年年初，荷兰经济部强烈建议将鹿特丹市建设成 Randstad 城市群中的率先具有高性能宽带基础设施供商业、政府和私人使用的城市。2002 年 5 月，鹿特丹市议会批准了分配给 Nesselande 区和 Lloydkwartier 区试点项目的预算。

该网络的建设由鹿特丹市政府和鹿特丹的社会住房公司 Stadswonen 共同负责。BBned 签约为网络运营商。该网络于 2006 年正式推出，供5 500个家庭使用。Stadswonen 的住户只需每月支付 5.4 欧元的月租费便可开通光纤连接。将费用分摊至月租让人觉得服务费几乎为零。[①]

——更好、更巧妙的宽带利用

继白皮书发布后，荷兰政府建立了“荷兰宽带”，旨在通过这一全国性的平台将宽带行业、贸易组织和政府集合在一起，以确定“更好、更巧妙”的宽带利用方案。

荷兰宽带基金会（NBL）还被确定为公私合作机构（见专栏 3）。荷兰宽带基金会是一个独立的国家级平台，其目标是促进社会和经济相关领域及单位“更好、更巧妙”地利用宽带服务。荷兰宽带基金会的会员包括设备提供商、信息技术集成商、软件公司、银行和中小型企业，它们将合作传播信息通信技术智能应用方面的相关信息和知识。

① Masha Zager 的“最新的光纤到户部署”，www. broadbandproperties. com，2006 年 9 月。

专栏 3　荷兰宽带基金会的会员

创始会员：微软、KPN、凯捷、诺基亚西门子网络公司（包括荷兰西门子）、Vecai、Getronics PinkRoccade、阿尔卡特朗讯、思科、普华永道、信息通信技术办公室、IBM、荷兰银行、外汇联合会。

准会员：西马克、源讯、Elmo ICT Solutions、上海贝尔阿尔卡特证券、Fastfiber、Eurofiber，Case Builders、DoDo（InternetTech，aXtion）、XB 网络、4TEC、Wimatex、SARA A'dam、信息通信技术应用科学研究所、OTIB。

中小企业会员：Stratix、BCIP、MCH＋、VRC/Qmation、Digital Channel、Tele-portel、Pre-sence、Yucat、Webpower、Byton、ICT＋E、Jumbo、TNF、Rups、AW-Europe、Alares、Triple Care、XperTeam、V. d. Ree Consultancy、Outbackup、vAIA、Empuls、Simpact、Keymile、MRPR、Impact Home、ARIJ、Itura、Retail Promotie、ROC ICT Servdices、Esprit Telecom、Easynet、ICTUS、Chatfone、INDialoog. com、Dialogic en Shop-Court/TeleMedium。

NBL 旨在通过利用"宽带提供的各项服务"来加快社会和经济领域的革新。政府在其中发挥着主导作用，帮助清除宽带网络链中的瓶颈，并吸收相关领域专家的知识和经验。如在 2006 年，NBL 重点关注的对象是以下领域的中小型企业：服务业（旅馆、饭店、餐饮）、零售业、汽车业和建筑业。随着多种宽带应用和解决方案被提供给中小企业和其他组织，最近已开始出现跨行业和地区的方案：(1)针对服务业和零售业中小企业的方案：NBL 为这些中小企业的客户关系管理（CRM）和业务流程提供了解决方案。例如，设立不间断的互联网市场，使用射频识别技术以提高后勤保障和降低被盗风险，使用掌上电脑和手提电脑以更好地服务于客户，使用窄播、游戏、视频以及音频点播加强与客户的联系。(2)关注时尚产业：2006年，NBL开始实施“新一代时尚产业企业家”计划，为时尚产业中小企业(含服装和鞋类)，包括运动服饰企业，提供经济的宽带解决方案。(3)政府资助宽带网络研发：宽带网络研发，尤其是高速网络的研发，也是荷兰政府宽带发展规划的一个重要组成部分。荷兰政府已向多个项目资助了1.55亿美元，包括：

• GigaPort下一代网络项目

GigaPort下一代网络是荷兰政府、IT业、教育研究机构的一个国家级基础设施研究网络，它通过国际先进的网络设施提供了一个合作平台。政府推动建设GigaPort项目，其目的是鼓励创新，将知识与商业有效地结合。GigaPort项目创造了一个世界领先的公私合作研发网络，使荷兰跻身于世界先进的应用开发的前列。

正是在这样的背景下，GigaPort现已成为世界上最快速的研发网络，它是欧洲第一个采用互联网协议第6版(IPv6)的网络。GigaPort还实施了首次跨大西洋拉姆达的连接，并建立了NetherLight(光互联网交换)作为国际拉姆达网络的开端。

如果荷兰政府实现了其目标，GigaPort将成为“通往欧洲知识基础设施的大门”。

• 免费带(Freeband)通信项目

免费带通信项目是荷兰政府、学术界和产业界的一项联合方案。该研发项目是政府行动计划“与信息通信技术竞争力抗衡”(CIC)的一部分。

免费带项目的重点是加快荷兰第四代信息通信技术网络及服务的转变，从而“推动知识发展和创新”。免费带包括两个子研究项目：通信研究项目(RPT)侧重于第四代技术的研发，通信应用研究项目(RPTA)侧重于第四代应用服务的研发。

免费带的成员机构包括技术提供商和许多具有代表性的终端用户单位:Aimsys、阿尔卡特朗讯、BiZZDesign、康博软件、伊拉斯谟大学、爱立信、Genexis、信息通信技术服务合作社、司法安全部、KPN、LioniX、逻捷克先杰、Noldus、飞利浦、Roessingh 研发中心、SenterNovem、Sping、代尔夫特科技大学、爱因霍芬科技大学、Telematica 研究所、泰利斯通信、信息通信技术应用科学研究所、特文特无线研究所、特文特医疗系统、特文特大学、自由大学、维旺迪环球大学医学中心、VUbis、Waag 研究协会、Web 集成、Yucat。

9.2 挪威:农村无线接入

娜拉通信公司(简称娜拉公司)是挪威一家制造宽带无线电和无线系统的公司。它在 2002 年的一份倡议书中表示:2000 年,激进的电子商务大臣做出保证,到 2002 年,所有挪威人都将能够用上宽带;如今两年过去了,严酷的现实完全与电子商务大臣当年的构想相冲突。目标的实现速度远不及预期那样快。按照娜拉公司的说法,解决问题的答案是采用获得授权的 3.5GHz 无线电频谱宽带无线解决方案为人口稀少的农村地区提供宽带无线接入。[①] 娜拉公司倾向于获得授权的 3.5GHz 频段,而不是使用未经许可的频段,如 2.4GHz 频段。他们称这是由于使用未授权频段时可能出现的“混乱状态”将威胁频段的完整性或“安全”,例如无线电干扰。由于未授权频段可能是由较小的服务供应商提供的,其安全功能可能不尽如人意;而且由于政府限制发射功率,因此 24GHz 频段的覆盖面较为有限。

---

① 帕尔托瓦尔森和英亨纳,“农村宽带无线接入的解决方案”,2002,http://www.nera-world.com/upload/Content_production/References/Broadband_Access_Solutions_in_Rural_Areas.pdf。

第九章

【提出的问题】

2002年挪威的宽带普及率不及其邻国。农村地区的宽带普及面临更大的挑战,因为在没有政府补贴的情况下,尚未出现要在偏远和人口稀少地区扩展固定线路DSL的商业案例。新的无线和宽带技术的确很"新",并且对于农村地区而言大多是未经尝试和试验的。由娜拉等热衷于进入市场的公司提出的提案要求政府调整政策,或制定新政策,特别是运输和通信部(传统上认为其比持自由主义思想的国家邮政电信局更保守)。[①] 它们所提出的政策调整涉及频谱管理,以及如何自由做出自己的分配和转让等方面。例如,是否要拨出更多资金以使该市场更具竞争力,使用它时是否需要牌照,是否将其使用范围限于特定的服务和技术;如果不是,在使用它时的自由程度又如何,还有在其转让后是否还允许进行交易。欧盟委员会一直在研究这些问题,但还没有达成一个欧盟范围内的政策建议。如今挪威不仅需要大力推进农村宽带接入,还要鼓励电信创新(在该市场中,几个有竞争力的设备制造商发挥主导作用,如娜拉)。由此产生了两个问题:挪威在该领域取得了多大程度的成功?这些成功是通过在无线电频谱使用方面引入竞争而取得的吗?

【挪威国家概况】

挪威450万人口中,约有20%生活在农村,约有25%居住在国内最大的几个城市(如奥斯陆、卑尔根、特隆赫姆、斯塔万格和克里斯蒂安桑)。虽然42%的国民生活在东南奥斯陆地区,并且许多农村地区的人口密度几乎不超过每平方公里6人;但挪威的人口在大型、中型和小型社区的分布较为平衡。

作为一个多山的国家,挪威的大多数城镇和村庄都位于沿海地区。

---

① 分析(2005)欧盟国家GSM许可续期的考虑和情况研究:挪威(11－19页)。网址为http://www.ez.nl/dsresource? objectid＝143184&type＝pdf。

在那里，除旅游业外，主要经济部门是农业、林业和渔业。[①] 政府通过对边远地区人口、文化和就业进行拨款和其他形式的资助，使这些地区建成了许多小型工业、学校、医疗中心、文化中心和基础设施，包括在挪威全国范围内都可获得的高速互联网连接服务。表 9－1 显示了自 2003 年初以来的显著增长。

表 9－1　宽带用户数及占人口总数的百分比(单位：千)

2003	2004	2005	2006	2007
398.8	671.7	991.3	1 244.4	1 436.1
8.8%	14.9%	22%	27.6%	31.9%

资料来源：欧盟统计局。

到 2007 年，每 100 名居民中有 32 名宽带用户，而互联网用户的数量则更多，如表 9－2 所示。

表 9－2　每 100 人中互联网用户的数量

2002	2003	2004	2005	2006	2007
30.7	34.6	39.0	58.5	81.7	88.8

资料来源：欧盟统计局。

城市、郊区以及农村地区均有相当高的互联网使用需求，如表 9－3 所示。

① 微软百科全书中的"挪威概况与数据"，http://encarta.msn.com/encnet/refpages/Ref.FAF.aspx? refid=631504833。

表 9－3　常规的(平均每周至少一次)互联网用户(%)

每平方公里居民数	2004	2005	2006	2007
＞500	81	84	79	86
100—499	72	73	85	86
＜100	61	70	73	76

资料来源:欧盟统计局。

【政策】

继新加坡之后,挪威是第一个拍卖宽带无线接入频谱(适用于Wimax等科技)的国家。2004年,挪威拍卖了3.5GHz的频谱,并筹集了4 990万挪威克朗(NOK),相当于760万美元。虽然这次拍卖比随后的拍卖更平和,但结果却令人印象深刻,因为基于网络泡沫破裂后经济在2001年开始下滑以及欧洲其他国家过高的3G牌照拍卖价格的经验,其结果并不令人惊讶。8家企业获得3.5GHz的频带经营许可证,如表9－4所示。

表 9－4　挪威 3.5 GHz 的牌照持有者

组织	地区1	地区2	地区3	地区4	地区5	地区6	信道	发送者	接收者
a	UPC	UPC	UPC	UPC	UPC	Catch	3.5	3 515.25	3 415.25
b	UPC	UPC	UPC	UPC	UPC	Catch	3.5	3 518.75	3 418.75
c	UPC	UPC	UPC	UPC	UPC	Catch	3.5	3 522.25	3 422.25
d	UPC	UPC	UPC	UPC	UPC	BaneTele	3.5	3 525.75	3 425.75
e	UPC	UPC	UPC	UPC	UPC	Nera	3.5	3 529.25	3 429.25
f	UPC	UPC	UPC	UPC	UPC	Nera	3.5	3 532.75	3 432.75
g	Catch	NetPower	Hardanger	Nera	Catch	Nera	3.5	3 536.25	3 436.25
h	Catch	Catch	Hardanger	Nera	Catch	Nera	3.5	3 539.75	3 439.75
i	Catch	Catch	Hardanger	Nera	Catch	Nera	3.5	3 543.25	3 443.25
j	NextGenTel	NextGenTel	Hardanger	Nera	NextGenTel	NextGenTel	3.5	3 546.75	3 446.75

（续表）

k	NextGenTel	NextGenTel	NextGenTel	NextGenTel	NextGenTel	NextGenTel	3.5	3 550.25	3 450.25
l	Telenor	Telenor	Telenor	Telenor	Telenor	Telenor	3.5	3 553.75	3 453.75
m	Telenor	Telenor	Telenor	Telenor	Telenor	Telenor	3.5	3 557.25	3 457.25
n	Telenor	Telenor	Telenor	Telenor	Telenor	Telenor	3.5	3 560.75	3 460.75
o	Telenor	Telenor	Telenor	Telenor	Telenor	Telenor	3.5	3 564.25	3 464.25
p	Telenor	Telenor	Telenor	Telenor	Telenor	Telenor	3.5	3 567.75	3 467.75
q	Telenor	Telenor	Telenor	Telenor	Telenor	Telenor	3.5	3 571.25	3 471.25
r	NextGenTel	NextGenTel	NextGenTel	NextGenTel	NextGenTel	NextGenTel	3.5	3 574.75	3 474.75
s	NextGenTel	NextGenTel	NextGenTel	NextGenTel	NextGenTel	NextGenTel	3.5	3 578.25	3 478.25
t	NextGenTel	NextGenTel	Catch	NextGenTel	NextGenTel	NextGenTel	3.5	3 581.75	3 481.75
u	NextGenTel	NextGenTel	Catch	NextGenTel	NextGenTel	NextGenTel	3.5	3 585.25	3 485.25
v	NextGenTel	NextGenTel	NextGenTel	Catch	NextGenTel	NextGenTel	3.5	3 588.75	3 488.75
w	NextGenTel	NextGenTel	NextGenTel	Catch	NextGenTel	NextGenTel	3.5	3 592.25	3 492.25
x	NetPower	NetPower	Hardanger	Catch	NextGenTel	NextGenTel	3.5	3 595.75	3 495.75
y	NetPower	NetPower	Hardanger	NextGenTel	NextGenTel	NextGenTel	2.5	3 598.25	3 498.25

资料来源：www.wimax.no/sos/frekvensoversikt.php。

2004 年拍卖后，又于 2007 年 9 月拍卖了 2.3GHz 频谱，并于 2007 年 11 月拍卖了 2.5GHz 频谱，这次筹集了 2.29 亿挪威克朗（2 900万欧元，或4 200万美元），[①]牌照颁发给了 8 个竞标公司中的 5 个。与 2004 年拍卖 3.5GHz 相同，这是首次在欧洲拍卖 2.5GHz 频谱。众多公司的竞标以及众多牌照的发放证明了市场的新进入者对于投资宽带无线技术新领域的兴趣程度，包括对农村地区的宽带无线技术投资。

【成果】

如表 9－2 所示，随着全球范围内宽带和互联网用户的迅速增长，农村用户也呈现出快速增长的态势。原因不只在宽带无线接入上，更重要

① 牌照被授予北极无线 AS、克雷格无线系统有限公司（加拿大）、Hafslund 电信 AS（附属于公共电力单位）、网通（附属于 TeliaSonera）和 Telenor ASA。

的是宽带无线领域充满竞争。当前的固定线路网络供应商 Telenor，其数字用户线路(DSL)已覆盖了全国 97% 的地区，而当地的电力公司就成了农村地区主要的 DSL 运营商，负责提供接入国家光纤骨干网的服务。公用事业企业(如铁路)提供了完善的宽带传输设施。农村地区宽带普及的关键在于与最近的宽带接入设施的连接，如与最近的 DSL 终端和微波天线的连接。在这里，无线系统会提供一个具有成本效益的解决方案，特别是信息塔能实现共享。牌照的竞标者包括当前牌照持有者、公用事业企业和其他新加入者。

【教训】

国家邮政电信局对频谱的管理灵活，且以市场为导向，刺激了新的竞争者对挪威农村宽带电信的投资。之所以出现更为激烈的竞争，并不是因为小企业的进入，而是由于资源、规模庞大的龙头公司的加入，如电信领域的 Telenor、NextGenTel，数据通信和网络服务领域的 Catch，广播电视领域的 UPC，电力领域的 Hafslund Telekom，铁路领域的 Benetele，以及无线宽带设备领域的 Nera。竞争的关键是技术创新、服务创新以及问题(如农村覆盖问题)解决方案的创新。在这方面，挪威对频谱的管理是有倍增效应的，它使挪威走在了世界创新的前沿。

【对欧洲的启示】

挪威可算是通过拍卖无线电频谱的宽带无线网络发放牌照的开拓者，这种方法的特点是:(1)技术中立，不需详述使用的特定科技，如 LTE 蜂窝技术、Wimax 技术、网格技术等;(2)自由，因为有迹象表明，频谱也有可能通过二级市场进行交易，因此在使用已分配出的频谱方面可以灵活调整。

这些政治举措的出台，正值欧盟委员会考虑在欧盟 27 国内进行频谱管理改革之际。在 2006 年 12 月由欧盟资讯社会总署委托发表的题为《欧盟政策的基准影响:经济有效地管理无线频谱的选择》的报告中，作者分析了三种情况及其可能对整个欧盟产生的影响:[①](1)欧洲无线联合允许在未授权频谱上使用任何应用以及在这些频段中进行频谱交易;(2)无线退出那些被认为成员国应当独立的频谱管理政策;(3)无线市场承担所有频段的交易。

鉴于未来的不可知性,他们利用一系列方法(涉及微观、中观和宏观三个层次),通过逻辑和假设对各种情况可能的结果展开调查,如表9-5所示。微观层面的分析侧重于各种利益相关者的利益,如供应商、服务运营商、用户、监管机构等,以及能刺激他们投资和消费的政策。中观层次的分析探讨了可能对各部门产生影响的业务和技术趋势,以及这些因素如何影响投资率和使用率。宏观层面的分析探讨了各种情况所导致的结果对经济增长率、就业等各方面的影响,也即政策最终需要重点关注的更广泛的经济福利考虑。

表9－5　欧洲频谱分配的情景参数

	微观经济参数	中观经济参数	宏观经济参数
1	每用户平均收入(ARPU值)盈亏平衡点	无线产业的增长(WiFi热点)	欧盟知识产业的就业情况(占总数的百分比)
2	服务范围	欧盟25国平均每百人手机用户数量	欧盟GDP增长率
3	具有大多数高级服务覆盖率	电子化准备指数	欧盟人均国民生产总值
4	手机用户的增长率超过欧盟25国每百人中手机用户的渗透率	消费者的通信支出	按外来投资衡量的社会经济机会

① 参见 http://ec.europa.eu/information_society/policy/radio_spectrum/docs/ref_docs/studies/study_scf_finrep_ia_spectrum_alloc.pdf。

（续表）

5		通信支出占可支配收入的百分比	

资料来源：Forge，Blackman and Bohlin 第18页。

本研究主要结论如下：

• 由于频谱的开放，欧洲无线联合将为提高人均国内生产总值做出更大贡献；

• 无线市场的结果只会产生有限的竞争（竞争不会完全消除是因为频谱受到囤积以及掌握在少数人手中），并会倾向于提高价格；

• 无线退出的整体优势最少，损失了统一的优势，但有望出现相似的制度，如北欧和波罗的海国家，结果是只能为当地非常有限的地区带来一点利益。

因此，本研究建议，在需要加强管理的授权频段和可进行交易的未授权频段间制定“综合性”的政策。这种“综合”可将有竞争能力的项目利益最大化，同时不会损失整体的利益。虽然这些结果是依据作者的研究方法和数据产生的，但人们的确发现挪威的方法值得整个欧洲借鉴，以便在整个欧洲实现自由的频谱管理，其高利益将在更高的工业增长率、更高的创新率以及整体经济更高的增长率中得到体现。

9.3 匈牙利：信息社会战略

匈牙利是位于中欧的一个小国家，国土面积为93 030平方公里，人口约1 010万。20世纪90年代后半段起，匈牙利的经济稳步增长，2007年GDP达到了约500亿美元。近年来，匈牙利的经济增长率一直维持在5%左右。然而，在20世纪90年代早期，该国曾出现就业率急剧下降、失业率骤升的现象。到2002年，其就业率为56.6%，是欧盟国家中就业率最低的国家之一。农业和工业在所占就业比率方面都出现了下降（占比分别为6.2%和34.1%），而有59.7%的就业者就职于服务部门（相较而言，欧盟15国此比例为68.8%）。失业、就业和部门性活动的地区差异也被大大加剧。这些情况一直持续到近年也未有明显变化。在某些地区，低就业率、很高的非活跃状态比率以及劳动力队伍资质和技能的不匹配等问题，已经引发了有关方面的关注。

但总体上看失业率也呈现出缓慢下降的态势，到2006年，达到5.8%这样的低水平。长期失业率为2.4%，年轻人失业率为11.9%，也是欧盟国家中水平较低的。但年轻人的活跃状态比率仍然太低。观察发现，在许多国家，受教育程度较低的人被排除在信息社会之外。到2004年，匈牙利经常使用互联网的用户中，学生所占比例是普通民众所占比例的4.4倍——这一数据在欧盟25国中是最高的。而受过中等教育或较少学校教育的民众经常使用互联网的比例则低于普通民众使用比例的1/5。受过大学教育的人当中经常使用互联网的比例为普通民众的2.7倍，该数据也是当时最高的。总的说来，匈牙利的互联网使用情况因所受教育不同而出现的差异程度排在欧盟国家的第4位（只有罗马尼亚、波兰和立陶宛三个国家，受教育水平对互联网使用的影响度超过匈牙利）。因此，匈牙利在教育方面的分化也体现在了ICT的采用上。基础教育和ICT应用都被视为经济持续增长的基础，为此匈牙利政府已经启动了多项计划应对所出现的分化。

总的来说，匈牙利面临的主要挑战有：

- 较高的非活跃状态比率和较低的就业率；
- 地区差异；

- 进行教育体制改革以满足劳动市场的需求；
- 教育体制中为贫困儿童提供同等的机会；
- 将残疾人和患病人口整合进劳动力市场。

综上所述，教育成果和整合的社会满意度是焦点，解决此项问题是自匈牙利加入欧盟之后实施的信息社会计划的核心组成部分。这里将详细介绍一些计划。

【匈牙利 ICT 概述】

近年来，匈牙利的 ICT 部门日趋成熟，并且已成为该地区最发达的外购市场。从 1999 年到 2007 年，总的 IT 支出呈逐年小幅增长之势，预计该趋势有望延续下去。呼叫中心和企业资源规划两个领域尤其受到关注。软件和 IT 服务现在有望赶超 IT 安装项目，其在 1999—2002 年的 IT 浪潮中经历了迅速的发展。①

匈牙利日渐转变为以服务为基础的经济体，其工业和农业占 GDP 的比例低于 35%。受服务部门需求以及发展某些部门(原先不在匈牙利市场起主要作用的部门，如汽车制造部门)的国外直接投资的驱动，匈牙利对复杂 IT 系统的需求很强。到 2005 年中期，在员工数量为 5 人或 5 人以上的公司，电脑的普及率达到了 90%，并且电脑的平均使用年限普遍较短，特别是医院、通信和物流行业。

但匈牙利在国外直接投资方面需要应对来自波兰、捷克、斯洛伐克以及其他新兴市场的激烈竞争。在制造业方面，FDI 正在向南欧和亚洲转移，当地的公司希望以信息技术应用为主的服务能成为就业和经济增长的新的发动机。然而，印度以及紧随其后的俄罗斯在成为软件开发的智力中心方面都比匈牙利更胜一筹。IT 行业的领袖认为匈牙

① 经济合作与发展组织。

利之所以在这方面落后，主要原因在于劳动力成本高、合格的熟练工人和技术人员的不足以及缺乏更好的英语语言技巧。不过，他们很快就发现，匈牙利出现在一些即将进行的软件开发项目的最终候选名单中。

——数字鸿沟的挑战

尽管匈牙利的 IT 经济不断深化，匈牙利在初始阶段总体的 ICT 采用程度较低(参见表 9－6)。初始阶段的采用情况主要由具有良好教育和经济背景的小群体所主导，这一特点也极其符合匈牙利的实际情况。到 2003—2004 年，互联网使用和接入以及计算机的使用程度在所有贫困群体中仍然很低(尽管这在某种程度上也符合未就业者的采用情况)。因此，似乎受教育程度是影响互联网和计算机应用的一个重要因素。

除了受教育机会，ICT 产品和服务的价格也是低收入和失业人群融入匈牙利信息社会的一个重要障碍。电信资费一直是增加数字接入的最主要障碍。如果互联网接入使用电话线(其建设和收费都以语音通信为基础)，其费用对于大量的低收入和贫困人群势必过于昂贵。匈牙利进行的电信改革降低了电信价格，社会上一直有很强的呼声，建议政府控制互联网接入以促进民众迅速地采用这些技术。①

表 9－6　ICT 在匈牙利的使用情况，2003—2004

每个群体用户的百分比	互联网使用者	计算机使用者	家中可访问互联网	使用 PIAP	手机	数字化政府用户
失业	12	19	8	<1	60	<1

① 匈牙利拥有完全自由的电信市场，数家固话和移动电话公司在市场中展开竞争，它们之中没有任何一家是国有的。因为这种原因，到 2007 年匈牙利拥有了十分令人满意的电信密度(约每 100 户居民拥有 40 条电话线)，家庭普及率为 76%。互联网普及率在某种程度上较低，普及率为 10%左右。此项调查由《金融时报》根据经合组织科学、技术和产业排行榜编写。

（续表）

低收入	4	4	1	<1	33	1
低教育水平	3	7	4	<1	34	<1
年龄在65岁以上	<1	<1	<1	<1	19	<1
疾病或残障	3	9	4	<1	31	<1
总计	18	28	11	2	59	4

资料来源：SIBIS 调查数据，在前瞻技术研究所 Tobias Husing 的“ICT 对社会凝聚力的影响：数字化鸿沟的本质”中进行了引用。

关于互联网接入的另一个重要方面是计算机作为家用物品对于中低收入家庭而言始终过于昂贵。政府启动过许多计划，免费向个人（大家庭、公务员、教师）和学校提供计算机（通常具备互联网接入）。计算机价格的持续下降以及更容易承受的智能手机和 PDA（实际上这些手机是某种意义上的计算机）的兴起将有助于解决此问题，不过需要一定的时间。然而，对于特定类别的潜在用户，目前有一种论点是在公共区域提供互联网接入。在这方面，政府推动的计划已经建立了电话亭，发展了电信屋，并且在图书馆和其他社区场所提供了公共的互联网接入。

【以教育和贫困人群为目标】

第一个明确将数字包容作为重点的政府战略于 2003 年 11 月启动。然而，在此之前，取得很大成功的 Sulinet 计划就已经将缩小教育数字鸿沟作为目标之一。

——Sulinet 计划

20 世纪 90 年代初匈牙利就确定了发展 ICT 文化，但面临着不少障碍，最主要的是学校缺乏设备，并且教师在提供理解、教育和指导方面的能力有限。1997 年初，匈牙利启动了一个大型的政府发展计划 Sulinet（“Schoolnet”）以解决上述问题。当时，在匈牙利有超过 8%的教育机构一台计算机也没有，超过 50%的学校没有互联网接入。因此，Sulinet 计划最初关注的焦点是为每个中学提供本地计算机网和基本的互联网接入。①

通过启动 Sulinet 计划，匈牙利加入了为学校提供互联网接入的欧洲国家行列。同时还实施了“Sulinet 快车计划”，鼓励私人家庭为孩子购买计算机，并在购买计算机时提供50%的退款优惠。② 该计划还设计了面向父母的“IT 导师”计划，帮助他们学习如何使用这些计算机。除了其对基础设施的关注外，“Sulinet 快车计划”还开始强调数字内容的开发和数字化教育的方法更新。③

然而，“Sulinet 快车”并未明显推进信息技术的广泛应用：大多数情况下，仍然是已经拥有信息基础设施的人从中受益。因此项目在 2004 年被搁置了，并且在 2007 年年初被完全停止。

2004 年，上一届信息和通信部开始了后续的公共网计划，为所有的学校提供宽带互联网接入和多媒体实验室。除了继续重点关注学校的发展外，信息技术很快地在高等教育机构得到普及应用，取得的重要成果包括：(1)所有的教育机构都通过国家 ICT 基础设施发展连接了互联网，并拥有“适当的带宽”；(2)应用信息系统：在全国范围内的高等教育机构进行应用的举措受到了当地和国家系统的支持，并且正将此系统(包括附加的应用)的进一步发展作为其他信息系统的支柱加以开发；(3)计算机覆盖率：大约 40 万人拥有 10 万台计算机，这表明计算机覆盖率“中等，为令人满意的比率”。

所有这些成果都是在匈牙利信息社会战略计划的框架下取得的。

【匈牙利信息社会战略(HISS)】

此计划的当前阶段，也即第二阶段，始于 2007 年，其第一阶段实施

① 此计划的技术“下属组成部分”旨在建立主干网线路并发展匈牙利网络和宽带的容量。

② 在 2004 年，纳税人的退款总额超过了 160 亿 HUF。

③ Sulinet 数字化知识库。

时间为2004—2006年。匈牙利政府将计划的第一、二阶段分别命名为“数字化匈牙利1.0”和“数字化匈牙利2.0”。在第一阶段，政府为1 500个社区建立了互联网接入，重点对象是学校、图书馆、电信中心和文化中心。[①] 第一阶段计划的主要目标是互联网接入和技术工具，第二阶段的重点则是开发、创新和服务，旨在为社会提供专业知识。换句话讲，此项计划第一阶段的焦点是接入，第二阶段更关注贫困群体和社区中的互联网接入。

在第一阶段，HISS计划在各种计划中取得了初步的成功，包括PC素养和为弱势群体（如失业者、老年人、低收入工人以及学生）提供互联网培训。为在职、低收入工人和失业者提供医疗服务保险的数字化医疗系统也成功推出。在“数字化匈牙利2.0”计划中，HISS的目标是促进数字化政府、数字化顾问（个人助理）以及质量上乘的服务，这些都需要由数字化匈牙利中心在全国范围内进行协调。

数字化政府计划包括了协助数字化文盲通过互联网获取政府服务。数字化顾问计划为落后社区提供基础信息服务、个性化的协助以及基础ICT运用和计算机技能的教育。数字化匈牙利中心对整个项目进行协调，促进HISS计划并提供服务和支持。我们在下文给出了HISS名下开展的重要计划的概述。

2003年，上一届信息和通信部批准了HISS。其将数字鸿沟定义为弱势群体和社会的信息可访问性问题。HISS也基于一个前提，即认为扩大信息和通信技术的应用是匈牙利经济发展取得成功的关键基础。[②]

---

① www.europa.eu.

② HISS已加入欧盟的战略计划：数字化欧洲和数字化欧洲2005行动计划。这使得匈牙利能加入各种支持数字化欧洲的社区计划（如IST、数字内容、数字安全、IDA等）。并且，还使得匈牙利政府可将欧盟的结构资金用做信息社会建设的资源。

目标群体标识为：老年人、残碍人士、吉卜赛人和受其他不利情况（与缩小数字鸿沟相关）影响的人群。此战略的目标是缩小数字鸿沟，也即“将‘互联网使用指数’拉升至全国平均水平”。重点是：

- 培养弱势群体的数字化能力；
- 为特定目标人群提供高质量的服务内容；
- 根据弱势群体的情况，扩大远程工作系统；
- 建设和经营一个特殊的指导性网络；
- 扩建完善标准化的融资系统。

为了缩小数字鸿沟，下列部级计划的经验成为加以考虑的目标：

- 供视障人士使用的 IT 设备；
- 为残碍人士提供 IT 设备采购方面的支持；
- 为当地的少数民族政府提供购买设备方面的支持；
- 提议在儿童中普及互联网应用；
- 提议创造数字化工作机会。

——公共网络

公共网络计划的目的是为匈牙利所有乡村提供互联网接入服务。互联网接入点分布于公共教育机构、市政机关和其他未连接至政府主干网的提供公共服务的机构和民间组织。此计划还针对不同的群体制订了特定的子计划。

到 2006 年 9 月底，一共设立了7 200个接入点。教育机构仍然是此项计划最大的受益者；到 2005 年年底，所有开办了初等学校或中等学校的2 450个乡村都建立了互联网接入点。许多接入点设在公共活动中心和当地政府电信屋(所谓的“乡村电信屋”)。

——数字化中学

数字化中学计划自2003年开始实施,是主要由政府支持的当地计划,目标是通过政府资助为成年人提供中学教育,引导他们使用数字化网络。实施这一项目的基本理念是:面对知识经济的挑战,需要具备更高综合资历的劳动者,因此为成年人提供中学教育十分重要。并且,越来越多的职业资格都要求以完成中学教育为基础。

数字化中学类似于一个混合版本的网络远程教育,提供了在线和离线学习机会,采用了由个人和老师为学习提供支持的方式。数字化中学的学习方式主要包括:

- 通过网络提供的虚拟学校(教育门户);
- 当地的咨询和考试中心;
- 提供接入的当地社区中心;
- 当地的接入点。

数字化中学构成了由在空间上零散分布的教育机构组成的网络。教育机构的联网模式使得偏远地区的年轻人都可以获得中学教育(实际上在此之前他们并没有机会享受到这种教育),而这恰恰是政府的战略目标之一。

【结论】

四年的实践证明了数字网络能够用来为成年人提供二次教育的机会,并且能够扩大受惠儿童的数量和现有的教育网络。此网络还可用来访问优质的学习资源,并有助于搭起学生与教师间的桥梁。

强大的学习社区和个人可以获得的监控数据都表明,该计划对于降低学生辍学率有积极的效果。对此计划实施效果的评估表明,此项目对于提升参与者恢复积极的自我认同感起到了作用。目前,还计划将教育扩展至职业培训领域(参见表 9—7)。

表 9—7　为计划提供资金以支持数字素养

计划	目标
为中等学校购买多媒体演示设备	进行计算机辅助教学开发,在学校环境(中等学校)引入学校使用的现代 IT 工具。
为有残障的学生购买 IT 工具	使用 IT 设备为残障学生的教学提供支持。
Brunszvik Teréz 幼儿园计算机计划	为在社会、经济或基础设施方面处于劣势或失业率远高于国家平均水平的城镇或乡村开办的幼儿园提供计算机工作站。
MultiCenter 教育—IT 系统安装	为了支持 MultiCenter 教育—IT 系统的安装以提高信息技能,阻止"数字鸿沟"进一步扩大,并增加小学教育中 IT 技能的培养力度。
为中等文法学校和职业学校提供卫星广播	为在学校中使用新的信息—通信工具提供支持,特别是带宽水平较低的教育机构,以便为公共教育机构提供数字内容和信息服务。
进行数字教学辅助开发	创建可用于教学的数字内容并将其整合进系统的数据库,此数据库使得教师和学生将支持或补充材料汇总起来,以辅助教学。

9.4 爱尔兰:家庭计算机计划

"无论你使用的是最新潮的还是老古董的计算机,有了互联网,你就可以参与整个知识界,享受低价而高效的沟通等益处;而这种信息来源无与伦比,可以用于教育、研究、休闲、娱乐或者新闻。爱尔兰 40% 的家庭并没有计算机。这意味着很多人被排除在知识界之外。制订此项计划的目的在于帮助人们更轻松地购买适合他们需求的计算机。所提供的一揽子计划将以用户友好的方式进行解释,避免陷入专业技术术语的圈套。”

——爱尔兰总理伯蒂·埃亨(宣布HCI时如是说)

“爱尔兰HCI的目标在于提高爱尔兰国内家庭使用计算机技术的比例,制订此计划的目的是帮助人们更轻松地购买家用计算机。此外,此计划的针对对象还包括那些不了解参与知识界的益处的人们,或者不了解参与价值的人们。”

——爱尔兰信息和通信技术产业组织负责人凯瑟琳·罗利

2007年4月,爱尔兰共和国总理宣布了一项新计划——家庭计算机计划(HCI),帮助人们(尤其是那些不熟悉技术的人们)购买一台家用计算机。HCI制订的最终目的在于通过整合多方面的销售商和服务提供商,通过社区而非个人税收激励政策来推动集体采购,缩小爱尔兰在计算机拥有方面的差距,并且刺激计算机和互联网的使用。鼓励货物和服务供应商打包整合其产品和服务,满足个人或集团(俱乐部、雇主、协会、村庄社区等等)的技术需求,同时提供金融服务,满足那些希望分期付款的人们的需求。此计划为爱尔兰“三类计划”之一,将会获得HCI联盟的批准:

• 计划A:“启动”——适用于那些需要发送邮件、浏览网络、处理文档、听音乐或看DVD的居民;

• 计划B:“家用和娱乐”——包括计划A的职能,以及一些额外性能,满足人们的需求,例如照片编辑、视频创建和将音乐下载到MP3播放器上;

• 计划C:“高性能”——包括计划A和计划B的职能,以及一些额外性能,例如数字视频编辑、网站创建和玩电脑游戏。

每个计划的原本意图是提供所需要的所有产品，包括硬件（个人电脑或笔记本）、软件、病毒保护、培训、互联网连接、支持以及付款选项。要求每项计划附带三年的质保期和三年的病毒保护期，这样就可以帮助用户进入一个当前社区而非简单地进行一次性商品销售。很重要的一点在于，与此前作为原始范例的 HCI 有所不同，爱尔兰的 HCI 以团购计划为核心。

综上所述，此 HCI 允许善用信用社等企业和组织组团以大宗方式采购计算机，享受大的折扣。与其他以税收激励措施为核心的计划不同，此计划以上述内容为核心，花费数年时间进行议会游说，最终可能为社会中的贫穷和弱势群体提供计算机产品。

【背景】

“从根本上说，社会繁荣取决于我们在世界舞台上成功地进行竞争的能力。自 20 世纪 90 年代中期到 2000 年，我们取得了巨大的成功，但是之后我们的世界贸易市场份额却一直在下跌。”

——爱尔兰企业和雇主联合会（IBEC）

爱尔兰是欧洲第三大岛屿，位于欧洲大陆西北方向。爱尔兰共和国面积占该岛的 5/6，东北部的其余部分为北爱尔兰（英国的一部分）。2007 年，全岛的人口略高于 600 万，其中爱尔兰共和国为 440 万，北爱尔兰为 175 万。

20 世纪 90 年代中期，爱尔兰经济增长迅速，时称“凯尔特虎”或者“老虎经济”，主要原因在于当时对高端服务业的内向型投资大幅攀升，而税率水平较低。[①] 从 2002 年开始，由于欧洲央行降低了银行利率来鼓励私营行业消费，此种态势进一步强化。2006 年 7 月，爱尔兰私人银

① 爱尔兰政府：Irlgov. ie。

行的一项调查表明，在经合组织前八名成员国中，爱尔兰共和国人均财富排名第二，将近15万欧元（约为19万美元）。这一水平低于日本，但是高于美国、英国、德国等其他国家。

然而，由于消费税相对较高，计算机和软件价格居高不下，爱尔兰的计算机普及率只有42%（瑞典为56%，美国为82%）。根据爱尔兰中央统计局（CSO）2006年的统计数字，只有不到55%的家庭拥有一台家用计算机，与丹麦（84%）、瑞典（82%）和英国（64%）相比显得尤为落后。

正因如此，爱尔兰在家用计算机的拥有量方面被称为"欧洲病夫"。根据爱尔兰信息和通信技术产业组织的统计，在欧洲市场上销售的所有计算机中1/3的产自爱尔兰，考虑到这一事实，这一称号令人更加费解。制订HCI的目的就是要解决爱尔兰计算机普及率停滞不前的问题，帮助公众更为轻松地购买计算机。

各种分析表明，对于究竟为什么像爱尔兰这样具有欧洲最大规模的技术产业群、国民受教育程度高、国民富裕的国家在计算机拥有量方面表现如此差强人意，很难找出其准确的原因。但是在其他国家，类似的计划似乎都能够刺激家用计算机普及率迅速大幅增长，从而使工人和学生在经济和教育方面享受到了工作便利。不过值得注意的是，这些其他计划均以提供税收激励措施为基础。

举例来说，瑞典政府在1997年推出了一项免税的雇员计算机计划，从而使得瑞典的计算机普及率大增，从40%提高到了80%。在意大利，政府实施了一项学生计算机计划，基本计算机技能课程提供100欧元学费的抵用券，购买一台计算机则提供175欧元的补助。在英国，带减税措施的HCI帮助50多万个家庭用上了计算机。然而，2007年3月出现了一种颇受争议的现象，有些人滥用这一计划，在享受减税待遇的同时购买液晶电视。

在爱尔兰，从贸易促进会到IBEC等行业游说集团以及通信行业的

Oireachtas委员会已经提出建议，要求采用税收措施或者至少是实物福利(BIK)免税措施来刺激增长。经过多年游说之后，最终达成一项妥协。爱尔兰的HCI并未采用税收刺激措施，而是在总理的鼓励之下，允许诸如善用信用社等企业和组织能够组团大宗采购计算机，享受大额折扣。

【锁定一个特定数字鸿沟】

2004年10月，爱尔兰信息和通信技术产业组织(见专栏4)在其提交的预算文件中，呼吁政府采取创新型的税收刺激措施或者其他有关措施，鼓励家庭购买计算机。

政府否决了专注于税收刺激措施的建议，并指出此种做法易流于滥用，但是政府鼓励整个行业继续寻找其他替代性措施来解决这一问题。[①] 文件提交多次之后，最终爱尔兰总理伯蒂·埃亨的总理府与英特尔首席执行官保罗·欧德宁(Paul Otellini)于2006年6月签署了一份谅解备忘录——《探索与爱尔兰信息和通信技术产业合作缩小数字鸿沟的可能性》，这标志着所谓的HCI的开始。

专栏4　爱尔兰信息和通信技术产业组织

爱尔兰信息和通信技术产业组织是爱尔兰在信息和通信技术产业的喉舌。2001年，在与这一高科技行业的业内领袖进行广泛磋商之后，IBEC决定组建一个代表这一行业的新的议会游说团体。由此，爱尔兰信息和通信技术产业组织于2001年5月成立，将下列组织整合在统一的旗帜之下：

• 音频视频联合会(AF)；

① 在爱尔兰，雇主通过薪酬牺牲计划向工资最低的雇员提供计算机等物品是非法行为，因为这会导致削减雇员薪酬，低于最低薪酬标准。因此，HCI必须找到一种替代性方式来覆盖低收入群体。

• 消费电子产品分销商协会(CEDA);

• 爱尔兰移动技术产业协会(ICIA);

• 爱尔兰软件协会(ISA);

• 电信和互联网联合会(TIF);

• 白色电器协会。

爱尔兰信息和通信技术产业组织的使命包括:

• 提高全社会对信息通信产业对于爱尔兰经济发展重要性的认识;

• 确保爱尔兰一直是对国内外企业进行信息通信技术产业投资的具有吸引力的国度;

• 推动鼓励环境发展的创新;

• 建立爱尔兰信息和通信技术产业各组成部分之间的联系。

爱尔兰信息和通信技术产业组织有十个工作小组,分别负责信息沟通、竞争力、教育、电子技能、环境、人力资源、研发、销售营销、税收和贸易事务。每个工作组都包括各个成员公司的代表以及其他有关机构的代表。

电子技能工作组直接负责管理和推广 HCI。该工作组的使命在于推荐旨在推广家庭中信息通信技术使用的激励性措施,解决由于社会特定阶层使用该技术较少而导致的数字鸿沟,从而与政府合作扩展在线公共服务,并在将 2010 年欧盟信息协会战略整合进入爱尔兰政府政策的过程中发挥积极作用。

选择参与 HCI 的供应商可以对价格和产品进行自由让步,鼓励国民使用。举个例子来说,英特尔通过自己的"英特尔内部计划"与参与的初始设备生产商 OEM 一起支持本 HCI,通过使用 HCI 的标识,可以为本计划进行持续的营销。事实上,爱尔兰的 HCI 正是英特尔的科林·

麦克黑尔(Colin McHale)和本地政府计算机服务局(LGCSB)的蒂姆·威洛尔(Tim Willoughby)共同创设的。尽管有公司背景,计划的焦点仍然在于促使雇主、社区集体和金融机构允许国民,尤其是那些被视为数字鸿沟弱势群体的人员——学生、失业人员和高龄人群,能够购买最为昂贵的PC,并且可以按月分期付款。由于整个计划中惠及雇员的方面太过明显,因此可以预见真正的赢家将是爱尔兰社会中的弱势群体。在蒂姆·威洛尔看来,“这就是政府的切入点,通过全社会的参与帮助老年人等聚集性群体有机会使用计算机。通常情况下,计算机产业并不能覆盖这些群体”。

联合爱尔兰银行(AIB)向其24 000名职员推广本计划,而爱尔兰最大的善用信用社(St Raphael's Garda信用社,见专栏5)也立即向其32 000名职员推广本计划。政府已经承诺利用自己与多种社会团体和公共部门职员之间的联系帮助推广HCI。

据估计,如果爱尔兰的私营部门中有20%的职员签名参与此计划,那么对于本土计算机行业而言就会带来1.4亿欧元的营收。如果只有10%的公务员参与此计划,那么也将产生7 000万欧元的营收。[①] 根据英国购买方的经验,参与此计划的国民中60%的人选择笔记本电脑,85%的人选择高配置设备,只有4%的人选择入门级型号。

专栏5　St Raphael's Garda信用社

最早采用爱尔兰HCI的组织是St Raphael's Garda信用社。该信用社有32 000名雇员,资产总值逾3.5亿欧元,贷款总额为1.45亿欧元,其规模已经由爱尔兰金融监管机构作为范例供其他善用信用

① Cathal O'Connor,联合爱尔兰银行企业银行业务部的资产金融主管。网址为www.aib-corporate.com。

社参考。

计划的初衷非常简单:使用英国中介机构 OneCall,鼓励成员申请利率 4.5%的贷款来购买"一台高品质计算机",之后三年在其应用计算机的同时每周从其收入中扣除还贷金额。用 St Raphael's 的经理奥利弗·哈灵顿(Oliver Harrington)的话来说,"这样的费用购买一台高品质计算机真可谓便宜,而且政府支持这一计划"。

除 Garda 的职员之外,Garda 家族的每一位成员均有权参加这一计划,并且有多种一揽子计划供选择,涉及所有不同层级的计算机用户(从入门级到专家级)。对于银行和善用信用社来说,它们的动力在于爱尔兰金融界的竞争格局。"苏格兰银行已经带来了更激烈的竞争。由于忠诚度只和你所提供的服务挂钩,因此像 HCI 这种服务就至关重要。"哈灵顿如是说。

【结束语】

HCI 由爱尔兰信息和通信技术产业组织、英特尔和伯蒂·埃亨总理领导下的爱尔兰总理府于 2007 年 4 月 24 日联合启动。此项计划将重心由税收刺激措施转移到公营部门和私营部门之间通过计算机和软件销售商、爱尔兰雇主以及政府而开展的合作,因此尽管其影响不如其他国家那么显著,但也使得爱尔兰的计算机拥有率在短时间内有了大幅提高。

根据爱尔兰市场研究和市场信息机构的信息,2007 年爱尔兰的计算机销量增长了 4%,预计 2008 年计算机销量有望增长至少 6%。[①](爱尔兰政府预计计算机普及率将会提高 10%。)

HCI 很快就推动了计算机的销量,这很大程度上应当归因于参与

① 参见 www.ireach.ie/ipredictpcs。

这项计划的爱尔兰善用信用社等公司客户，它们鼓励自己的职员通过这项计划购买计算机。根据这项计划，雇主可以以公司团购的方式低价为其雇员采购计算机，费用从雇员的月薪当中扣除。当然，这种做法对有关各方而言可视为共赢战略。

然而，这一计划在更广泛范围内对于爱尔兰社会中的弱势群体和无经济来源群体的影响尚未显现。欧盟其他国家的 PC 普及率如果提高，则肯定会对爱尔兰的宽带普及率数据排名有所影响，而后者也是欧盟当前关注的焦点。举个例子来说，欧盟委员会最近的一份报告表明，在欧盟15 国的宽带发展情况排名中爱尔兰位居第 14 位。爱尔兰政府一直声称，爱尔兰 7%—8%的宽带普及率是受其较低的计算机普及率影响。

9.5 菲律宾：为无银行服务的群体提供银行服务

近年来，菲律宾经济一直保持着强劲的增长势头，但是该国大部分地区，尤其是农村地区，享受金融服务的机会却一直非常有限。到 2004 年，该国8 500万人口当中估计有超过 80%的国民"无银行服务"或者"享受银行服务不足"。[①] 因此，这一群体——"无银行服务"或"享受银行服务不足"的群体——在付款时就必须完全使用现金，或者只有很有限的银行选择。这种情况导致了他们购物时常常采购少量的商品，经常是按天购买，或者最好的情况是一周采购数次。

由于大量的菲律宾国民在海外做劳工，包括在很多东南亚国家和中

---

① Mellyn, K. 2003.《劳工汇款作为发展工具的作用：菲律宾的机会》，亚洲开发银行，马尼拉。

东国家做家庭佣人，他们需要向国内汇款，这就使得银行服务机会不足的影响进一步加剧。到2004年为止，全世界范围内的菲律宾海外工作人员已经超过1 100万，约占该国总人口的11%。① 根据菲律宾中央银行的估计，在海外工作的菲律宾国民向国内汇款的数额有望从2006年的130亿美元增长到2007年的147亿美元。②

菲律宾有三大移动通信运营商，Smart〔由菲律宾长途电话公司(PLDT)控股〕、Globe和Sun Celluar(由Digitel控股)，2006年三家公司共占有菲律宾国内移动通信市场95%的份额。到2008年3月末，Smart、Globe和Sun三家运营商的移动通信用户分别为3 160万、2 130万和540万。

文本消息有关的服务已经成为移动运营商主要的营收来源之一。2005年，Smart和Pitel有45%的营收(336亿比索，约6.39亿美元)来自于与文本消息有关的服务，而Globe则有36%的营收(198亿比索，约3.76亿美元)来自于此种服务。③ 事实上，自从本世纪初以来，菲律宾一直被视为“世界文本消息之都”，而统计数字也表明2006年菲律宾男女老少人均日发送短消息10条。④

短消息原本作为一项免费服务于1994年引入该国。2000年，移动通信运营商开始有偿提供短消息服务，但是资费标准相对较低(每条消息2美分)，因此，短消息使用率一直较高。

文本消息服务的普及对于移动付费服务的成功至关重要，原因在于当前菲律宾的所有移动付费服务都是以文本消息服务为基础的。

---

① Yvette Collymore (2003年6月)。《人口迅速增长和城市拥挤构成菲律宾当前的挑战》。

② “三月份菲律宾海外劳工汇款增长26%”，《人民日报在线》，2007年5月15日。

③ PLDT2005年年报，Globe电信公司2005年年报。

④ Rohan Samarajiyaon，2007年7月18日，“LIRNE网络合理化设计学术研讨会”。

【菲律宾的移动银行服务】

20世纪90年代初,Globe Telecom Islacom(后被Globe合并)首次引进数字GSM服务,当时该公司追求市场的高端营收,强调邮政付费服务,并因此赢得了菲律宾市场上绝大多数的高端用户。1999年,Smart最终开始启动GSM服务时,它的选择已经不多了,不得已专注于预付费的低端用户。Smart的战略是以相对较低的利润率获得较大的用户基础。由于该运营商开始就专注于预付费用户,因此它已经赢得了整个用户市场的较大份额。

在推广预付费服务的过程中,Smart发现市场上绝大多数的用户甚至无力支付最低300比索(约6美元)的预付卡资费。为了赢得更多的用户,Smart开始降低其充值金额。同时,为了削减成本,提高利润率,该运营商推出了一个电子版的"空中下载"(OTA)系统来取代常见的刮刮卡(例如,用户可以通过文本信息来为其移动通信服务充值,无须购买一张充值卡)。

这种经验鼓励Smart将其OTA系统应用到简单充值服务之外的其他服务中去,例如"小额移动付费"和移动银行服务。由此,Smart于2000年12月推出其移动银行和商业服务"Smart Money"。

2004年,Globe Telecom仿照Smart,推出了自己的移动汇款和付费服务"G-Cash"。

——Smart Money和G-Cash的推出

Smart Money业务由Smart与First E-bank合作于2000年12月推出,后被Banco de Oro(BDO)和万事达(MasterCard)收购。BDO是菲律宾七大商业银行之一。根据当前的配置(见专栏6),该服务满足了公众对于健全可靠的小额付费平台的需求(参见表9—8)。

专栏6　在菲律宾，做 Smart 用户

2004 年，Smart 通信公司因为其首款 OTA（空中下载）预付卡充值服务“Smart Load”而获得 GSM 协会颁发的“最佳移动应用程序或服务奖”。此项服务允许店主直接从 Smart 下载通话时间，作为续存通话时间出售给客户，然后再通过 OTA 下载系统向 Smart 发送文本消息进行转账，这样就取代了预付费刮刮卡。Smart 的此种行销店铺已经从服务推出之时的 5 万家增长到 2007 年中期的 85 万家，这也证明了此种服务大获成功。

该服务是 Smart 一项试行战略的一部分，即利用其m-付费网络渗透进入两类市场：有银行服务群体的市场和无银行服务群体的市场。通过所谓的“世界上首张与手机连接的电子付费卡”[①]，Smart 在 2000 年 12 月与万事达合作推出“Smart Money”系统，使有银行账户的用户可以向其 Smart Money 账户转账，然后使用短消息指令将资金从此账户转给零售商，完成付费。用户也可以使用同一个 Smart Money 账户向其他人员分配支出权限——由 Smart 向账户持有人发送交易确认短消息。资金也可以转给未经注册的个人。这是一个单向 P2P（个人到个人）的汇款系统，已经在其他多个国家仿照推行。

对于那些低收入、无银行账户的人员，Smart 通过其 2003 年推出的 Pasa 下载服务缩短通话时间单位的长度，最终可以以低至 2 比索（不到 1/3 美分）的价格通过 OTA 购买。这种服务允许预付费用户将其通话时间以 OTA 的方式“转让”给朋友和亲人，然后再通过 SMS 确认。

---

① 参见沙朗·史密斯，“什么发挥作用：Smart 通信公司——扩展网络，增加利润”，《世界资源研究所：数字红利》，2004 年 9 月。

2007年，Smart将其m-付费模式推进至第二个阶段，宣布创建“Smart服务中心”平台进行国际汇款。此项计划作为GSMA移动转账(GMMT)计划的一部分进行推广，帮助海外劳工向国内汇款。此外，此项计划还是Smart在“出口”其m-付费汇款系统、知识产权和自身系统整合技术方面进行尝试的一部分。M-付费系统也可以在海外进行改造，作为薪酬名单应用程序。

作为第一步，Smart已经与沃达丰(MTC Vodafone)和巴林的阿赫里(Ahli)联合银行合作，为中东地区的菲律宾劳工提供首个汇款系统。每年有1 100万名菲律宾劳工在海外工作，汇款数额超过140亿美元，相当于菲律宾GDP的10%。这也可以说明为什么马尼拉都会区的货币当局如此支持m-付费系统。

表9－8　Smart Money和G-Cash服务比较

	Smart Money	G-Cash
客户参与	• 要求至少64kb的SIM内存，因此可能需要一个新的SIM卡； • 无须存入初始现金，但是购买和退款均需要现金余额； • 可以选择以220比索的价格购买一张塑料“Smart Money”借记卡。	• 需要注册激活账户，可以采用OTA激活； • 初始注册不收费； • 无须存入初始现金，但是交易开始之前必须存入现金。
确认	• 根据中央银行政策，现金存款和退款需要正式ID。	• 根据中央银行政策，现金存款和退款需要正式ID。
	• 通过移动银行服务——从登记的银行账户下载；	• 无

（续表）

下载"smart money"卡	• 店面交易——通过 Smart 无线中心的出纳； • 通过 Smart Money 充值中心，例如 Tambunting 当铺和 SeaOil 加油站等商业合作伙伴。	
服务提供	• 现金存入和退款； • 信用转账至预付费账户（充值）； • 信用转账至其他用户； • 在零售商具有 Smart Money 账户的店铺无现金购买； • 在可使用万事达卡的零售商处无现金购买； • 直接从雇主薪酬表中预支； • 支付公共设施费用账单； • 海外劳工向国内汇入的国际汇款。	• 现金存入和退款； • 信用转账至预付费账户（充值）； • 信用转账至其他用户； • 在 G-Cash 的合作伙伴店铺无现金购买； • 直接从雇主薪酬表中预支； • 支付公共设施费用账单； • 海外劳工向国内汇入的国际汇款。
中央银行问题	• 自身并不需要直接处理 BSP 所关心的问题，因为其银行合作伙伴全权负责满足中央银行的要求（安全、银行流动性、自适应建模语言 AML）。 • 账户在任何单一时间限额为 5 万比索（约 950 美元），并且每日交易笔数也有限制。	• 负责所有金融交易。银行监管方（BSP）和反洗钱委员会（AMLC）对此种服务特别感兴趣。 • 客户交易最高限额为 1 万比索（约 189 美元）。
流动性	• 适中——可在 Megalink 和 Exp-ressNet 的自动提款机上使用； • 在任何万事达终端机均可使用； • 用于 P2P 交易。	• 低——需要到 Globe 和其他商家使用或者兑换成现金（提现）； • 用于 P2P 交易。

（续表）

安全性	• 使用带有 m-PIN（个人识别号）的 STK 菜单； • 发送交易指令时使用加密措施。	• 在短消息的信息正文中使用 m-PIN 码； • m-PIN 码需要从手机中消除，确保丢失或遭抢的手机中所存储的短消息不含 m-PIN 码。

资料来源：Soriano 和 Barbin(2007)。①

——**移动银行业务的好处**

下列因素使得菲律宾的移动银行业务颇具吸引力：

- 该国人口分布遍及 17 个省，包括众多岛屿。绝大多数人口（约 80%）为贫困群体，不能享受银行服务或所享受的银行服务不足。移动银行服务可以帮助这一群体有机会享受银行服务。
- 该国移动通信普及率相对较高（2006 年年底超过 50%），移动通信覆盖范围大（超过该国人口的 90%）。
- 菲律宾被视为"短消息国度"，国民已经反映了自己使用文本信息感觉非常舒服。文本信息是希望使用移动银行服务的终端用户的主要应用方向。

电信行业监管方和中央银行均鼓励移动通信运营商提供此种服务。移动通信运营商能够提供各种具有吸引力的服务，例如数额更小的预付费账户充值、价格较低的国际汇款。

【移动银行业务受益人】

可以看出，菲律宾的移动银行业务和付费服务的增长已经惠及的群

① Soriano，E. 和 Barbin，E.(2007)，小额金融 M-商务：CARD-NGO 和 BAP-MABS 试点研究经验，见于 2007 年 4 月 23 日到 24 日在 Makati 市举行的信息社会生活国际会议。

体包括：

——无银行服务或银行服务不足的人员

- M-银行服务和OTA充值服务使得那些无法享受到实体银行服务的人员能够同样享受银行业务服务。这种服务较为安全，并且涉及钞票面额较小，适合用户对现金的日常需求。
- 确保金融交易免于使用现金所产生的费用和风险，包括偷盗和个人付费所必需的出行，进而提高了生产率，对整个经济体系有利。
- 用户无须到自动提款机就可以轻松"存现和取现"，降低了到银行所产生的成本费用，提高了整个经济活动的效率。
- 电子汇款服务为海外劳工与其在菲律宾的家属人员之间提供了直接联系。

——银行

- 与必须对银行实体机构进行布局相比，能够以更低的成本扩展分销渠道和服务。
- 这意味着资本性支出大减甚至接近为零的情况下的替代性解决方案。
- 与客户的联系更加密切，同时银行可用的现金流大为增加。
- 为客户提供增值服务。

——移动通信运营商

- 移动通信营收流的扩大：2006年，Smart Money用户的ARPU（每用户平均收入）水平几乎是非Smart Money用户的两倍。
- 提高了用户忠诚度：Smart和Globe的报告都显示，2006年其移动银行业务用户的流失率为0.5%左右，而非移动银行业务用户的流失率为3%。
- 扩大了移动用户的基础：由于金额更小的OTA充值系统的推

出，更多的用户可以注册移动服务，并且进行付费。

- Smart 公司 CEO Napoleon Nazareno 表示，Smart 的主要收益在于成本的真正降低。公司推出 Smart Load 之后，与以前使用传统的预付费卡相比，一个季度即节省了大约 3 亿比索(560 万美元)。现在，大多数的 Smart 预付费账户充值都是以空中下载(OTA)的方式进行。

——零售商

- 通过移动银行和交易服务，零售商与移动通信运营商合作，能够通过销售预付费账户信用来增加商业机会。
- 此外，零售商可以快速轻松地处理账户。“出纳”免于现金和零钞之扰。
- 另外，除增加经济机会和交易之外，所持有和交换现金的减少也降低了偷盗的风险，减少了任何特定时间所持有的资金数额。

【当前发展】

——Smart Money

Smart Money 适用于 e-充值经销商及其零售商之间的资金流转，允许零售商从其经销商处购买手机充值额度，无须面对面的互动交流。据估计，2006 年年底，PLDT 的所有预付费客户当中有 20%(即 500 万人)为 Smart Money 注册用户。[①] 2006 年全年，这类用户之间发生的 Smart Money 平均交易额度为每天257 200美元。当年的 Smart Money 服务现金流超过1 000万美元。此外，当年记录在案的通过“Smart Padala”的汇款额度达到2 890万美元。

截至 2007 年年底，Smart Money 用户超过 250 万人(包括 100 万积

---

① Proenza, Francisco (2007),《通过改善基础设施和创新型信息应用推进农村发展》,《菲律宾国别报告:应用》,FAI 投资中心,6 月。

极的 Smart Money 持卡人),交易量为每人每日 1—2 笔。Smart 的合作零售商数量超过 70 万。

——G-Cash

截至 2006 年 12 月 31 日,G-Cash 平均月交易金额为 56.7 亿菲律宾比索(约 1.23 亿美元),注册用户基础为500 813人。① 此外,该公司还有将近 400 家认证合作伙伴,覆盖3 000多家店面。G-Cash 还在 16 个国家通过 27 个国际合作伙伴、大约 200 家店面提供服务。

Globe 预期,20%—25%的用户(约 400 万—500 万人)将最终注册此项服务。

【与中国的关系】

——中国没有享受到银行服务的群体

根据中国国家统计局的数据,2007 年年底,中国总人口为 13.2 亿,其中 55.1%居住在农村。据中国人民银行(PBC)估算,当前中国农村仅有 36%的家庭能够享受金融服务,主要渠道是通过农村信用合作社(RCC)。换句话说,当前中国有超过 4.65 亿的居民不能享受到银行服务。

中国平均每百万人口仅有 530 台销售终端设备(POS)和自动提款机,远低于美国的每百万人 1 万台的水平。相应地,中国 83%的付费交易都是采用现金,而美国的现金交易仅占 21%。由于这些终端设备和自动提款机绝大多数分布在城市,②因此实际上可以说所有的农村交易都以现金方式进行。

尽管中国没有享受到银行服务的人口比例很高,但中国的大银行(例如中国农业银行和中国工商银行)多年以来一直致力于迁出农村地

① Globe 年度报告:2006。

② Jan Bellens、Chris Ip 和 Anna Yip,《建设中国新型农村付费系统》,网络专用,2007 年 5 月。

区,原因在于商业化和竞争压力。根据中国国务院发展研究中心的报告,过去10年间,农村地区四大国有银行的分支机构减少了43%,仅过去5年就关闭了3万家分支行。

——民工数量和汇款

根据中国国家统计局的数据,截至2002年,全中国共有9 400多万农村居民在城市工作。保守估计,从农村迁入城市的农民工人数年均增长800万,到2007年年底城市将有1.34亿农民工。总体来说,这些民工较为年轻,子女和父母则留在农村,因此他们希望定期将其部分收入寄回自己的农村家乡,而家乡却没有相应的金融服务可用。

——移动市场纵览

中国已经成为世界上最大的移动通信市场,近年来持续快速增长,月均新增用户超过600万人(参见图9—2)。这种增长势头的一个主要推动力就在于农村移动服务市场的发展。根据中国移动的数据,过去两年间50%以上的新增用户来自于农村市场。

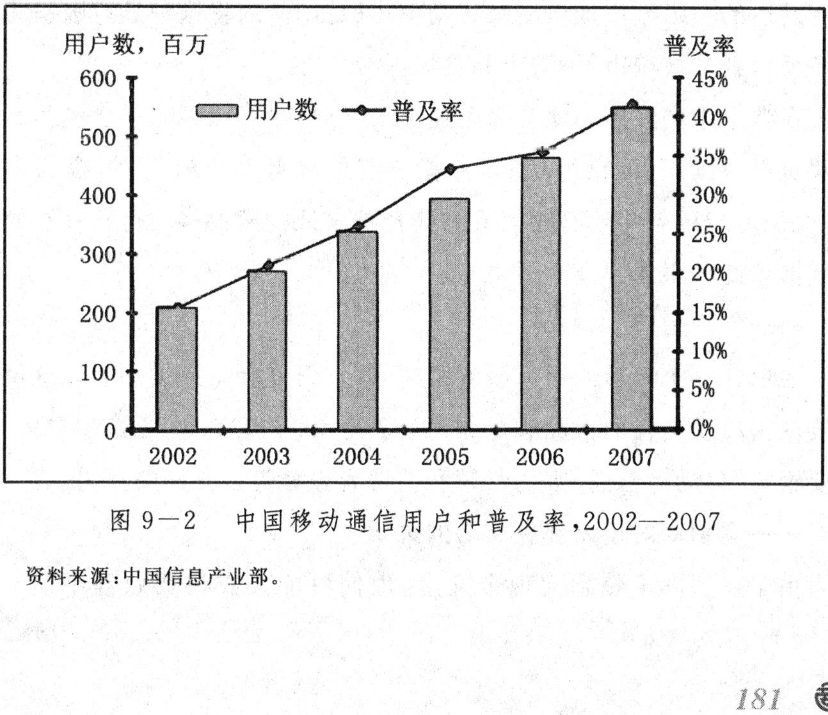

图9—2 中国移动通信用户和普及率,2002—2007

资料来源:中国信息产业部。

与菲律宾市场类似，中国市场由两大移动通信运营商主导，用户绝大多数为预付费用户。截至2007年年底，中国移动用户占移动通信市场的62.3%(其余为中国联通用户)，将近68%的中国移动通信用户为预付费用户。对于中国移动而言，过去几年间90%以上的新增用户为预付费用户。

过去几年间，两大移动通信运营商对移动网络建设进行了持续投资。2007年年底，移动网络覆盖了中国66%以上的人口。

【中国借鉴菲律宾移动银行业务经验的主要挑战】

中国推出移动银行服务的几大挑战包括：

——法律问题

推出此种服务之前，移动运营商需要电信部门和银行监管部门的批准。

——移动运营商的利益

总体来说，已经上市的移动运营商(中国移动和中国联通)倾向于首先在发达的一级城市推出新的移动应用服务，然后将这种具有吸引力的服务推广到二级城市、小城市和县城区域。

在整个市场经历如此全面迅速增长之时，尽管此种服务已经显示出能够自行持续发展，获得赢利，并能够有效降低客户流失率，提高忠诚度，但是可能还需要政府政策或财政补贴来鼓励两大移动运营商在农村区域推出此种服务。

——客户信任

要信任一个无形的银行服务系统，客户可能会持谨慎态度。这就有必要获得广受信任的大品牌的参与。对于中国而言，要培养客户信任，需要银行、移动运营商、市场营销和消费者教育等多方面的努力。

——零售商对于无现金交易的关切

由于零售商不熟悉无现金交易，他们可能担心付费处理不当。因此,要证明此种系统能够发挥作用,移动运营商有必要和选定的零售商结成合作伙伴关系,共同努力。

附录　数字鸿沟测算方法比较

贫富分化一直是人类社会发展面临的重要课题。伴随全球信息化与经济全球化相互交织、加速发展，人类开始进入信息时代。作为经济与社会发展水平及其差距在信息时代的客观反映，数字鸿沟日益引起全球关注是顺理成章的事。从数字鸿沟问题浮出水面的那一刻起，如何测算数字鸿沟就成了人们关注的热点、争论的焦点。由于视角不同、关注重点不同，各方专家及研究机构会采用不同的测算方法，而方法不一导致结果不同，甚至会出现截然相反的结论。本文重点介绍了目前几个代表性机构使用的主要测算方法，如绝对差距法、相对差距法、时间差距法、综合指数法等，并在综合分析现有各类方法优劣势的基础上，提出了一种新的测算方法——相对差距综合指数法。

1. 美国电信和信息管理局（NTIA）：绝对差距法与相对差距法

1995—2000年，美国国家电信和信息管理局连续发布了四份名为《在网络中落伍》的报告，被公认为是数字鸿沟问题的始作俑者和开山名篇。第一份报告《在网络中落伍：对美国农村和城镇信息穷困群体的调查》发表于 1995 年 7 月，是城市化进程中关于家庭计算机和调制解调器占有率同类报告中的首份。第二份报告《在网络中落伍：数字鸿沟的新数据》发表于 1997 年 7 月，提供了美国家庭电话和计算机占有率方面的最新数据资料，但主要集中在家庭互联网连接率方面。第三份报告《在网络中落伍：定义数字鸿沟》发表于 1999 年 7 月，更进一步明确了数字鸿沟的概念，反映了互联网连接和使用方面的最新情况。第四份报告《在网络中落伍：走向数字包容》发表于 2000 年 10 月，重点转向数字经济对居民的影响。

从上述几份报告看，NTIA 在对数字鸿沟进行测算时，大体上采用两种方法：相对差距法和绝对差距法。其中第三份报告《在网络中落伍：定义数字鸿沟》最具有代表性。

在描述数字鸿沟现状和说明数字鸿沟程度时，重点使用的是相对差距法。如第三份报告以 1998 年数据为基础的测算结果：

• 大学毕业者拥有计算机的比例是只上过小学者的 8 倍，其在家上网的比例是后者的 16 倍。

• 城镇地区高收入家庭互联网普及率是农村低收入家庭的 20 倍。

• 白人低收入家庭孩子的上网概率是同等收入水平的黑人家庭孩子的 3 倍，是同等收入水平的西裔家庭孩子的 4 倍。

• 富裕的亚洲太平洋岛民后裔家庭拥有计算机的比例是贫困黑人家庭的 13 倍，互联网普及率是后者的 34 倍。

• 白人双亲家庭中的孩子上网比例约是单亲家庭孩子的 2 倍，黑人双亲家庭孩子上网比例是单亲家庭孩子的 4 倍。

同时我们也可以看到，NTIA 的主要考察变量有三个，即电话、计算机、互联网的普及率。重点考察对象是收入、教育程度、地区、种族、年龄和家庭结构。

在进行趋势分析时，重点使用的是绝对差距法。如 1999 年的报告显示：

• 1994 年，黑人家庭与白人家庭电话拥有率差距为 10.6 个百分点，1998 年差距降到 7.9 个百分点，降幅为 25.5%。这些变化多数发生在 1998 年。1997—1998 年，黑人家庭与白人家庭之间的差距下降了 20.2%（1997 年和 1998 年的差距分别为 9.9 个百分点和 7.9 个百分点）。

• 1994—1998 年，白人家庭和黑人家庭间在计算机方面的差距增长了 39.2%（从 16.8 个百分点增加到 23.4 个百分点）。

• 1997—1998 年，只有小学文化程度者与大学以上文化程度者之间在计算机使用方面的差距扩大了 7.8%（差距从 56.4 个百分点增加到 60.8 个百分点）。在互联网方面的差距扩大了 25%（差距从 36.6 个百分点增加到 45.8 个百分点）。

• 1997—1998 年，最高收入与最低收入人群在互联网使用方面的差距增加了 29%（差距从 42 个百分点增加到 52.2 个百分点）。

NTIA 方法的特点：(1)最早关注数字鸿沟问题，数据充实、完整。(2)利用绝对差距、相对差距及其变化分别描述不同人群间在主要信息技术应用方面存在的差距，比较直观，易于理解。

NTIA 方法的缺点：(1)没有提出一个反映整体数字鸿沟状况的综合指标，很难形成一个整体印象。(2)在进行历史比较分析时，绝对差距和相对差距法有一个致命的弱点，即在技术扩散的早期和中期，这两种方法测算的结果差别很大，甚至可以得出相反的结论。从相对差距上看，数字鸿沟可能是缩小的；从绝对差距上看，数字鸿沟反而是扩大的。

2. 帕沃·西切尔：时间差距法

2002年，斯洛文尼亚鲁布尔雅那大学法律系的经济学教授、社会经济指标研究中心创始人帕沃·西切尔(Pavle Sicherl)提出了一个新的统计方法——时间差距法,用于分析欧美之间互联网普及率之间的差距。2004年,西切尔发表了“数字鸿沟新视点”一文,进一步完善了应用时间差距法分析数字鸿沟的理论。

西切尔以互联网普及率为例,根据有关资料对西欧与北美之间的数字鸿沟进行了测算,发现运用不同的统计方法会得出不同结论。

表1　按地区划分每千人互联网用户

时间	北美	西欧及斯堪的纳维亚
1995	104.9	22.1
1998	311.2	105.8
2000	492.6	220.5
2005	720.6	529.9

资料来源:计算机工业年鉴。2005年为预测数。

从表1可以看出,1995—2005年,北美地区互联网普及率每年都比西欧地区高,而西欧地区互联网普及率的年均增长速度却快得多。但这并没有揭示出所有的变化规律。于是,西切尔又用三种方法对两个地区的差距进行了测算(参见表2)。

表2　三种计算北美和西欧每千人中互联网用户差距的方法

时间	绝对差距(‰)	相对差距(%)	时间差距(年)
1995	83	375	
1998	205	194	-3.0
2000	272	123	-3.3
2005	191	36	-4.2

绝对差距法:两个地区互联网普及率的绝对差距,用二者之差表示。

不同时间二者的绝对差距有所变化，呈现先期扩大后期缩小的特点。1995 年为 83 点，2000 年扩大到 272 点，到 2005 年又缩小到 191 点。

相对差距法：两个地区互联网普及率的相对差距，用一个地区高出另一个地区的百分点表示。由于西欧地区的年增长速度快于北美地区，所以相对差距呈现下降趋势。1995 年北美地区高出西欧 375%，到 2005 年则只高出 36%。

时间差距法：两个地区在互联网普及率上的时间差距，用达到特定水平时的时间差来表示。测算结果表明，欧美间互联网普及率的时间差距在逐年扩大。1998 年西欧落后于北美 3 年左右，到 2005 年差距扩大到 4.2 年。

西切尔看到了不同测算方法的不同结果，所以主张用新的视角来考察数字鸿沟及其变化，并对时间差距法情有独钟。

西切尔还介绍了时间差距法的三种不同用途(参见表 3)。

表 3　北美与西欧地区到达特定水平的时间及其差距

级别(每千人互联网用户)	北美时间	西欧时间	时间差距(年)
100		1997.79	
200	1996.38	1999.64	－3.26
300	1997.84	2001.28	－3.44
400	1998.98	2002.9	－3.92
500	2000.16	2004.52	－4.36
600	2002.36		
700	2004.55		

一是利用时间差距法计算比较对象间的时间差距。在一对一比较、一对多比较时均可适用。比如，只要知道 2005 年欧盟各国的互联网普及率，即可计算出其时斯洛文尼亚与各国间的时间差距。

二是利用时间差距法可以列出时间矩阵，计算出比较对象间达到特定水平时的时间及其差距。如互联网普及率达到500‰时，北美时间大约是2000年2月，西欧时间是2004年6月，二者相差4.36年。

三是利用时间差距法可以计算并比较不同对象跨越每一台阶所用时间的多少及其差距。如互联网普及率从400‰增加到500‰时，北美用了1.18年，西欧用了1.62年，后者多用了0.44年(参见表4)。

表4　北美与西欧互联网普及率跨越不同台阶所用的时间

级别变化	跨越不同台阶所用的时间	
	北美	西欧
200 100		1.85
300 200	1.46	1.64
400 300	1.14	1.62
500 400	1.18	1.62
600 500	2.2	
700 600	2.19	

除进行互联网普及率差距比较外，时间差距法同样也适用于电话、计算机等其他信息技术普及水平间的比较分析。

时间差距法的特点：(1)时间差距法提供了观察数字鸿沟变化的新视角，即用时间差来反映不同对象间信息技术利用水平的差距。(2)时间差距法非常直观，易于理解和接受，具有较强的实用价值。(3)时间差距法既可以进行静态横向比较，也可进行对象间的纵向动态比较。

时间差距法的缺点：(1)时间差距法主要用于单一指标(如互联网普及率)的测算，而对多种信息技术综合应用水平间的整体比较则不适用。(2)时间差距法适用于两个对象间的相对比较，而对于多组对象比较(如多地区分组、多个年龄分组、多个收入水平分组)时的数字鸿沟的整体测算就无能为力了。(3)时间差距法测算结果实际上反映的是在弱势群体信息技术应用达到某一水平时,其比较对象(强势群体)提前到达的时间量,并不能真实反映弱势群体落后的时间量。因此,从"A与B的时间差距为N年"的测算结果,并不能真正得出"A落后于B约N年"的结论,更不代表"A需要N年就可以赶上B"。(4)由于技术扩散具有"先慢、后快、再慢"的规律,而先行者(强势群体)将率先加速,因此,在技术扩散的早期和中期,利用时间差距法测算的结果往往是差距在不断扩大。这通常又与使用其他方法(如相对差距法)的测算结果及推论完全相反。因此,这一方法不适合单独使用,而需要与其他方法结合使用。帕沃·西切尔自己也承认时间差距法只是提供了一种新的视角,并不能取代原有的测算分析方法。(5)时间差距法适用于不同对象间的比较分析,但无法测算单个考察对象的数字鸿沟现状及变化趋势。例如,它可以测量西欧与北美之间的时间差距,但不能回答西欧和北美各自的数字分化程度分别是多大。

3. 法比奥拉·里卡帝尼、莫罗·法里奥:相对集中度指数

2002年,在伦敦召开的一次会议上,意大利国家统计学会高级研究员法比奥拉·里卡帝尼和通信部统计办公室主任莫罗·法里奥联合提交了一份题为《数字鸿沟测算》的报告。[①] 报告中提出了一个能够用于测算国家间及一国内部数字鸿沟程度的指数——相对集中度指数(基尼系数)。报告称,这一指数既可用于静态分析,也可用于动态分析,并对

① 这份报告是经济合作与发展组织工作组一个相关研究项目的部分初步成果。该项目的目标就是建立一套通用的跨国数字鸿沟比较指标体系。

经合组织29个国家间的数字鸿沟及意大利一国内部家庭和企业间不同方面的数字鸿沟进行了测算。

相对集中度指数计算公式为：

$$R = 1 - \sum_{i=0}^{k-1}(P_{i+1} - P_i)(Q_{i+1} + Q_i)$$

其中，R代表相对集中度指数(即数字鸿沟指数)，k代表分组数，P_i代表第i组某一变量值占总量比重，Q_i代表第i组人口占总人口比重。

为方便比较分析，对测算值分别乘以100，这样R值就介于0—100之间。R值越大，说明水平差距越大；R值越小，说明水平越接近。

根据上述方法，报告测算了1997—1999年3年中OECD29个国家间在服务器、互联网主机、个人计算机、移动电话、固定电话方面的数字鸿沟指数，并与人均GDP相对集中度进行了对比分析(参见表5)。

表5　1997—1999年OECD数字鸿沟指数

信息技术变量	数字鸿沟指数 1997	数字鸿沟指数 1998	数字鸿沟指数 1999
安全服务器普及率	64.4	56.3	54.5
互联网主机服务率	56.9	51.8	45.9
个人计算机普及率	36.1	31.1	31.1
人均GDP	**31.7**	**31.2**	**30.9**
移动电话普及率	35.3	29.1	24.2
固定电话普及率	16.8	16.3	15.8

上表列出的测算结果表明，在被考察的五类信息技术产品中，所有考察对象的数字鸿沟指数都呈下降趋势；不同信息技术产品间的不均衡状况差别很大，服务器方面的差距最大，固定电话方面的差距最小；到1999年，有三个指标的数字鸿沟指数大于人均GDP的差别指数，而移动电话、固定电话间的差别明显小于收入差别。

利用上述方法，报告还对1999年意大利国家内部的不同类型的数字鸿沟指数进行了测算(参见表6)。

表6 1999年意大利各类数字鸿沟指数

名称	分类	指数
地区间数字鸿沟	固定电话	5.3
	移动电话	21.7
	个人计算机	17.9
	互联网	28.1
不同规模城市间数字鸿沟	固定电话	2.1
	移动电话	7.7
	个人计算机	14.4
	互联网	28.4
不同工作状态人群间数字鸿沟	互联网接入	66.7
	信息获取	71.5
	电子邮件	77.3
	电子商务	74.9
	网页	79.6
不同行业企业间数字鸿沟	互联网	35.3
	企业内网	37.0
	企业外网	41.0
	电子数据交换	47.4
不同规模企业间数字鸿沟	互联网	11.9
	企业内网	11.1
	企业外网	10.4
	电子数据交换	10.7
不同地区企业间数字鸿沟	互联网	6.1
	企业内网	4.9
	企业外网	3.9
	电子数据交换	2.9

相对集中度指数法的特点：(1)提供了一个利用基尼系数反映数字鸿沟的方法。利用这一方法，可以分别测算不同分组间在各个新技术应用方面存在的发展不均衡情况。(2)该方法既可以测算不同国家间的数字鸿沟，也可以测算一国内部的数字鸿沟。(3)该方法可以进行静态分析，也可通过年度数据测算及其结果变化进行动态分析。

相对集中度指数法的不足之处：(1)不直观，含义不明晰：用相对集中度指数表示数字鸿沟指数，其测算结果并不能让人得出数字鸿沟到底有多大、会有什么影响的直接印象。在传统经济学理论中，基尼系数的最经典应用是测算收入分配不平等状况，其大小对经济发展、社会稳定程度的影响已经得到经验论证并被广泛接受。而信息技术应用方面，基尼系数的大小有什么样的经济、社会含义大家并不清楚。因此，这一方法测算结果的实际含义并不明确。(2)该方法仅提供了测算特定对象间某一类新技术应用方面差距的结果，而无法反映多种信息技术方面数字鸿沟的整体情况，即缺乏一个综合性合成指数。(3)相对集中度指数适用于多组对象间的数字鸿沟测算，但对两个对象间的直接比较就显得无能为力了。

4. 托比阿斯·休星和汉尼斯·塞尔霍夫：DDIX（数字鸿沟综合指数）

恩皮里卡(Empirica)是德国波恩一家从事国际行为研究和咨询的私营企业，主要研究领域是信息技术概念、应用及信息社会。[①] 2002 年，该公司两位研究人员托比阿斯·休星(Tobias Husing)和汉尼斯·塞尔霍夫(Hannes Selhofer)向欧洲会议提交了一份题为“DDIX——一种测

① http://www.empirica.biz/empirica/index_en.php.

量 ICT 应用不公平状况的方法”的报告[①]，提出了一个测量数字鸿沟的综合指数，即 DDIX(Digital Divide Index)。这可能是国际上进行数字鸿沟综合测度的首份报告。报告不仅介绍了测算方法，而且对 1997—2000 年欧盟 15 国间的数字鸿沟状况进行了测算。2004 年，休星和塞尔霍夫又联名发布了延续性报告“DIDIX：一种测量信息扩散不平等状况的数字鸿沟指数”[②]，在进一步完善测算方法的基础上，对 2000—2002 年欧盟及 15 个成员国的数字鸿沟进行了测算。

DDIX 用弱势人群占平均水平的比重来代表数字鸿沟指数。从性别、年龄、受教育程度、收入差别四个方面分别考察，计算结果各占 1/4 权重。弱势群体的区分如下：

——性别弱势群体：女性(2000 年占欧盟总人口的 52%)。

——年龄弱势群体：50 岁及以上人口(占总人口 40%)。

——教育弱势群体：受正规学校教育年限在 15 年及以下人口(占总人口 30%)。

——收入弱势群体：低收入人口组(占总人口 25%)。

主要考察指标集中在计算机和互联网应用方面的差距，各占 50% 权重(其中互联网应用又分成总体和在家上网两类，权重分别为 30% 和 20%)。

具体计算公式如下：

$$DDIX = 1/n\sum Di \qquad (i = 1,2,3,4)$$

DDIX 即数字鸿沟总指数。Di 是指分类数字鸿沟指数，如性别差

---

① http://www.empirica.biz/empirica/publikationen/documents/Huesing_Selhofer_DDIX_2002.pdf.

② Hüsing, Tobias / Selhofer, Hannes: DIDIX: A Digital Divide Index for Measuring Inequality in IT Diffusion. In IT&SOCIETY, Vol. 1, Issue 7, Spring/Summer 2004, pp. 21—38. http://www.empirica.biz/empirica/publikationen/documents/HuesingSelhofer_Digital-Divide-Index_2004.pdf.

距、年龄差距、收入差距、教育差距等方面的指数。

Di 的计算公式如下：

$$Di = 100 * \sum W_j * P_{ij} / P_j \qquad (j = 1,2,3)$$

其中，W_j 为第 j 变量（如计算机普及率、互联网普及率等）的权重。P_{ij} 为第 i 类弱势群体（如女性）在第 j 变量（如互联网普及率）的指标值。P_j 为总人口的指标值（如整体互联网普及率）。

从理论上看，DDIX 值应在 0—100 之间。DDIX 越大，表明弱势群体信息技术应用水平越接近于总体平均水平，也就是说数字鸿沟越小。

2002 年欧盟 15 国数字鸿沟指数计算参见表 7。

表 7　2002 年欧盟 15 国数字鸿沟指数测算表

	计算机（%）		互联网（%）		在家上网（%）		合成指数（0.5A + 0.3B + 0.2C）
	指标值	占总水平比重	指标值	占总水平比重	指标值	占总水平比重	
全部人口平均水平	56.5	= 100	50.3	= 100	38.6	= 100	
年龄:50 岁以上	31.7	53.4	25.1	49.8	20.6	53.4	53.3
女性	50.4	89.1	43.6	86.7	32.7	84.6	87.5
教育年限:<15	25.9	45.9	22.3	44.4	15.6	40.4	44.3
低收入群体	17.1	30.3	11.9	23.6	8.5	22.1	26.6
合成指数（平均数）		55.2		51.1		50.1	52.9

从上表可以看出，2002 年欧盟 15 国中弱势群体与平均水平间的差距还是比较明显的。造成这种差距的因素首推收入，然后依次是教育和年龄，性别间的差距相对最小。

DDIX 法的优点：(1)率先提出了可以反映一国（或经济联合体）数字鸿沟整体状况的综合指数法。通过一个指数就可以进行整体测量，减少了歧义。(2)具有较好的普遍适用性，既可以进行横向比较，也可以进行纵向比较。(3)采用弱势群体与平均水平对比测算,较好地解决了多组比较时的统一标准选择难题。

DDIX 法的缺点:(1)DDIX 取值于弱势群体占平均水平的比重,其本身不是一个直接反映差距大小的概念,因此直观性较差。既然是数字鸿沟指数,理应是数值越大数字鸿沟就越大,而 DDIX 的真实含义却是相反。(2)使用弱势群体与平均水平比较计算,得出的结果并不能完全反映弱势群体与强势群体间的真实差距。如果说在处理多组比较时还算可取的话,那两组比较(如城乡差距、性别差距)时就显然低估了实际差距。(3)DDIX 法适用于多对象间的比较分析,但不适宜进行两个国家间的数字鸿沟比较。比如,即使知道了 A、B 两国分别的互联网普及率,由于人口基数不一样,也很难得到两国间互联网普及率的平均水平。尽管从理论上说,如果知道了两国的人口数,可以进行推算,但绕的弯子太大,显然不合理。如果再考虑到电话、计算机等多种因素,难度就更大。(4)选择考察指标时,仅关注计算机、互联网使用情况,而忽略了固定电话、移动电话等现代通信技术应用,显得有些单一。另外,在确定弱势群体的范围及指标权重赋值时存在一定的主观性。

5. 一种新方法:相对差距综合指数法

2005 年起,国家信息中心信息化研究部每年发布《中国数字鸿沟报告》。在 2007 年的年度报告中,使用了一种新的测算数字鸿沟综合指数的方法,即相对差距综合指数法。具体方法参见总报告第一章第六节。

实际应用结果表明,相对差距综合指数法具有较强的通用性和实用性。同时,这一方法也具有开放性特征:根据关注重点的变化和数据的可获得性,可以增加相应的考核指标和对象数量。通过对结构性变化的深入分析，可以进行客观、真实的政策评估，进而提出有针对性的对策建议。

Comparative Study on Digital Divide between EU and China

Preface

Like the inter-accompanying relationship between assembly line and unemployment, development of automobile industry and increase of traffic accidents, large-scale minerals mining and environmental pollution, generalization and application of information technology (IT) is also subsequent to a digital divide or gap, the two being indissolubly bond. Among a good many problems possibly arising from acceleration of information industry, the digital gap is undoubtedly drawing a worldwide attention and remains the toughest nut to crack. As a developing country with the largest population and the grandest economic scale in the world, China faces a remarkable digital divide, which exists not only between China and developed countries, but also among the city-rural areas, and social groups across the country. Thus how to transform effectively the digital gaps into digital opportunities will be China's major problem requiring a solution in the process of its informatization development. Provided that it is able to make brilliant achievements in this regard, China can not only gear up its own modernization but also contribute greatly to narrow the digital gap around the world. To this end, EU-China Information Society Project shows great concern for such digital divide and has even established a specialized theme entitled "Comparative Studies of the Digital Divide in China and Europe" in June 2007.

With regard to research framework designing, the main objectives focuse on the following four aspects:

- Providing the Chinese government with the framework for measurement of the digital divide;
- Making the Chinese government aware of the nature and extent of the digital divide in China compared to the general status of the world;
- Making up the inadequate studies and statistical figures of the central and local governmental departments;
- Supporting the State Council Informatization Office in policy making for promotion of development of China's information society and for narrowing the digital divide, and also putting forth some advice on policies to develop future information society and particularly to narrow the digital divide.

Aimed at the four objectives, the research puts emphasis on essential theories, current status and trend, exploration experience and achievements, and suggestions on policy making.

Through concerted efforts for nearly one year, the specialist group has so far completed *The Report on Comparative Studies on Digital Divide between EU and China* with seven chapters:

Chapter One Essential Concept of Digital Divide: explaining the origin, definition, classification, causes of formation, impacts etc and also building up a model for estimation of the digital divide.

Chapter Two The Status Quo and Trend of the Digital Divide in China: measuring the comprehensive digital divide index (DDI) and the DDI of city-rural areas, different regions and the gender, also analyzing the variation trend in 2002—2007 and the causes behind.

Chapter Three The Status Quo and Trend of the Digital Divide in EU: estimating and analyzing the current status and trend of the digital divide among the member countries within EU in 2001—2007.

Chapter Four The Status Quo and Trend of the Digital Divide between China and EU: measuring and then comparatively analyzing the current status and trend of the digital divide between China and EU in 2001—2007.

Chapter Five Effects of Actions and Solutions to Narrowing the Digital Divide in China: summarizing China's actions to narrow the digital divide in recent years and the effects, putting forth preliminary suggestions on narrowing the digital divide.

Chapter Six Lessons and Recommendations from Actions for Narrowing the Digital Divide in the EU.

Chapter Seven Policy Suggestions on Narrowing the Digital Divide in China.

Generally, the report presents a relatively systematic theory for research of the digital divide, points out practical methods for measuring the digital divide, completes for the first time measurement of the digital divide between China and EU, and collects a large quantity of data and field cases, all of which may lay a firm foundation for in-depth studies of the theme.

Chapter 1 Essential Concept of Digital Divide

In this report, the term "digital divide" refers to the gap between different social groups with regard both to their opportunities to access and to use of the modern information and communication technologies (ITs).

1.1 Origin of Digital Divide

In English the appropriate term "Digital Divide" is sometimes termed as "Digital Division" or "Digital Gap." There are several versions for Chinese which are interpreted as digital fall, digital difference, digital gap, digital separation in mainland China, and in Hong Kong and Taiwan of China, digital divide, digital fall etc.

The United States of America is the origin for information technology, and so with the term "digital divide." Some Americans claims that Lloyd Morrisett first used the term "digital divide" in 1995. Lloyd, then president of Markle Foundation of the US, found huge disparity between "information have-nots" and "information haves" in a research, and named it "digital divide." Chinese scholars also recognize the term.

Then there aroused great waves of discussing digital divide by some investigation reports in the United States. In 1995 National Telecommunications Infrastructure Administration (NTIA) released its findings in an investigation report—*Falling through the Net: A Survey of the "Have Nots" in Rural and Urban America*. The report noticed the sharp difference between "information have-nots" and "information haves" with a trend of enlargement of the gap in between. In subsequent years the institution continue to release three survey reports to draw the superior executives' concern about the digital divide and even to make the Clinton authority adopt corresponding action—appealing to provide 21st study tools to every students at school and to create opportunities of access to the Internet connection for every household and social groups.

International institutions around the world respond actively. Following the United States, the other international societies also pay increasing attention to the digital divide. In 2000 the issue of the digital divide became a major agenda for United Nations Millennium Summit, G8 Summit and APEC Forum; in 2001, OECD released its report *Understanding the Digital Divide*; in 2002, World Economic Forum started to release its annual report *The Global Information Technology Annual Report*; in 2003, the World Summit on the Information Society released its *Declaration of Principles* and *Plan of Action* in order to shrink the global digital divide while the UN released "UN GLOBAL E-Government Readiness Report" in successive years. In addition, International Telecommunication Union (ITU) and other institutions will also take the shrinking of the digital divide as part of their major missions.

Many other countries around the world have been enhancing their studies of the digital divide and working out policies against the divide. EU and other member countries have surpassed the early starters in investigation and theoretical studies. In Asia, Japan planned to construct "Ubiquitous Network Society" in 2003 while South Korea worked out clearly a metaphase and long-phase program for "shrinking digital divide" in 2004.

Studies by the information theoretical circle have also deepened. Pavle Sicherl (Slovenian), Fabiola Riccardini and Mauro Fazio (Italian), Tobias Hü sing and Hannes Selhofer (German) and others all have contributed to studies of the digital divide.

Studies of the digital divide feature typical issues orientation and policy study specific. Generally theoretical study on the digital divide, however, remains inadequate and each country is still exploring approaches in practice.

1.2 Definition of the Digital Divide

Internationally typical definitions of the digital divide are as follows:

Morrisett: a "digital divide" is a gap with regard to the people's opportunities of access to information and communication technologies.

NTIA (1999): the "digital divide" is a label for the gap between the information "haves" and the "have-nots".

Chapter 1

Economic and Social Council of U. N. : the digital divide refers to a gap among the countries and the internal social group of a country caused or enlarged due to the global ICT development and application.

OECD in its report *Understanding the Digital Divide* (2001): the digital divide refers to the gap between individuals, households, businesses and geographic areas at different socioeconomic levels with regard to both their opportunities to access information and communication technologies (ICTs) and to their use of the Internet for a wide variety of activities.

"World Summit on the Information Society" of the U. N. (2003): the two terms, "digital divide" and "knowledge divide", imply the gap between the social group of information haves and that excluded from information technology in the world, as well as the unshared situation of information within a certain group.

Despite their differences in word expression and in focuses, they are synonymous essentially.

As for the connotation of the digital divide, there are some qualitative provisions for the following major elements:

"Digital" focuses on digitization and the gap it has brought about. The "information disparity" under any conditions of traditional technologies would not be considered. Internet was the first to be measured, which was then added to by telephone and computer and other modern information technology.

"Divide" is the focal point for the studies, with a wider implication than "gap".

"Subjects" is indispensable and disparity is the result of comparison. Any subjects such as different populations, countries, regions and enterprises could be compared with, all of which could be named "different social groups" in general.

"Contents" of the digital divide has been from singular Internet expansion in the beginning to the entire information infrastructure, which gets increasingly deepened along with continuous in-depth study. Now more and more scholars and institutions are emphasizing the importance of the consideration of application effectiveness. Generally speaking, "digital divide" and "gap of information technology levels" are gradually used universally.

In line with the four provisional prescriptive requirements above, we may define the term "digital divide" more clearly: **the digital divide refers to a gap between different social groups with regard to their possession and use of modern information technology.**

1.3 Classification of Digital Divide

The digital divide can be classified from different angles.

From the national perspective, the digital divide can be generally classified into two categories: 1. the international digital divide, e. g. the divide between China and the US; 2. the intra-national digital divide among different social groups.

According to different research subject, intra-national digital divide can be classified as urban-rural digital divide, regional digital divide, gender digital divide, and etc.

1.4 Cause of Digital Divide

The causes of the digital divide may be summarized in the following five aspects:

Level of economic development or income. A certain amount of cost is necessary for possession and use of new technologies, which may be particularly high in the early stage of technological diffusion. Such cost excludes the populations in the countries and regions economically lagging behind and those who cannot afford due to their low income.

Educational level or knowledge competence. Different educational levels lead directly to different level of cognition, reception and application of new technologies. Illiteracy or inadequate literacy may impede people from application of modern information technology in the real sense. Sometimes their foreign language proficiency may greatly affect access to the technology.

Policy environment. Most technical or industrial revolutions may lead to rearrangement of the global productivity. In the countries who take the lead during the revolutions, strategic choice and policy direction often play significant roles.

Individual habits. Due to some individual traits, there are always some people unwilling to accept new technology despite their possession of both wealth and knowledge, thus becoming laggards in the net.

Physiological factors such as age and physical ability. No one would complain an infant or baby's inability to use Internet. It is also understandable for the aged unable to play with computer. For the persons physically or mentally disabled, their ability to accept new technology cannot be mentioned in the same breath with the normal persons.

1.5 Impacts of Digital Divide

The digital divide is the objective reflection of the gap between countries and regions at different economic and social development levels in the information era. The objective existence and widening of such divide certainly will pose severe threat to social development and security.

Digital divide's impact on social development and security is mainly manifested in the following four aspects:

1.5.1 Centrifugal effect of digital divide — to produce a large number of "information poorer"

"Information poverty" appears in information age. Due to lack of the ability and opportunities to acquire information, they cannot participate fully in, create or share the achievements of the civilization of information society and thus become laggards or marginalized social group. Some scholars hold that "information poverty is a new type of poverty in the 21st century, which not only results in individual income poverty and the poverty of mankind at large but also grows to the outcome of the latter two. The information poorer are homeless persons in information ear." The impactive role of the digital divide to deviate the informationally poor people from information society can be termed as the "centrifugal effect" of the divide.

1.5.2 Differentiating effect of the digital divide — to lower the information sharing level

The disadvantaged group's inability to fully share the benefits brought about by information revolution leads to a huge difference in possession and use of information resources. Globally, the information technology in current stage is mainly monopolized by developed countries from which developing countries import most technologies and equipments. So there is a very prominent "Matthew effect" in generalization of information technology and Internet online access, a phenomenon that "the rich get richer and the poor get poorer". As for the populations involved, the earliest to have access to and use information technology can further increase their competence of understanding, applying and innovating of information and knowledge. The gap between them and those with little access to and use information is thus widened tremendously as the time goes on. In December 2003, the World Information Summit released its *Principle Declaration* on building information society and paid a close attention to the current situation of "uneven distribution of the benefits owning to the gap between the developed and developing nations and the information technology revolution with each society." The disparity in information sharing extent is labeled "information difference". In China some scholars also call it the fourth major difference after the urban-rural, worker-farmer, mental and physical work differences. The new social difference may induce a series of new social contradictions and problems that will impede fulfillment of the goal to build China into a harmonious society. The impactive role of the digital divide on differentiating the information haves and the have-nots can be termed as the "differentiating effect".

1.5.3 Double-blade effect of digital divide — co-existence of risk and opportunity for disadvantaged groups

While the vulnerable group's risk in deviating from the information society is increasingly enlarged because of digital divide, the bounding and rapidly penetrating nature of the information technology also offers an unprecedented opportunity for them to take advantage of achieve "jumping" development bring into full play of the "followers" advantage. From a global perspective, for a large developing country like China, it is possible for the country to take the lead in using advanced and applicable technologies and even making breakthrough on some core technologies, but if there exits an increasingly widened digital divide between China and developėd countries, consequently China may lose historic opportunities to realize leapfrogging development by means of the information technology revolution. Observed from the domestic social development, the advantage to make use of the network resources strength for fast acquisition of the citizens' information technology and thus increase of their potential competitiveness as a whole, which should be properly coped with to avoid a result just opposite to what the researcher wishes. Digital divide is objectively existent but the people's attitude toward it and action can still make a difference in desired outcomes and great influence. Such influential roles in increase of the risk and opportunity of the vulnerable group can be the "double-blade effect" of the digital divide.

1.5.4 Zoom-out effect of the digital divide — to increase social vulnerability

The digital divide may further affect income allocation, result in severe unequal opportunities of employment and personal development, and widen the original gap of wealth and poverty thus growing to be a major cause for its harm to social security and stability. The UN and other international institutions maintain that the digital divide may crumble to dust the international society's commitment to narrowing the gap between the south and the north. Moreover, it is now a common understanding that income gap may further pose threat to the social security, which has been proved from developmental practice in many countries. China is developing into an overall better-off society, where there are also the cases of income gap as other developing countries at an intermediate level of incomes. In one word, the appearance of the digital divide may enlarge the gap between the rich and thus the poor and increase the social vulnerability. The impacting role of the digital divide to widen the original social gap can be known as "zoom-out effect" of the divide.

1.6 Measurement and calculation of the digital divide

Measurement and calculation of the digital divide is aimed at correct judgment of the current status and its developmental trend as well as at further analysis of the presupposition and basis of the policy effect. Different selection of the measuring and calculating methods may result in varying outcomes. This paper puts forth a new method for calculation of "Digital Divide Index" (DDI) on the basis of analysis and summary of measurements and calculations available worldwide, that is, the method of relative divide composite index.

1.6.1 The status quo of the studies on measurement of the digital divide

The measuring and calculating of the digital divide answers questions from two aspects: 1. at a given time or place, what is the size of the digital gap among the subjects under investigation? 2. viewed from the historical progress, what is the trend of the changes in the digital divide among different subjects? Question 1 focuses on static observation while the latter, on dynamic observation.

People's knowledge of the digital divide has just started. Related institutions, specialists and scholars have ever exerted some efforts in measuring and calculating the digital divide; however, their ways of index choices and calculating methods still vary sharply. Different measuring and calculating methods may even lead to conclusions opposite to what the researchers wish. Generally the calculating methods have the following differences:

First of all, difference in index choices. The difference lies in whether to choose a singular index or multiple indices. Some scholars believe that the digital divide is mainly demonstrated in Internet generalization and application, and they advocate adoption use of the singular Internet index. On the contrary, some experts argue that the Internet index alone may not be able to fully reflect complete connotation of the Digital divide, and they suggest inclusion of indices of computer and telephone etc. Other experts hold that only reference by the broad information infrastructure availability level for measuring and calculating the digital divide cannot really mirror the gap existing the people's information technology application level. So in their opinion, information technology composite index should be adopted to identify the digital divide.

Second, the difference in content: whether to survey a certain type of digital divide, classified by urban-rural, regional, gender factors etc., or to take into account all these factors?

Third, the difference in calculating methods: in reference to international and domestic information currently available, the calculating methods include relative and absolute gap, time difference, average difference, gini coefficient, composite index etc. While calculating a single digital divide, several methods may be together adopted.

As each calculating method may have its own advantage and disadvantage, we may not be able tell which turn out to be more scientific and accurate. There are four major reasons for the differences above: 1. the issue of digital divide is an outcome of the net space whose internal law has just been known to the people and theoretical lack or inadequacy is inevitable; 2. the causes for digital divide are very complicated and hard to identify; 3. severe inadequacy of relevant basic data for a complete picture of the issue of digital divide; and 4. differences in individual preferences and focus of intention.

1.6.2 Relative divide composite index: a new method of measuring digital divide

While measuring and calculating the digital divide, the report attempts to consider three points: 1. universal theory for horizontal comparison or historical comparison; 2. visual implication and understanding of the calculation results; 3. adoption of complete, public-trustful statistical data for avoiding any uncertainty from subjective inference of the data.

The relative gap composite index method is used to measure the size of digital divide for one country or region, its core index being digital divide index (DDI). The calculating method and implication is as follows:

Formula for calculating the digital divide index (DDI)

The formula is $DDI = \sum_{i=1}^{m} A_i P_i$, of which:

DDI stands for the general digital divide index of a country or region. DDI values are between 0 and 1; the greater the value is, the wider the digital divide is demonstrated, while the smaller the value is, the closer the divide appears. Generally provided DDI is less than

0.3, it indicates the digital divide is not prominent; the prominent values range from 0.3 to 0.5, and as the values reach 0.5 – 0.7, it means existence of marked digital divide; a DDI value greater and 0.7 denotes an extraordinarily large digital divide. The reference criterion also applies for the following comments on P_i values and Q_j.

P_i stands for the digital divide type and index under survey. For calculation of China's digital divide, the report takes urban-rural, regional and gender specific digital divides as the objects for survey mainly because they are relatively important with comparability and the basic data is also comparatively complete.

A_i represents weight coefficient. Generally weight coefficient setting shall be determined by importance. Considering the difficulty to judge which type of figures is more important and to avoid any misleading for historical analysis, the same weight coefficient is adopted for actual calculation of all types of digital divide. As the target is to find out the gap and changes, as long as adoption of the same criterion for calculation of the divide over the years, the analytical result will not be affected.

(2) Measuring and calculating the digital divide in different categories

The formula for the calculation is $P_i = \sum_{j=1}^{n} B_j Q_j$, of which:

P_i stands for the size of digital divide index in a certain category, such as urban-rural and gender digital indices. P_i values range from 0 to 1. The greater a P_i value is, the wider the digital divide is shown; the smaller a P_i value is, then closer the digital divide appears; as

$P_i = 0$, the developmental level of a certain aspect is on the average and free from any digital divide in the aspect.

Q_j represents for the digital divide type and index under survey. In reference to popularly adopted major indices around the world, the report focuses on the popularization rate of Internet, household PC, mobile phone and fixed-line telephone, as the major indices for survey, which are also calculated for the result of relevant gaps.

B_j refers to weight coefficient. In this report the coefficients of Internet and PC popularization each account for 1/3, and that of fixed telephone and mobile phone, 1/6.

(3)Calculation of the relative gap for the ultimate index:

The formula for the calculation is $Q_j = 1 - \frac{X_j}{Y_j}$, of which:

Q_j stands for the size of relative gap for the major survey index between the object under observation and that under comparison. The Q_j values are between 0 and 1. The greater a Q_j value is, the wider the relative gap is shown; the smaller a Q_j value is, then closer the relative gap appears; as $Q_j - 0$, the object under observation and that under comparison is the same in a certain aspect, and as $Q_j = 1$, the one under observation is on the average make no achievements in a certain aspect.

X_j represents the actual value of a certain survey index for a object under observation at a given time frame. Generally the relative gap index value ranges from $0 - 1$. The object under observation generally refers to the "vulnerable group", for instance, the rural group in comparison of a town and a village, and the female group for the digital divide between the two genders. Upon comparison of the international digital divide, as China is taken as the object under observation, the ultimate index, relative gap index and digital divide index can be a minus value, which indicates that China surpasses the object under comparison in these aspects.

Y_j is the actual value of the reference object for a survey index in a given period.

Taking the calculation of the relative gap in Internet popularization rate (penetration) as an example, provided China's Internet popularization rates in China among its urban and rural areas account for 16.9% and 2.6% in 2005, the urban-rural Internet relative gap will be $1-2.6/16.9=0.846$, which means the rural areas are 84.5% behind the urban areas in terms of Internet access penetration and application.

Chapter 2 The Status Quo and Trend of the Digital Divide in China

The digital divide in China refers to the gap in possession and use of modern information technology existing among different social groups. Currently the study of digital divide in China focuses on urban-rural and regional gaps.

2.1 Focuses for study of digital divide in China

Different countries may be confronted with varied contradictions and problems on socioeconomic development in specific developmental stages, with differentiated focuses. The digital divide may not only reflect the various contradictions in information technology diffusion, but also directly affect appearance of the existent contradictions. Unbalanced development is now becoming an obvious contradiction of China's modernization process as well as a major basis for selection of the study of digital divide in the country.

2.1.1 The problem of unbalanced development in modernization process

In the process of its rapid development, China faces such problems commonly appearing in the industrialization process including a wide gap between the poor and the poor and an unbalanced development. The problems of China's unbalanced socioeconomic development can be mainly manifested from its increasingly widened urban-rural and regional gaps. In October 2007 the report of the Party's 17th National Congress of the Communist Party of China emphasized, "to narrow the urban-rural and regional development gap and promote socioeconomic concerted development is a quite demanding task."

China's development faces three major unbalanced problems:

- Unbalanced urban-rural development;
- Unbalanced regional development;
- Unbalanced economic and social development.

The urban-rural and regional gaps are recognized as two major obstacles for China's modernization.

Aimed at the increasingly prominent contradictions of unbalanced development, China put forth a solution through "making overall plans and take all factors into consideration" in which the most important shall apparently be the overall planning for urban-rural and regional development.

2.1.2 Urban-rural divide

Income disparity is the most important index for reflection of the urban-rural gap. In mid 1980s, the ratio of Chinese urban-rural residents was 1.8 : 1, with a gap coefficient of 0.45, i.e. the rural residents' income was 45% less than their counterparts in urban areas across the country lagging far behind; in mid 1990s and later, the urban-rural residents' income ratio was around 2.5 : 1, with a gap index of 0.6. After 1997, the urban-rural residents' income gap was continuously widened except in 2004 that saw somewhat rebounding. In 2002 the urban-rural income ratio exceeded 3 : 1 for the first time and as of 2007 the figure went on to reach 3.33 : 1, with a gap index of 0.7(see Figure 2-1).

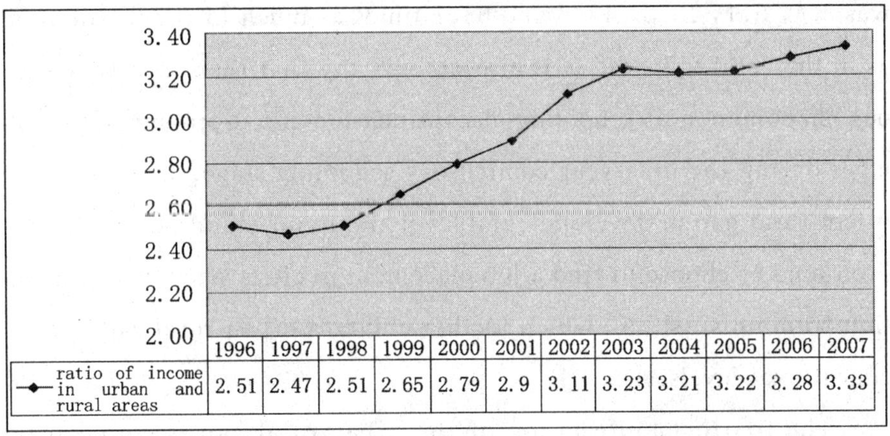

	1996	1997	1998	1999	2000	2001	2002	2003	2004	2005	2006	2007
ratio of income in urban and rural areas	2.51	2.47	2.51	2.65	2.79	2.9	3.11	3.23	3.21	3.22	3.28	3.33

Figure 2-1 China's urban-rural income gap and changes in 1996-2007

Given the consumption gap, the urban-rural gap would be more prominently wider. Taking 2007 as a case, the urban residents' disposable per capita income was 13,786 RMB yuan, all of which could be converted to expenditure on consumption for living; in the same year the farmers in the rural areas could only earned a net per capita income of 4140 RMB yuan, of which around 30 – 40% was material income, exclusive of 10 – 20% for production-related expenses on purchase of seeds, pesticides, fertilizers and diesel, etc. Only 65% (2691 RMB yuan) of the total income could be spent on goods and labor service. Based on the calculation, the urban-rural consumption capacity ratio was 5.1 : 1 approximately, with a larger income gap ratio.

The third manifestation of the urban-urban gap may be educational gap. Information shows that the proportion of the population with senior high school, technical secondary school, three-year-system college, undergraduate and postgraduate educational experience was 3.4, 6.1, 13.3, 43.8 and 68.1 times as much in the urban areas as in the rural villages. It is also noteworthy that there is a very serious phenomenon of schooling discontinuation and drop-outs in the villages during the nine-year compulsory schooling stage. Due to a huge urban-rural gap in developmental level and living standard, rural children tend to choose to find a job placement in cities after their graduation from universities, which further enlarges urban-rural gap in their educational levels.

The fourth manifestation of the urban-rural gap is employment gap. 2007 witnessed registered unemployment rate of 4% for the city working population (the actual unemployment rate could be a little higher), while the unemployment rate of the rural labor force had no statistical figure but might be generally estimated no less than 30%

considering that only about 50% of the 400 million rural laborers stay at their own village with the labor force entering cities numbering 130 million.

Compared with developed countries, China's urban-rural gap has a marked feature, that is, its rural residents, a vulnerable group, take up the majority. Of the total population of 1,321,290,000 in 2007, China had 55% rural residents (727,500,000). In comparison with most other countries in the world with less than 10% of rural populations, China faces a much larger challenge in narrowing its urban-rural gap. The United States has spent 70 years (100 years for Japan) generally filling the urban-rural gap, so China has a much greater difficulty to speed up its gap bridging for the urban and rural residents.

2.1.3 Regional gap

Targeted at China's regional development gap, Professor Zhang Zhenghe, also dean of Public Relation Department of China Agricultural University once gave a vivid description: "in my academic activities and tours, I once met many foreign experts and tourists. The first case is that it was their first visit to Beijing, Shanghai, Guangzhou, Shenzhen and Hong Kong. Their impressions were that China boasts modern cities, luxury hotels, improved infrastructure, and comparatively high living standard, which are no inferior to cities in developed countries including San Francisco, Los Angeles, Tokyo, London and Paris. For the second case, as they lived in county seats of Henan, Shanxi, Shaanxi, Xinjiang and northeastern provinces, China would be a medium-income country in their eyes. As for the third case, when they have worked in the country for a long duration, they may have a deeper understanding of China's rural areas with a certain period of experience in villages and towns of Gansu, Guizhou, Qinghai provinces, and Inner Mongolia region, and then in their view China remains to be a very backward, developing country." The three cases may form a generally complete picture of China's regional gaps.

China's regional gap falls into three category: the gap between the eastern coastal areas and central western hinterland; that between the provinces, autonomous regions and municipalities directly under the Central Government; that between cities and county towns. These gaps will also be fully demonstrated on the issue of digital divide.

China is also making all-out efforts for narrowing its regional gaps through strategies and actions of western and central region development, in addition to its most commonly measures of policy preference and fiscal transfer payment system, which have played key roles. However, limited by several factors such as natural geological conditions, foundation for economic development, market readiness, bridging the regional gap will be a long-term tough mission for the country.

2.1.4 Urban-rural and regional digital divide as the study focuses

The gap in economic and social development level cannot but affect the information technology diffusion. So the gaps between urban-rural areas and regions can be also a focus for the study of digital divide.

There are three reasons for selection of the urban-rural and regional digital divides as the study focuses:

- Unbalanced urban-rural and regional development is a prominent contradiction China is confronted with;
- The urban-rural and regional digital divide not only is an outcome and reflection of the unbalanced development, but also may become an inducement for further pricking up other existing contradiction;
- Efforts in bridging digital divide are helpful for relief and even shrinkage of developmental gap between urban-rural areas and regions.

The 2006 – 2020 National Informatization Developmental Strategy for, which was released in 2006, clearly pointed out that China would give priority to formulation and implementation of the following action plans including "planning to narrow digital divide." The Strategy requires: "to stick to the government-led principle, to involve the society, to narrow the gaps of information technology level among the regions, urban-rural areas and social groups, and create a social environment with equal opportunities and concerted development."

The theme of the first forum of EU-China Information Society Program in February 2007 was "bridging the digital divide and promoting regional and urban-rural concerted development."

Chapter 2

2.2 General Introduction to Digital Divide in China

2.2.1 Information technology diffusion in a period of rapid development

According to Everett M. Rogers's Theory of Diffusion of Innovations, all new technology diffusion is very slow at the beginning, then the diffusion process gets fueled up suddenly after the number of adopters reach a certain (critical) quantity, until the majority of the potential adopters in the system accept the innovation; after the process comes to the saturated point, the diffusion speed gradually slows down. The number of innovation adopters changes and forms an "S"-shaped curve. Generally as a new technology popularization reaches 10 - 20%, it will enter a fast diffusion period. According to such theory, currently China's information technology diffusion has completely stepped into a fast expansion period.

Nonetheless, there are still two causes to characterize diversity of the digital divide. On one hand, a new technology's diffusion track may differ in different groups of people, which accounts for varied digital divide in sharply different period. For instance, computer application in urban areas has entered a fast diffusion period while in rural areas the application has just started up, with a wide gap between the two over a long run; on the other hand, different new technologies in a specific period may be spread differently among the same social group and may also lead to changes in digital divide, for example, in a same rural area, mobile, telephone and color TV set have entered the mid and later period of fast diffusion but Internet and computer popularization merely takes shape, which may also lead to consistency in digital divide.

Internet: at the beginning of fast diffusion

China has spent about 10 years for such a large scale of 100 million Internet subscribers. After its first breakthrough of 10% (actually 10.5%) of the total population in terms of Internet access popularization in 2006, the country entered the fast expansion period and realized the goal of 200 million subscribers within only two years. By the end of 2007 the nationwide Internet subscribers had already numbered 210 million with the popularization rate increased to 16%. Undoubtedly, the number of 2008 surpassed the United States and China has grown to be the largest country with most subscribers in the real sense. Considering the saturated point of the Internet access popularization is about 80%, China still has a long way to cover the Internet expansion period. It is worth mentioning that among the people with access to Internet, the broadband subscribers account for 77.8% with a broadband popularization rate of 12% also entering a fast expansion period (see Figure 2 - 2).

Computer: generally in the beginning of fast expansion but with relatively great urban-rural difference

In 2001 the city household computer popularization rate was 13% entering the fast expansion period; 2006, 47%. In contrast, the rural household computer popularization rate was only 2.7% in 2006, a long way to go to the critical percentage as an indicator for fast expansion pe-

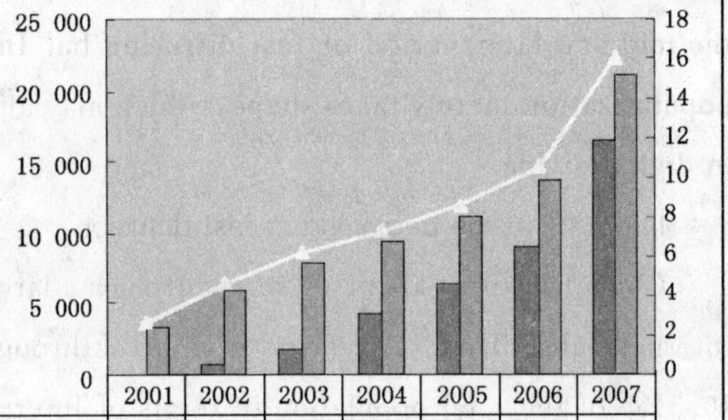

	2001	2002	2003	2004	2005	2006	2007
broadband subscribers (ten thousand)		660	1 740	4 280	6 430	9 070	16 338
Internet users (ten thousand)	3 370	5 910	7 950	9 400	11 100	13 700	21 000
popularization rate of Internet	2. 64	4. 6	6. 15	7. 23	8. 6	10. 5	16

Figure 2 - 2　2001 - 2007 curve of changes of Internet subscribers and diffusion

riod (see Figure 2 - 3). In 2003, for every 100 households across the country, the computer possession number totaled 12. 1 sets theoretically also entering the fast expansion period. However, limited by the much fewer number, there was generally no apparent increase. In 2006, when the number reached 22. 1 sets, the fast expansion trend was enhanced. Even if one set of computer for every household is taken as the saturated point, China still has a very large space for increased possession of the urban-rural household computer.

Fixed telephone stagnates at a low level

As of July 1999 China had a total of over 100 million users of fixed-line telephone, which took the country as long as 50 years approximately. After that China entered a fast diffusion period in the sector. In 2006 the users totaled 367, 810, 000 users with a popularization rate of 28. 1%. In reference to the internationally regular saturated points of

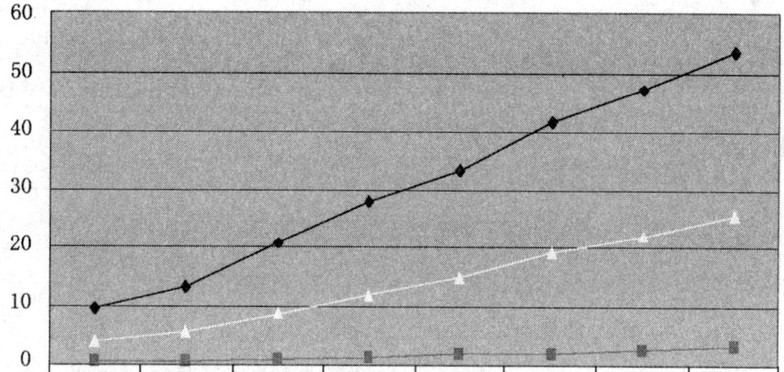

	2000	2001	2002	2003	2004	2005	2006	2007
urban area	9.7	13.3	20.6	27.8	33.1	41.5	47	53.5
rural area	0.5	0.7	1.1	1.4	1.9	2.1	2.7	3.1
average level of the whole country	3.8	5.4	8.7	12.1	14.9	19.0	22.1	25.7

Figure 2 - 3　2000 - 2007 urban-rural computer diffusion curve (%)

50—60%, the popularization level is in the fast expansion stage. However, 2007 saw a tendency of fall from the previous year with only a total of 365,450,000 users and a popularization rate of 27% (see Figure 2 - 4). From a point of international view, the fixed-line telephone popularization rates in developed countries also experience a drop trend, mainly attributed to popularization of mobile phones, known as "mobile substitution." Some developed areas of China, such as Beijing, the substitution emerged years ago. But the explanation could be simplistic for the drop on the premise of very low nationwide low level of the popularization. However, a conclusion could be drawn from the majority of rural households' possession of neither a mobile phone nor fixed telephone, that presently the fixed-line phones is not really "saturated" in the real sense in the process of diffusion of the phones. The superficial cause for the phenomenon was "need intermission", yet an in-depth level cause lies in failure in observation of the general service principle, which results in inconsistency between the purchasing power and the charge level.

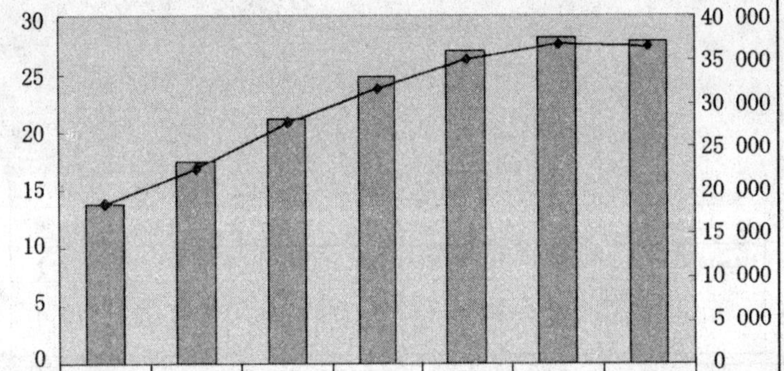

	2001	2002	2003	2004	2005	2006	2007
popularization rate of fixed telephore(%)	13.9	17.4	21.2	24.9	27	28.1	27.8
users of mobile phone (ten thousand)	18 383	22 408	27 836	31 600	35 043	36 781	36 545

Figure 2 – 4　2001 – 2007 changes in fixed phone subscriber of China

Compared to the drop of fixed phones, the mobile phone popularity is at the apex. In 2001 the mobile phone for the first time exceeded 100 million users. As its popularization rate was over 10%, the mobile phone started to enter the fast expansion period, after which about one and a half years there were additional 100 million users and as of 2003 it outnumbered the fixed-line phone for the first time. By the end of 2007, China's mobile users number 547 million with a popularization rate of 41.7% (see Figure 2 – 5). Internationally, where the mobile phone saturation point is around 100%, some countries have reached or approached the coverage. Part of China, such as Beijing, Shanghai and some other cities, have also reached or approximated the percentage. However, seen from the popularization rate nationwide, there is still a large space for the mobile phone to increase.

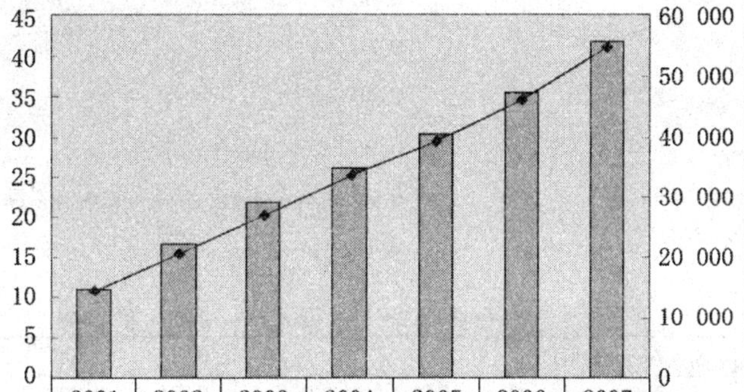

	2001	2002	2003	2004	2005	2006	2007
popularization rate of mobile phone(%)	11.2	16.6	21.9	25.9	30.3	35.3	41.7
users of mobile phone (ten thousand)	14 522	20 601	26 995	33 400	39 343	46 108	54 729

Figure 2 - 5 2001 - 2007 changes in mobile phone users of China

2.2.2 Further bridging digital divide

China's digital divide general index in 2007 was 0.45, which indicates that there existed apparent digital divide. Viewed from the change trend, the index has a tendency of drop. In the period 2002 - 2007, Chinese digital divide was narrowed by nearly 21% (see Figure 2 - 6).

2007 saw China's urban-rural digital divide index reach 0.65, which indicates a huge digital divide between the urban and rural areas. Generally the divide has a tendency of steady shrinkage. In the period 2002 - 2007 it shrank by 12% approximately.

2007 witnessed that China's regional digital divide index was 0.5, indicating an evident regional digital divide. In the period 2002 - 2007

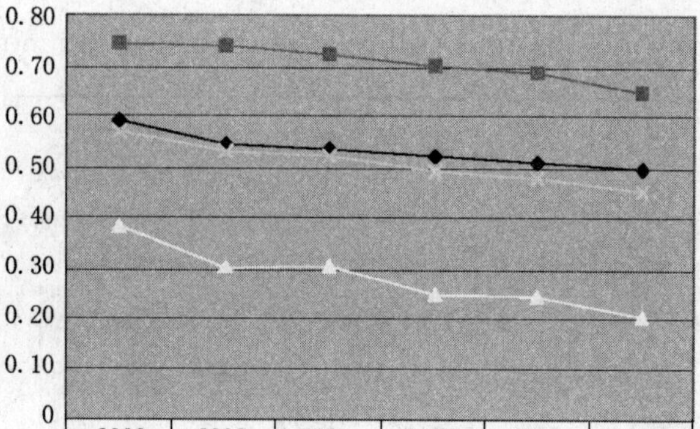

	2002	2003	2004	2005	2006	2007
regional DDI	0.59	0.54	0.54	0.53	0.51	0.50
urban and rural area DDI	0.74	0.74	0.73	0.70	0.69	0.65
male and female DDI	0.38	0.30	0.31	0.25	0.24	0.20
DDI	0.57	0.53	0.52	0.49	0.48	0.45

Figure 2-6 2002—2007 changes in China's digital divide general index

the divide was narrowed by 15%.

In 2006 China's gender digital divide index was 0.20, continuing to get smaller than the previous year; in the period 2002-2007, the divide decreased by 47%. Generally the gender specific divide is no longer quite obvious, basically similar to the situation in a developed country.

2.3 Urban-rural Digital Divide

Urban-rural digital divide refers to the gap in possession and use of information technology between urban and rural residents.

The urban-rural digital divide index is a major one that reflects the divide level in the two areas and also represents the size of the divide. The index comprises five relative gap indices: the urban-rural popularization rates of Internet, computer, fixed-line telephone, mobile phone and color TV set, of which the weight coefficient of Internet, computer and color TV set each amounts to 1/4 while that of fixed-line telephone and mobile phone, 1/8 each.

To meet the need for comparative analysis, upon analysis of the urban-rural digital divide, the absolute and relative gaps are both measured and calculated. However, while calculation of the accumulative index of the urban-rural digital divide, the relative gap index is adopted for all and singular.

2.3.1 Internet

The urban-rural Internet gap refers to the gap in Internet application between the urban-rural residents. The index for survey is the Internet access popularization rates for urban-rural residents. The urban-rural Internet relative index (urban-rural DDI-Internet) can be used as major an index for survey of the urban-rural Internet digital divide.

In 2007, the Internet access popularization rate for the urban arenas is 27.4%, up 7.2% over the previous year with an increase by 35.8%; for the rural areas, 7.2%, 4.1% and 132% respectively (see Figure 2-7).

Concerning the relative gap, Internet access popularization rate in urban areas is 3.8 times as much as that in rural areas, down 58% over the previous years (6.5 times).

With regard to the absolute gap, the urban rate is 20.2% higher

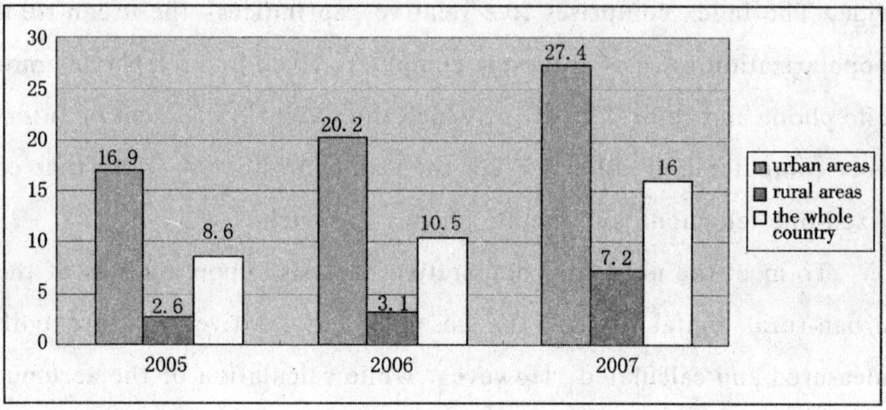

Figure 2 - 7 2005 - 2007 urban-rural Internet access popularization rate (%)

than the rural, up 4.1% over the previous year, with the gap widened by 18%.

The rural rate averages 45% nationwide, with a gap index of 0.55, 21.4% down from the previous index 0.7.

The urban-rural Internet access relative gap index is 0.74, indicating that Chinese urban-rural areas still have large digital divide in Internet application. The urban-rural gap index falls by 12.9% from the previous year. Before that, the gap index gets stable at around 0.85.

2.3.2 Computers

Urban-rural computer gap refers to the gap in possession and use of computer between urban and rural residents. The index for survey is the quantity (sets) of computer possession among 100 households of urban-rural residents. The relevant gap in urban-rural computer possession (urban-rural DDI-PC) is the major index for measuring urban-rural computer digital divide.

In 2007 there were 53.3 sets of computer among 100 households of urban residents, up 6.1 sets over the previous year with an increase of 12.9%, while in the rural areas, 3.4 sets, 0.7 sets, and 25% respectively (see Figure 2 - 8). As a result, the computer possession for urban households is 16 times higher than that for rural households.

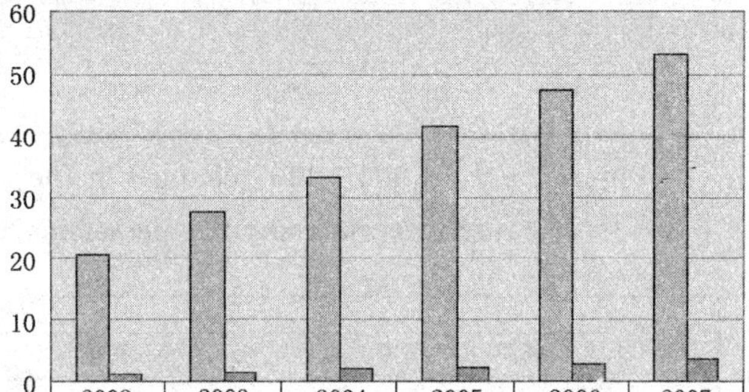

	2002	2003	2004	2005	2006	2007
computer possession among every 100 urban households	20.6	27.8	33.1	41.52	47.2	53.3
computer possession among every 100 rural households	1.1	1.4	1.9	2.1	2.73	3.4

Figure 2 - 8　2002 - 2007 changes in quantity of computer possession of urban-rural households (sets/100 households)

In 2007, as far as the absolute gap is concerned, the urban computer possession quantity among every 100 household was 49.9 sets more than their rural counterparts, up 5.4 sets over the previous year (see Figure 2 - 9).

Seen from the relative gap, the urban-rural computer relative gap index was 0.94 in 2007, that is, rural areas were 94% behind urban areas (see Figure 2 - 10). That indicates that a huge digital divide exits in computer application between the rural and urban areas. Then from the change trend, the urban-rural computer relative gap generally did not have considerable changes since 2000.

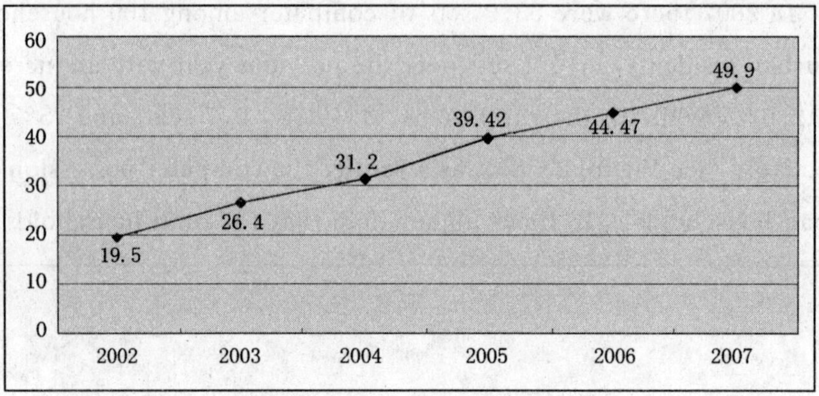

Figure 2 - 9　2002 - 2007 changes in the absolute gap of urban-rural computer possession (%)

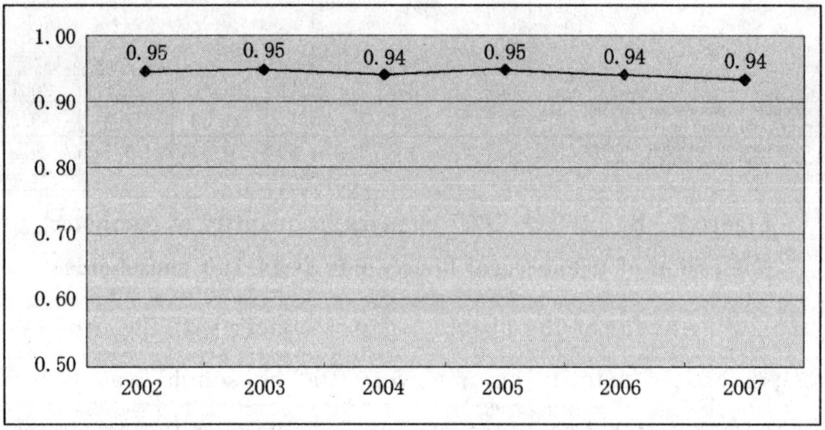

Figure 2 - 10　2002 - 2007 urban-rural computer relative gap index

2.3.3 Fix telephone

Urban-rural fixed-line telephone gap refers to the gap in urban-rural residents' possession and use of fixed-line telephone. The index for survey is urban-rural fixed-line telephone penetration rate. The urban-rural fixed-line telephone relative index (urban-rural DDI-fixed phone) is adopted as the major index for measuring the urban-rural fixed phone digital divide.

The fixed phone users nationwide in 2007 numbered 365,448,000 households, down 2,364,000 households over the previous year, of which the urban fixed phone numbered 248,594,000 households, down 2,793,000 households, while the rural numbered 116,855,000 households, up 430,000 households over the previous year.

The urban fixed phone penetration was 41.9 in 2007 (see Figure 2-11), down 1.7% over the previous year, marking for the first time drop of China's urban telephone diffusion.

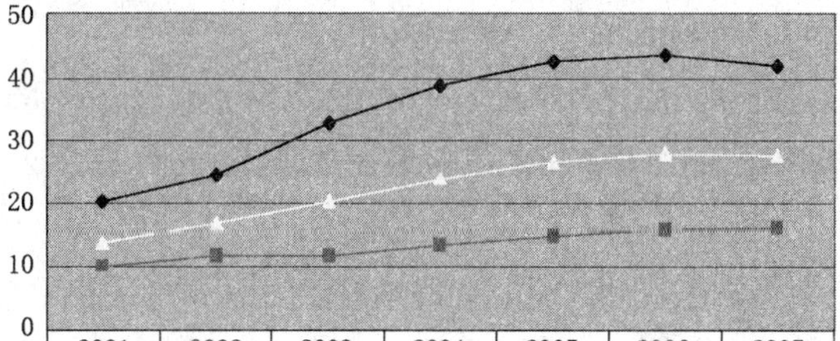

	2001	2002	2003	2004	2005	2006	2007
fixed telephone penetration rate in urban areas	20.4	24.8	32.7	38.8	42.7	43.6	41.9
fixed telephone penetration rate in rural areas	10.0	11.7	12.0	13.4	14.8	15.8	16.1
fixed telephone penetration rate in the whole country	13.9	16.8	20.4	24.0	26.8	28.0	27.7

Figure 2-11　2001-2007 changes in urban-rural fixed phone penetration rate (sets/100 persons)

The rural fixed phone penetration was 16.1% in 2007 (see Figure 2-12), up 0.3% over the previous year, at a prominently slow speed of increase.

Due to the initial fall of the general level of urban fixed phone penetration, there is a trend of further bridging of the gap in urban-

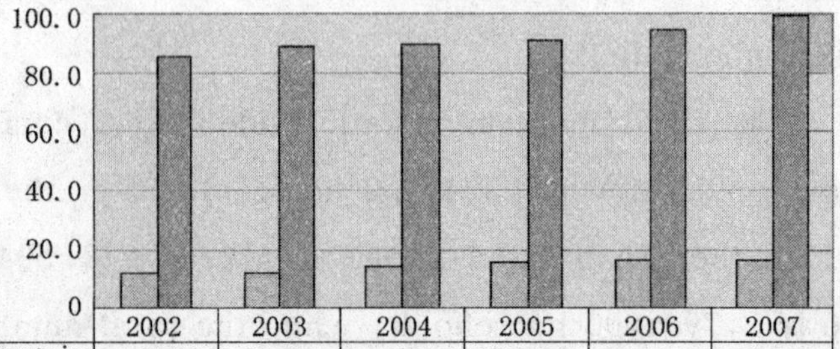

	2002	2003	2004	2005	2006	2007
fixed telephone penetration rate in rural areas (sets/100 persons)	11.7	12.0	13.4	14.8	15.8	16.1
ratio of administrative villages accessible to fixed phones (%)	85.3	89.2	89.9	91.2	94.4	99.5

Figure 2 – 12 Comparison between rural fixed phone penetration and proportion of administrative villages accessible to fixed phones in 2002 – 2007

rural fixed phone penetration.

From the perspective of the absolute gap, the absolute gap in urban-rural fixed phone penetration in 2007 was 25.8%, down 2% over the previous year, bridging by nearly 8% (see Figure 2 – 13). As is shown from the following figure, the urban-rural fixed phone absolute gap kept rising in the period 2002 – 2005 from 13.1% to 27.8%; it hovered in 2006 and started to drop for the first time in 2007. Though the drop is not significant, the change trend is already very evident.

From the aspect of relative gap, the relative gap index for the urban-rural fixed phone in 2007 was 0.62, that is, the rural areas are 62% behind the urban areas, indicating a marked gap between the two areas (see Figure 2 – 14). From the change trend, the urban-rural relative gap reached the peak in 2004, started to shrink after 2006, bridging the gap by nearly 5% within two years. The gap between the

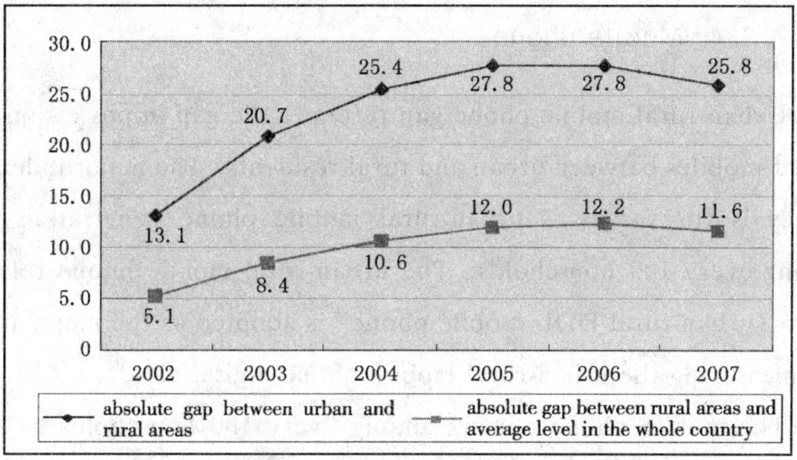

Figure 2 – 13 2002 – 2007 changes in the absolute gap of urban-rural fixed phone penetration (%)

rural areas and the whole country's average level also takes on roughly consistent in change trend.

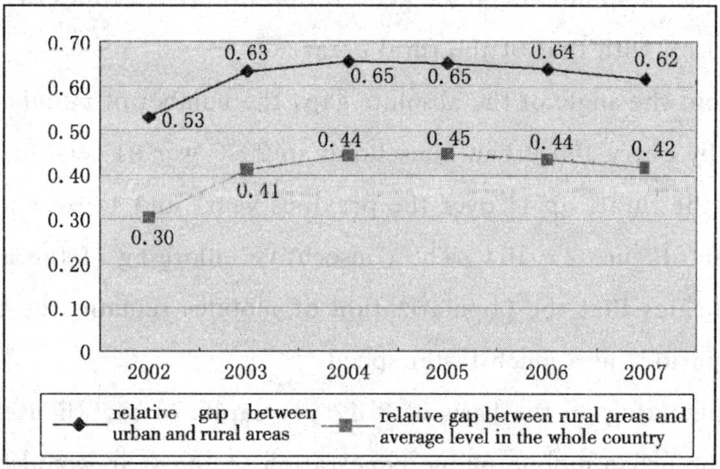

Figure 2 – 14 2002 – 2007 urban-rural fixed phone relative gap index

2.3.4 Mobile phone

Urban-rural mobile phone gap refers to the gap in possession and use of mobiles between urban and rural residents. The major index for survey is for survey is urban-rural mobile phone penetration rate among every 100 households. The urban-rural mobile phone relative index (urban-rural DDI- mobile phone) is adopted as the major index for measuring the urban-rural mobile phone digital divide.

The mobile phone owners among every 100 households in 2006 numbered 152.9 sets, up 15.9 set over the previous year with in increase of 11.6% while in every 100 households in rural areas the mobile owners numbered 62.1, up 11.9 over the previous year with in an increase of 23.5% (see Figure 2 - 15). The figures above indicate that urban household mobile phone penetration rate is 2.5 times as much in comparison with that of the rural areas.

From the angle of the absolute gap, the number of mobile phones owned by every 100 urban households in 2006 was 91 sets more than that of the rural, up 44 over the previous year, and 41 over the year 2002 (see Figure 2 - 16). The consecutive enlarging of the absolute gap indicates that the popularization of mobiles remains the fast increase period, at a much faster speed.

Calculating on the basis of 3.17 per capita in each household in 2006, the urban mobile phone penetration of the year would be 53% (53 sets among 100 family members). In reference to the international practice in setting the mobile phone saturation point - 100%, China's urban mobile phone diffusion is still in the peak period of fast

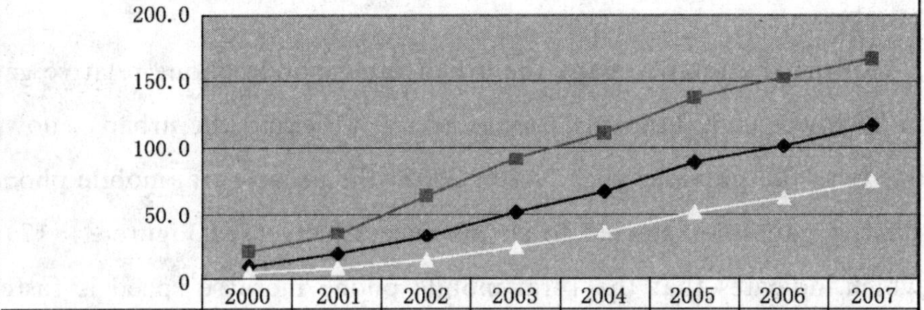

	2000	2001	2002	2003	2004	2005	2006	2007
average level of the whole country	9. 8	17. 9	32. 9	50. 6	66. 7	87. 5	101. 9	116. 6
urban areas	19. 5	34. 0	62. 9	90. 1	111. 4	137. 0	152. 9	168. 2
rural areas	4. 3	8. 1	13. 7	23. 7	34. 7	50. 2	62. 1	74. 5

Figure 2 - 15　2000 - 2007 changes of mobile possession in urban-rural families (sets/100 households)

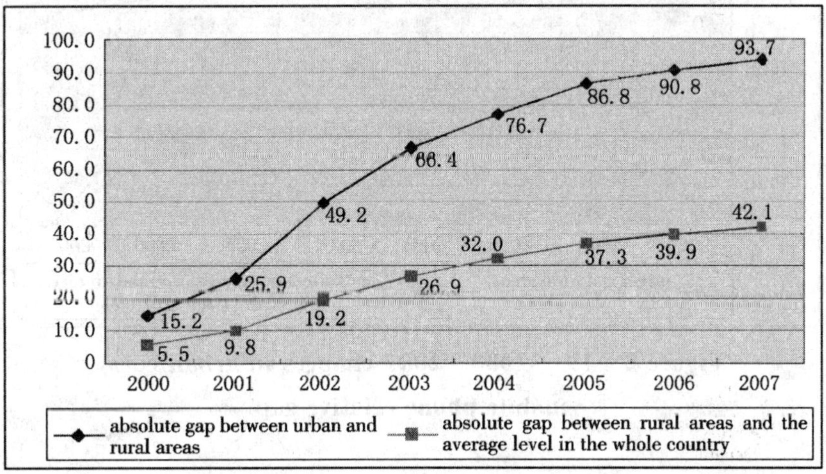

Figure 2 - 16　2000 - 2007 absolute gap in urban-rural mobile phone(%)

expansion. In the same year, the rural mobile phone penetration was about 23.5%, at the beginning of the expansion period. It can be predicted that after 2006, the urban mobile phone penetration rate would be slowing down while in the rural areas the rate might gear up, which may gradually shrink the mobile phone gap between the urban and rural areas.

From the relative gap, the urban-rural mobile phone relative gap in 2006 was 0.59 (the rural areas are 59% behind the urban), down 6% over the previous year. After 2002, the urban-rural mobile phone relative gap index started to shrink successively (see Figure 2 - 17), which indicates that the rural mobile phone increase speed is faster than that in the urban areas.

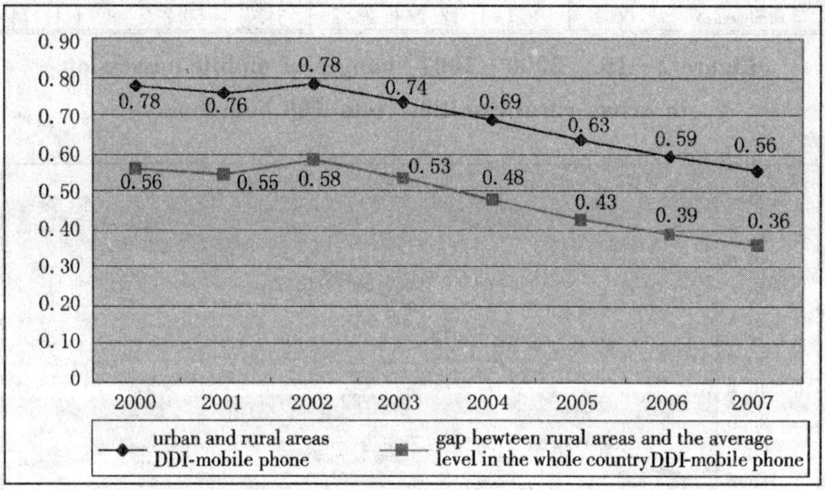

Figure 2 - 17 2000 - 2007 changes in urban-rural mobile phone relative gap

2.3.5 TV

Urban-rural TV gap refers to the gap in possession and use of TV sets between urban and rural residents, which is expressed with "urban-rural color TV set relative gap index (urban-rural DDI-color TV)." The major index for survey is the number of urban-rural residents' possession of color TV sets among every 100 households.

In 2006, among every 100 households, urban residents owned 137.43 sets (see Figure 2 – 18), up 2.63 over the previous year with an increase of 1.95% while in the rural areas, 89.43 sets, 5.43 sets, and 6.46%. As a result, the urban residents own 1.54 times as much as their rural counterparts.

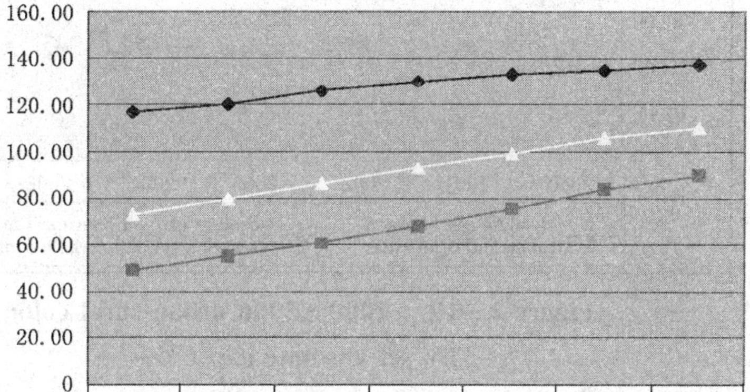

	2000	2001	2002	2003	2004	2005	2006
average level of the whole country	116.56	120.52	126.38	130.50	133.44	134.80	137.43
urban areas	48.74	54.41	60.45	67.80	75.09	84.00	89.43
rural areas	73.30	79.31	86.22	93.21	99.46	105.84	110.50

Figure 2 – 18　2000 – 2006 changes in number of color TV sets owned by urban-rural households (sets/100 households)

From the absolute gap, in 2006 the number of urban household owners of color TV sets was 48 sets more than rural owners (see Figure 2 – 19), down 2.8 sets over the previous year with the gap bridged by 5.5%. Compared to the year 2000, the urban-rural color TV set absolute gap was narrowed by 29.2%. The urban-rural color TV set gap was then successively closed mainly because the TV diffusion in the urban areas gradually approached saturation with the expansion obviously slowed down, while on the contrary the rural TV diffusion still have a greater space for increase.

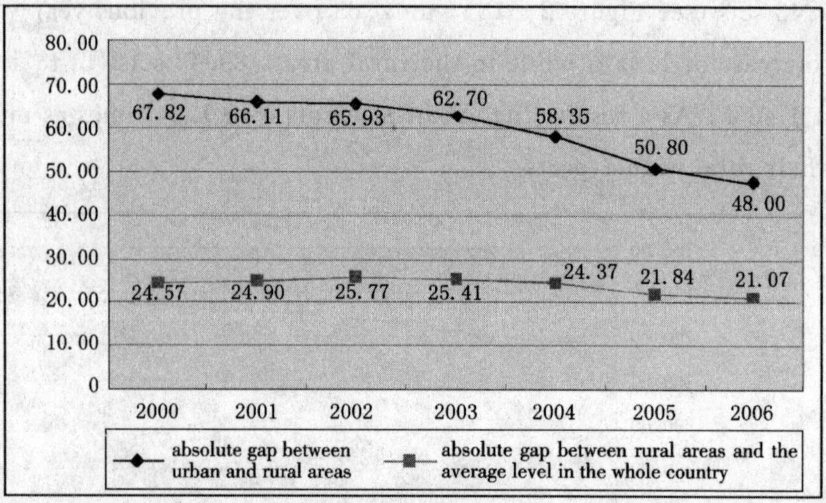

Figure 2 – 19 2000 – 2006 urban-rural color TV set absolute gap (%)

From the relative gap, in 2006 the urban-rural color TV set relative gap index was 0.35 (the rural areas were 35% behind the urban areas), down 8% approximately over the previous year(see Figure 2 – 20). Starting from the year 2000, however, the urban-rural color TV set relative gap index was narrowed in the following successive years, which indicates that the rural color TV set increase speed is faster than the urban.

2.3.6 Conclusions

The urban-rural digital divide composite index (urban-rural DDI) represents a composite index calculated on the basis of five items of relative gap index and coefficient in urban-rural information technolo-

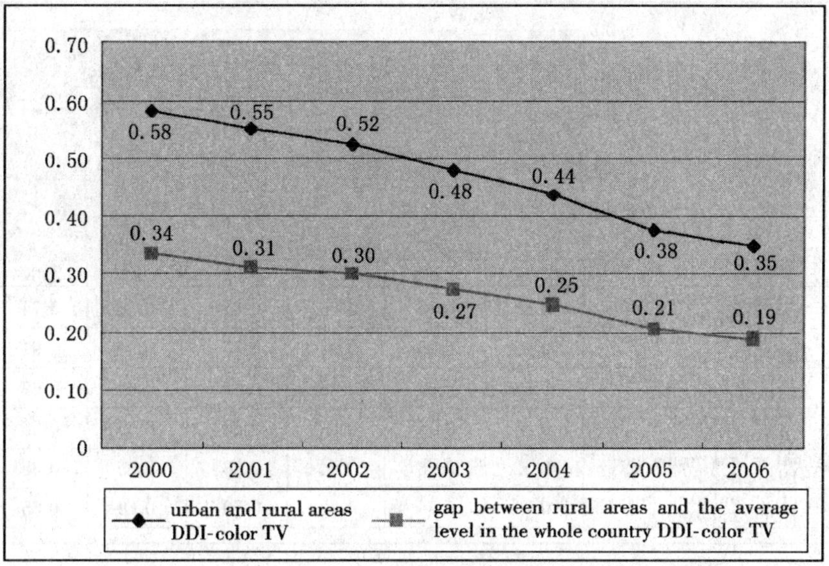

Figure 2 – 20　2000 – 2006 changes in urban-rural color TV set relative gap index

gy application, which reflects the general level of urban-rural digital divide, of which the relative gap weight coefficients of Internet, computer, color TV set are 1/4 each, and that of fixed and mobile phones, 1/8 each.

The calculation shows that in 2007 the general index of the urban-rural digital divide was 0.65 (see Figure 2 – 21), that is, the general level of rural information technology application was 65% approximately behind that of the urban areas, which indicates that there exists a marked digital divide between the urban and rural areas (see Figure 2 – 21).

Seen from the classified indices, the urban-rural digital divide can be mainly manifested in computer and Internet nowadays, with the

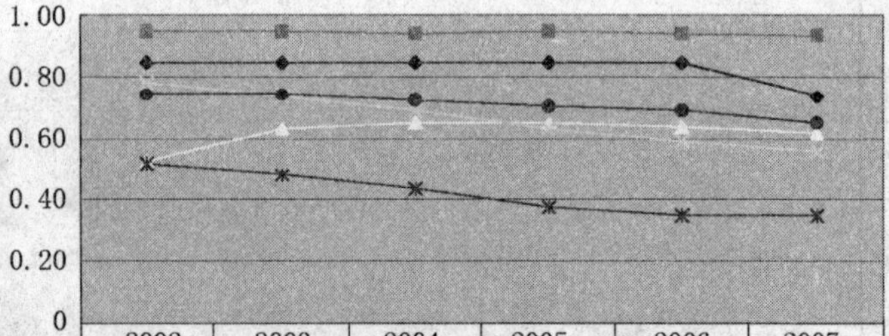

	2002	2003	2004	2005	2006	2007
urban and rural areas DDI-Internet	0.85	0.85	0.85	0.85	0.85	0.74
urban and rural areas DDI-computer	0.95	0.95	0.94	0.95	0.94	0.94
urban and rural areas DDI-fixed phone	0.53	0.63	0.65	0.65	0.64	0.62
urban and rural areas DDI-mobile phone	0.78	0.74	0.69	0.63	0.59	0.56
urban and rural areas DDI-color TV	0.52	0.48	0.44	0.38	0.35	0.35
urban and rural areas DDI (composite)	0.74	0.74	0.73	0.70	0.69	0.65

Figure 2 - 21　2002 - 2007 urban-rural digital divide index and changes

fixed and mobile phone gap at the medium weight and the color TV set at the least.

From the change trends, the urban-rural digital divide tends to get increasingly narrowed. In the period 2002 - 2007 the urban-rural digital divide dropped by 12.2%. Due to comparatively slow launch of rural information technology diffusion, the divide bridging speed was not fast enough. The situation changed greatly in 2007 thanks to significant increase of rural Internet subscribers in the year in addition to deeper penetration of mobile phones in the rural areas. As for the urban-rural computer popularization rate, the gap has no obvious changes in recent years.

2.4 Regional Digital Divide

Regional digital divide refers to the gap between regions in their possession and use of modern information technology. The report covers 31 provinces, autonomous regions and municipalities directly under the Central Government.

Regional digital divide indexes, which reflect the regional digital divide level, consist of Internet, computer, telephones, mobile phones, and colored TV. This report compares the lowest digital penetration rate to the national average when it comes to the relative gap of the above indexes between regions.

This report also calculates the gini coefficient between regions in an effort to reflect the regional gap and its trends.

2.4.1 Internet

This index refers to the gap between regions in the use of Internet. Specifically it means the penetration rate of the Internet.

The penetration rate of the Internet over the country reached 16% in 2007, an increase of 5.5% over the year before.

The gap between the penetration rate of the lowest-digital-level regions and the highest-digital-level regions and the national average is widening (see Figure 2 – 22). The Internet penetration rate of the lowest-digital-level region is 10% lower than the national average level in 2007, which is 6.6 times that of 2000 (a gap by 1.52%). The gap between the most underdeveloped and the most developed regions is even more outstanding. The Internet penetration rate in the most underdeveloped region is 19.91% lower than in the most developed region in 2000, which has widened to 40.6% in 2007.

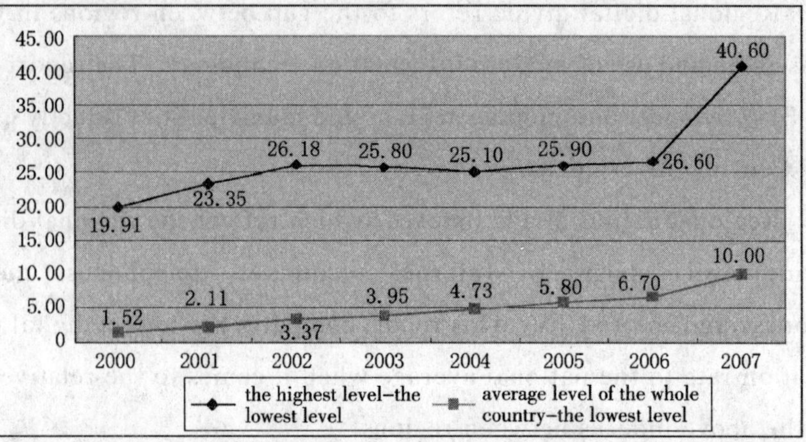

Figure 2 – 22　2000 – 2007 changes of the absolute differences between regions in the use of Internet (%)

The relative gap between regions in Internet use is declining (see Figure 2 – 23). The relative regional difference in Internet use is 0.63 in 2007, (which means that the Internet penetration rate of the lowest-digital-level regions is 63% lower than the national average), a fall of 26.7% from that of 2000 (or the gap has narrowed by 26.7%).

The Gini coefficient of the regional Internet penetration rate is 0.2930 in 2007. In regions where for the first time it was lower than that of per capita GDP the year before, the Gini coefficient is still falling. The drop of Gini coefficient reflects that the regional gap in Internet use is further narrowing (see Figure 2 – 24).

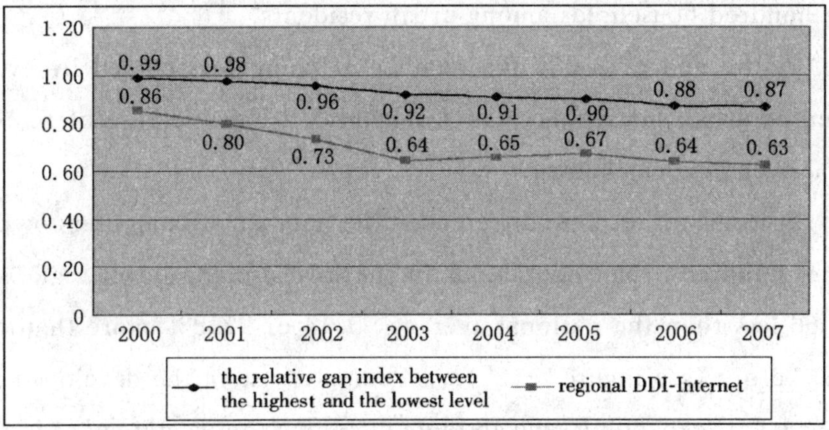

Figure 2 - 23 2000 - 2007 changes of the relative differences between regions in the use of Internet

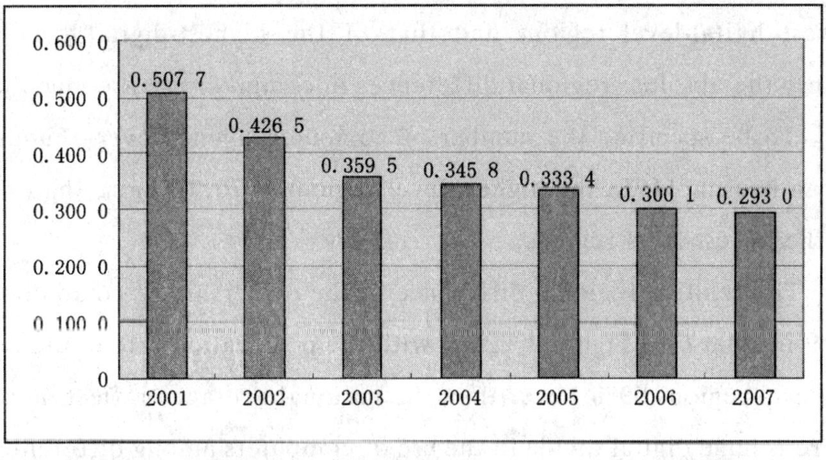

Figure 2 - 24 2001 - 2007 changes of the regional Gini coefficient of the use of Internet

2.4.2 Computers

This index refers to the gap between regions in the possession and use of computer, or specifically the number of computers owned by per hundred households among urban residents.

By the end of 2006, the number of computers owned by every hundred urban households had reached 47.2, an increase of 5.7 or 14% over the year before.

In terms of absolute difference, the number of computers owned every hundred urban households in the lowest-digital-level regions is 27.66 less than the national average, 5.14 or 22.8% more than the year before (see Figure 2-25). As computer use in the developed regions is fast expanding, the absolute difference between regions is also widening. Specifically, the absolute difference of computer use in 2006 is 3.7 times that of 2001. Comparing computer use rate of the lowest-digital-level regions and that of the highest-digital-level regions, the absolute regional differences in computer use are much larger. To be specific, the number of computers owned every hundred urban households in the highest-level regions is 76.16 more than that of the lowest-level regions.

The relative regional difference in the ownership of computers is 0.59 in 2006 (see Figure 2-26), with the penetration rate in the lowest-level regions 59% lower than the national average, reflecting that there is huge digital divide in the use of computers among different regions. The relative divide in the ownership and use of computers in recent years shows little signs of narrowing, instead, it widened in 2006. This shows that the expansion of computer use in the developed regions is very fast while that in underdeveloped regions is slow.

The Gini coefficient of computer penetration rate among urban households is 0.22 in 2006, a 6% fall from that of the year before,

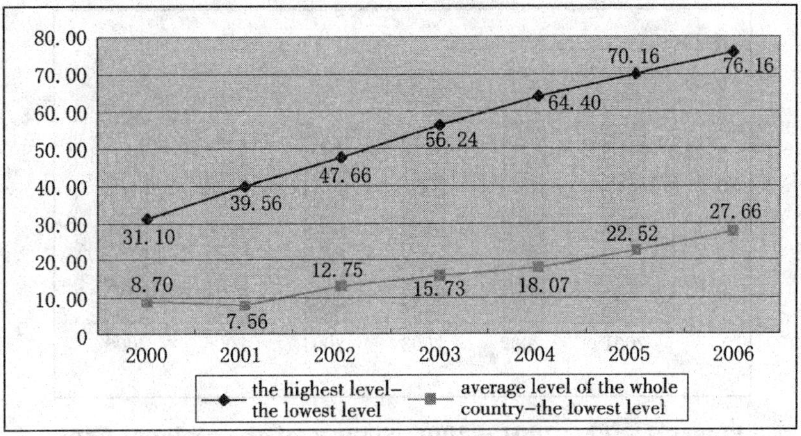

Figure 2 – 25 2000 – 2006 absolute regional differences in computer ownership and use (%)

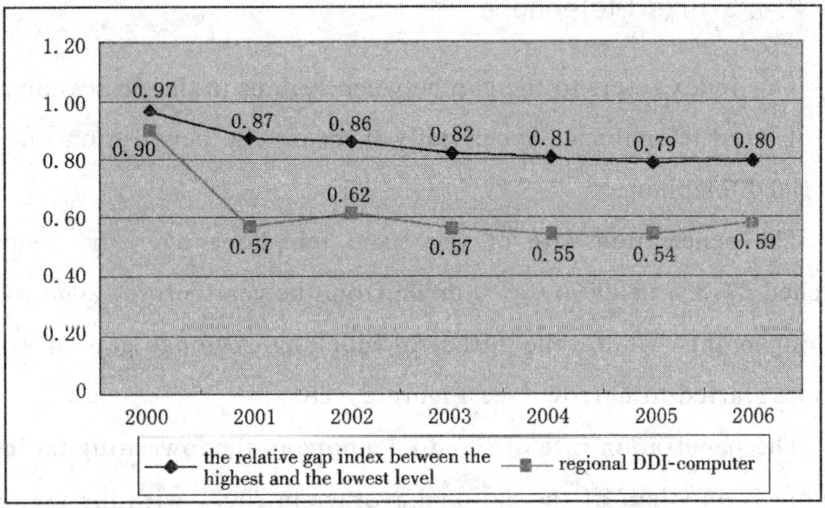

Figure 2 – 26 2000 – 2006 relative regional differences in computer ownership and use

and nearly 40% down from that of 2000 (see Figure 2 – 27). Generally, the regional gap in the penetration and use of computers is narrowing by the year.

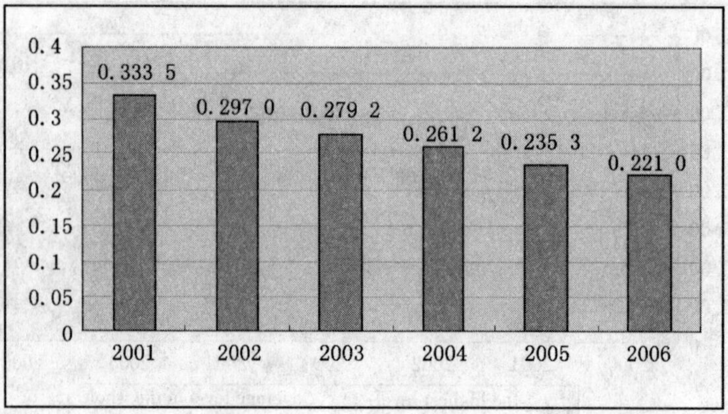

Figure 2 - 27　2001 - 2006 changes of the regional Gini coefficient of the use of computer

2.4.3 Fixed telephone

This index refers to the gap between regions in the possession and use of fixed telephones. Specifically it means the penetration rate of the fixed telephone.

The penetration rate of the fixed telephone over the country reached 27.8% in 2007, 0.3% down from the year before. 2004 was a turning point, where the hitherto widening regional gap in fixed phones started to narrow (see Figure 2 - 28).

The penetration rate of fixed telephone in the lowest-digital-level regions is only half of the national average in 2007, with the regional relative gap being 0.50 (see Figure 2 - 29), or the penetration rate of the fixed telephone in the lowest-level regions is 50% lower than that of the highest-level regions, a 15% drop from the peak value: 0.59 in 2004 or the difference is reduced by 15%.

The regional Gini coefficient of fixed phones in China is 0.2024

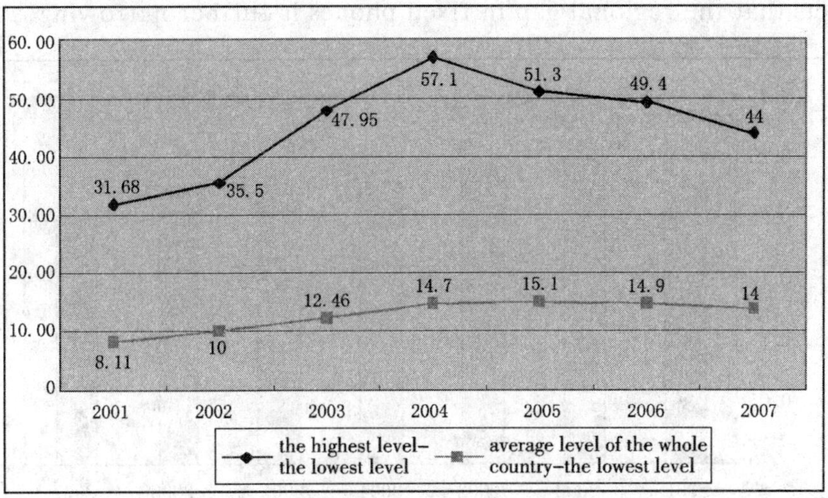

Figure 2 – 28 2001 – 2007 absolute regional differences in fixed telephone (%)

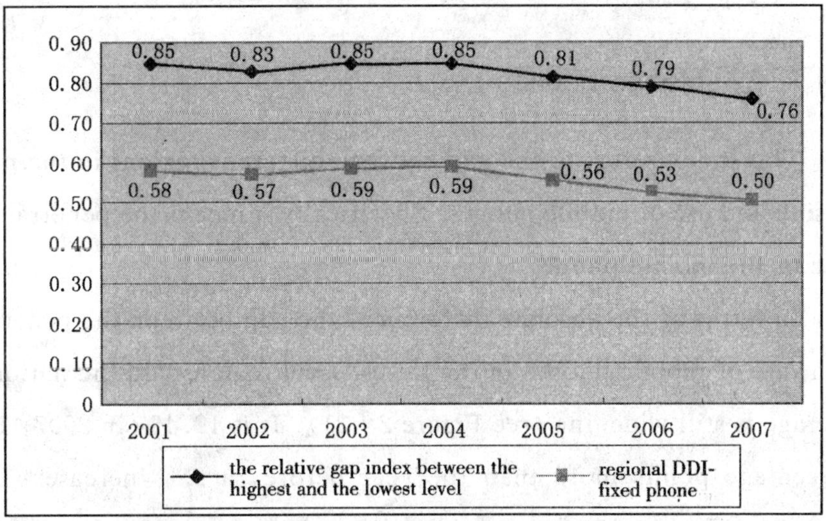

Figure 2 – 29 2001 – 2007 changes of regional relative differences in fixed telephones

in 2007 (see Figure 2 – 30), which shows a sliding tendency, and reflects that the regional gap in fixed phones is further narrowing.

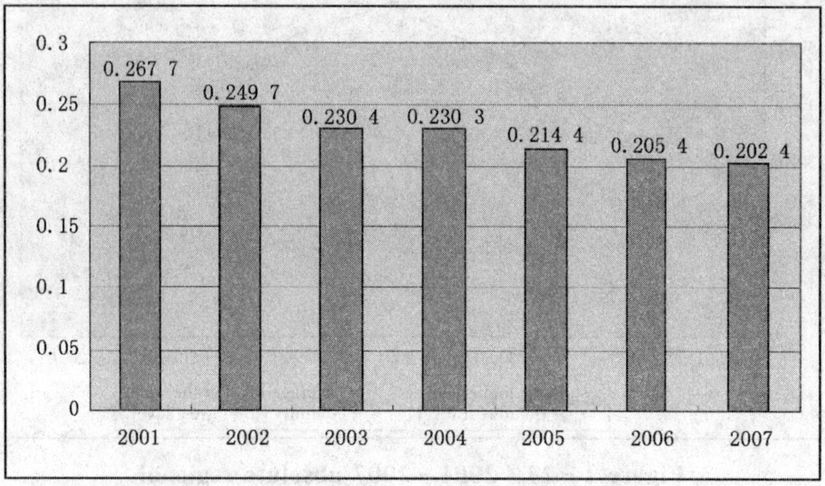

Figure 2 – 30 2001 – 2007 changes of regional Gini coefficient in fixed telephones

2. 4. 4 Mobile Phones

This index refers to the gap between different regions in the possession and use of mobile phones. Specifically it means the penetration rate of the mobile phones.

In terms of the absolute difference, the gap between the penetration rate of mobile phones in the lowest-level regions and the national average is still widening (see Figure 2 – 31). It is 19.4% in 2007, 1.6 percentage points more than the year before, a 9% increase. The main cause is that the use of mobile phones in a growing number of developed regions is fasting expanding, so that the national average growth rate of mobile phone use is higher than that of underdeveloped regions. Comparing the situation in undeveloped and developed regions, it is found out that things have changed. The gap between the lowest and highest regions has expanded from 39.9 percentage points in 2001 to 85.8 percentage points in 2005, and after 2006 the gap started to narrow, dropping to 78.9 percentage points in 2007. The reason for this is that the penetration rate of mobile phones in the highest region (Beijing) has reached the basic saturation point (100 sets/100 persons), so that the expansion process has run its course; while the lowest region has just entered its fast expansion period, with the growth rate of mobile phone use increasing.

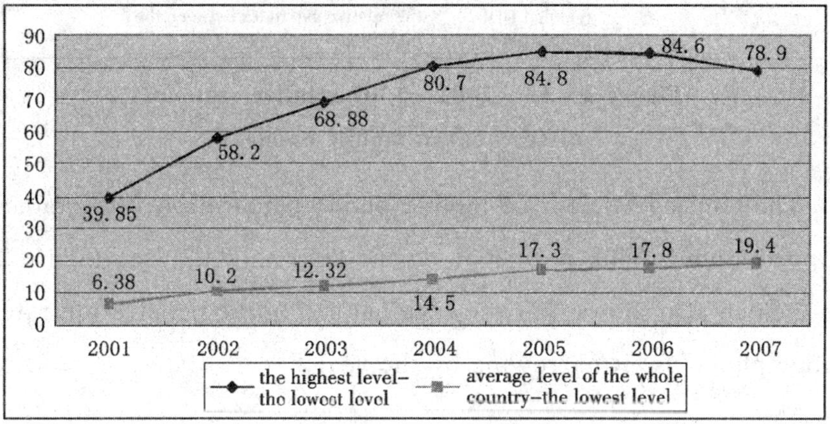

Figure 2 - 31　2001 - 2007 absolute regional differences in mobile phone (%)

The relative regional difference in mobile phone use is 0.78 in 2007 (see Figure 2 - 32), (which means that the mobile phone penetration rate of the lowest-digital-level regions is 78% lower than the national average), a fall of 13% from that of 2002 (or the gap has narrowed by 13%). The relative difference began to slide obviously after 2005 (when the penetration rate of mobile phones in the most underdeveloped regions reached 13%, a mark of the beginning of a period of fast expansion in mobile phone use).

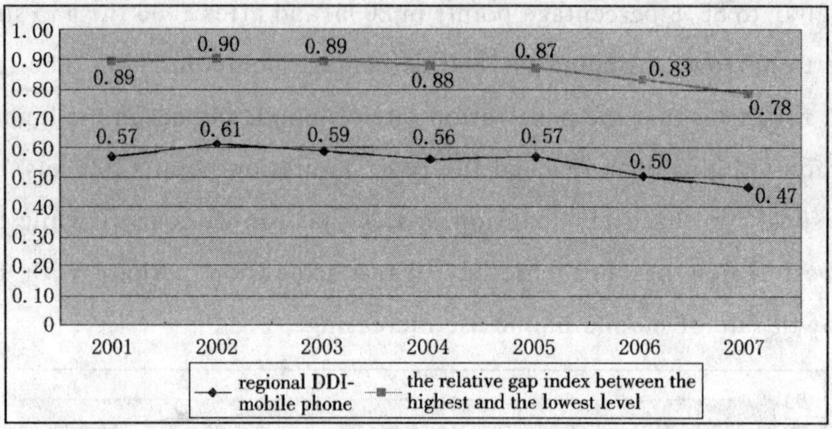

Figure 2 - 32 2001 - 2007 relative regional differences in mobile phone

The Gini coefficient of mobile phone penetration rate gradually dropped from 0.3602 to 0.2061 during 2001 to 2007 (see Figure 2 - 33), which also shows that the regional gap in the penetration rate of mobile phone use is narrowing by the year.

2.4.5 TV

This index refers to the gap between different regions in the possession and use of colored TV sets. The index is the number of TV sets owned by per hundred households among urban and rural residents.

"Relative regional gap in TV" consists of two indexes: relative regional gap in TV use among urban households, and relative regional gap in TV use among rural households, each accounting for 50% in its importance.

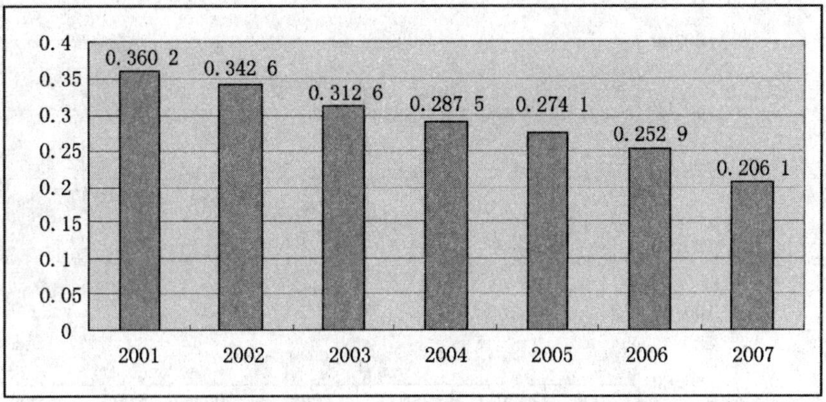

Figure 2－33　2001－2007 changes of regional Gini coefficient in mobile phones

Relative Regional Gap in TV Use among Urban Households

This index refers to the regional gap in the ownership and use of colored TV sets among urban residents, or specifically, the number of colored TV sets owned by per hundred urban households.

There are 178.7 TV sets per hundred urban households in the highest region (Shanghai) in 2006, an increase of two over 2005; while 104.7 TV sets in the lowest region, a drop of one TV set from 2005 (see Figure 2－34).

In terms of absolute difference, the number of TV sets owned per hundred urban households in the lowest region is 32.8 less than the national average, an increase of 3.7 over the year before; while 74 TV sets less than the highest region, an increase of 3 TV sets from the year before (see Figure 2－35).

The relative regional difference in urban use of colored TV sets is 0.24 in 2006 (see Figure 2－36), (which means that the color TV ownership rate of the lowest-digital-level regions is 24% lower than

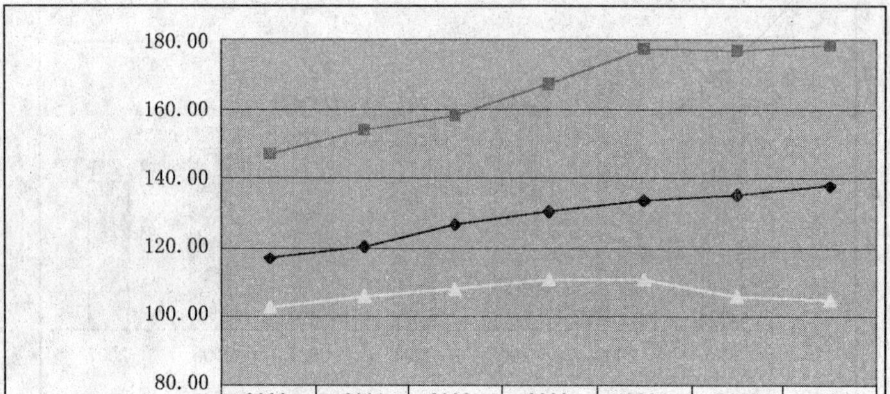

	2000	2001	2002	2003	2004	2005	2006
average level of the whole country	116.56	120.52	126.38	130.50	133.44	134.80	137.43
the highest level	147.00	153.60	157.78	167.60	177.50	176.70	178.66
the lowest level	102.48	105.61	107.63	110.44	110.53	105.70	104.66

Figure 2 - 34 2000 - 2006 number of colored TV sets owned by urban residents (sets/100 households)

the national average), an increase of 9% from that of the year before (or the gap has widened by 9%). The regional gap in urban residents' ownership of colored TV sets is further widening, mainly because urban residents in developed regions show a higher demand for more than one colored TV sets in a household, while those in underdeveloped regions are restrained by their income level and consumption habits.

Relative Regional Gap in TV Use among Rural Households

This index refers to the regional gap in the ownership and use of colored TV sets among rural residents, or specifically, the number of colored TV sets owned by per hundred urban households.

There are 166. 8 TV sets per hundred urban households in the

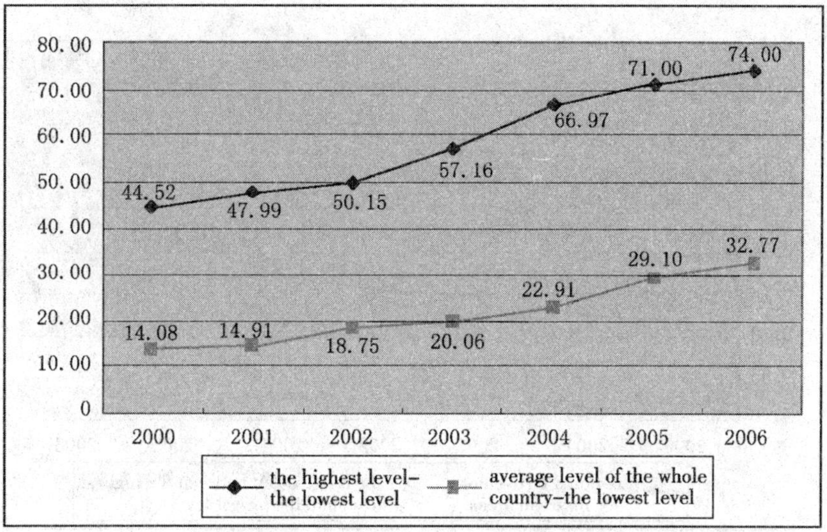

Figure 2 – 35 2000 – 2006 absolute regional differences in urban color TV sets use (sets/100 households)

highest region (Shanghai) in 2006, an increase of 9.5 TV sets over 2005; while 57.3 TV sets in the lowest region, an increase of 8.8 TV sets from 2005 (see Figure 2 – 37).

In terms of absolute difference, the number of TV sets owned per hundred urban households in the lowest region is 32.1 less than the national average, a drop of 3.3 from the year before; while 109.5 TV sets less than the highest region, an increase of 0.8 TV sets from the year before (see Figure 2 – 38).

The relative regional difference in rural use of colored TV sets is 0.36 in 2006 (see Figure 2 – 39), (which means that the colored TV ownership rate of the lowest-digital-level regions is 36% lower than the national average), a drop of 14% from that of the year before (or the gap has narrowed by 9%).

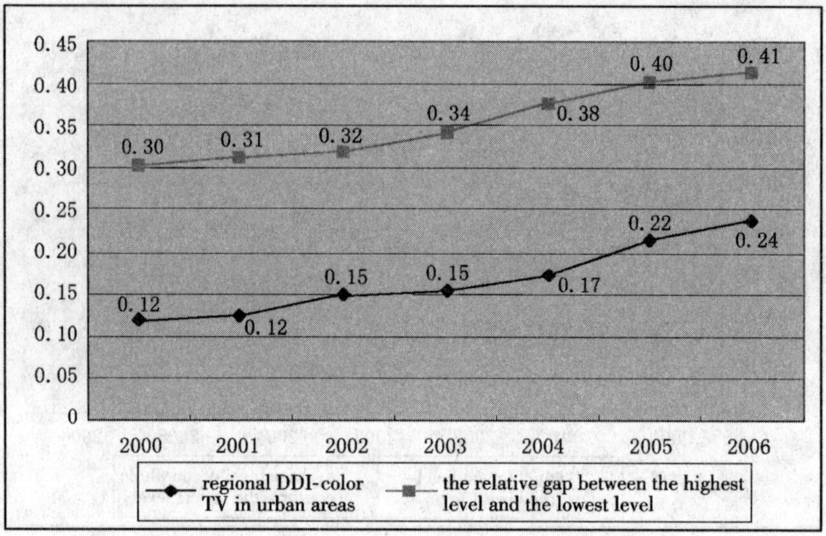

Figure 2 – 36 2000 – 2006 relative regional differences in urban color TV sets use

Relative Regional Gap in TV

This index refers to the regional gap in the ownership and use of colored TV sets, or specifically, the number of colored TV sets owned by per hundred urban households, consisting of two components: Urban Colored TV Use and Rural Colored TV Use, each accounting for 50% in importance.

The relative regional difference in the use of colored TV sets is 0.30 in 2006 (see Figure 2 – 40), (which means that the colored TV ownership rate of the lowest-digital-level regions is 30% lower than the national average), a drop of 6% from that of the year before (or the gap has narrowed by 6%).

Since 2000 the relative regional gap in the use of TV has been declining by the year, with the gap between the lowest region and the

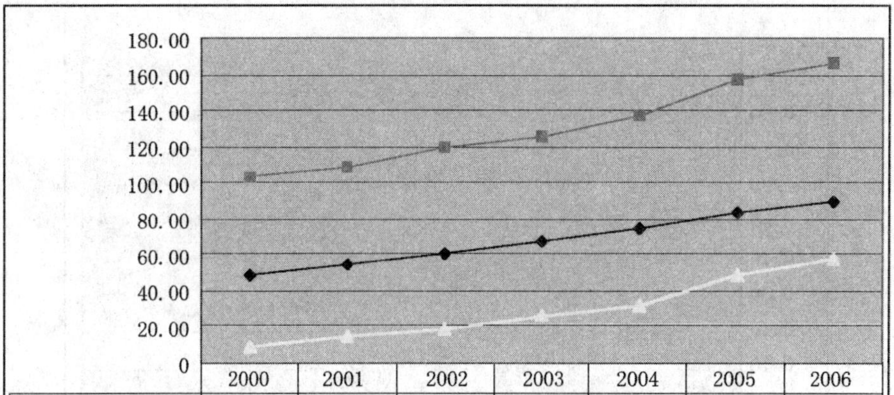

	2000	2001	2002	2003	2004	2005	2006
average level of the whole country	48. 74	54. 41	60. 45	67. 80	75. 09	84. 00	89. 43
the highest level	103. 20	108. 93	119. 50	125. 17	137. 17	157. 33	166. 83
the lowest level	8. 96	14. 58	18. 96	26. 46	32. 29	48. 54	57. 29

Figure 2 - 37　2000 - 2006 number of colored TV sets owned by rural residents (sets/100 households)

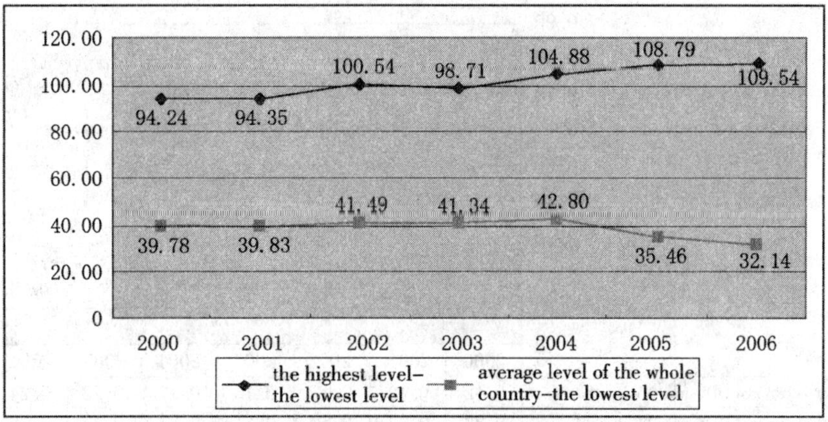

Figure 2 - 38　2000 - 2006 absolute regional differences in rural color TV sets use (sets/100 households)

national average dropping by 36% in six years. It is mainly due to the narrowing regional gap in the rural ownership of colored TV sets (a

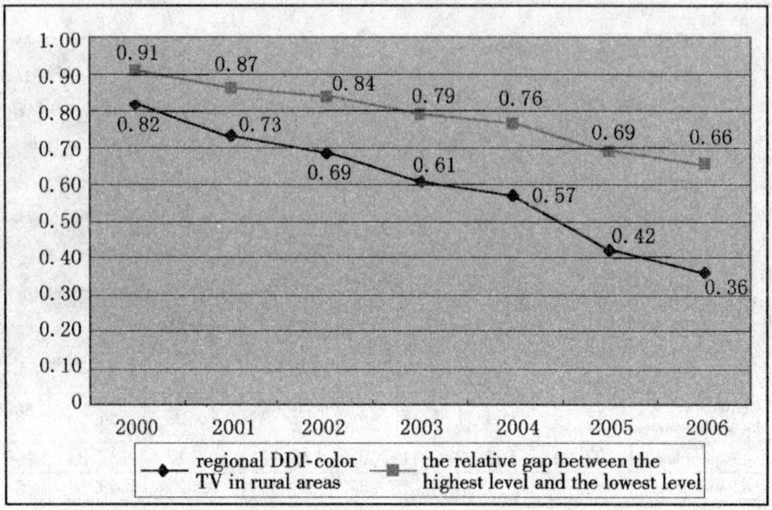

Figure 2 – 39　2000 – 2006 relative regional differences in rural color TV sets use

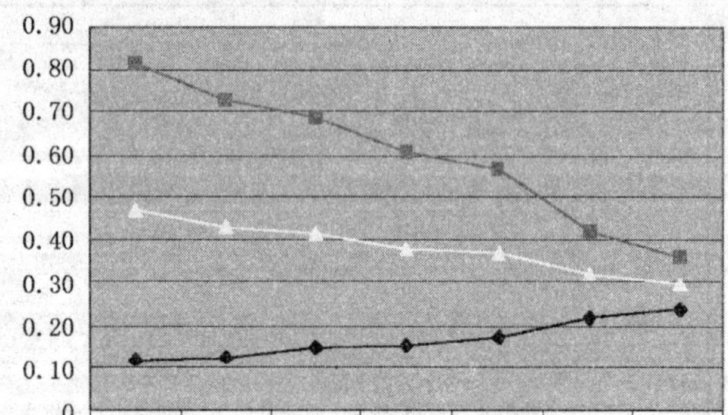

	2000	2001	2002	2003	2004	2005	2006
regional DDI-color TV in urban areas	0.12	0.12	0.15	0.15	0.17	0.22	0.24
regional DDI-color TV in rural areas	0.82	0.73	0.69	0.61	0.57	0.42	0.36
regional DDI-color TV	0.47	0.43	0.42	0.38	0.37	0.32	0.30

Figure 2 – 40　2000 – 2006 relative regional differences in TV ownership and use

drop of 56% in six years), in contrast to the widening regional gap in the urban ownership of colored TV sets (a growth of 50% in six years).

2.4.6 Conclusions

This is a composite index that reflects the regional gap in the ownership and use of major IT products, or specifically the composite gap between the most underdeveloped region and the national average. "Regional DDI" consists of Internet, computer, colored TV sets, fixed telephone, mobile telephone, with the first three each accounting for 25% in importance, while the last two each accounting for one eighth in importance.

The regional digital divide index is 0.50 in 2007 (see Figure 2-41), or the comprehensive use level of IT products in the lowest region is 50% lower than the national average, which shows that there is a large digital gap between regions.

There is a large regional digital divide in the use of IT, most outstanding in the use of Internet (0.63), least outstanding in the use of colored TV sets (0.30), between them computer (0.59), fixed telephone (0.50), and mobile phone (0.47).

Generally the regional digital divide is falling by the year, specifically a drop of 15% in 2001 to 2007.

2.5 Digital Divide between Genders

Digital divide between genders refers to the gap between genders in their possession and use of modern information technology.

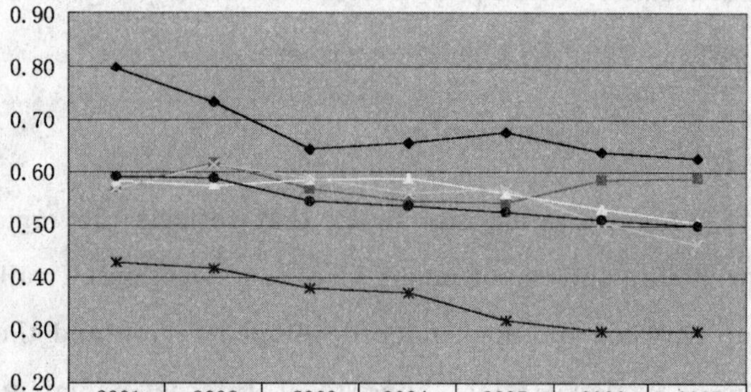

	2001	2002	2003	2004	2005	2006	2007
regional DDI-Internet	0.80	0.73	0.64	0.65	0.67	0.64	0.63
regional DDI-computer	0.57	0.62	0.57	0.55	0.54	0.59	0.59
regional DDI-fixed phone	0.58	0.57	0.59	0.59	0.56	0.53	0.50
regional DDI-mobile phone	0.57	0.61	0.59	0.56	0.57	0.50	0.47
regional DDI-color TV	0.43	0.42	0.38	0.37	0.32	0.30	0.30
regional DDI	0.59	0.59	0.54	0.54	0.53	0.51	0.50

Figure 2 - 41 2001 - 2007 changes of regional digital divide indexes

Gender digital divide general index refers to the major index to reflect gender digital divide level. It is most reflected in the penetration rate of Internet in this report.

By the end of 2007 there had been 120.12 million male Internet users in China, 40.25 million more than 2006, an increase of 50.4%. Male Internet users accounted for 57.2% in China, a drop of 1.1 percentage point from 2006. Penetration rate of Internet among men is 17.7%, an increase of 48.7% (see Table 2 - 1).

There had been 89.88 million female Internet users in China, 32.75 million more than 2006, an increase of 57.3%. Female Internet users accounted for 42.8% in China, a growth of 1.1 percentage point from 2006. Penetration rate of Internet among women is 14.1%, an increase of 55.6%.

Table 2 - 1 2001 - 2007 Internet penetration rate among genders and its contrasts

Year	2001	2002	2003	2004	2005	2006	2007
male Internet users (ten thousand)	2 022	3 505	4 802	5 696	6 516	7 987	12 012
female Internet users (ten thousand)	1 348	2 405	3 148	3 704	4 584	5 713	3 275
Internet penetration rate among men (%)	3.08	5.3	7.21	8.5	9.7	11.9	17.7
Internet penetration rate among women (%)	2.18	3.28	5.02	5.88	7.3	9.0	14.1
absolute difference (percentage point)	0.9	2.02	2.19	2.62	2.4	2.9	3.6
relative difference	0.29	0.38	0.30	0.31	0.25	0.24	0.20

After the Internet penetration rate reached 11.9% among men, and 9% among women in 2006, the expansion of Internet starts to accelerate, an increase of respectively 5.8% and 5.1% in 2007 (see Figure 2—42).

In terms of absolute difference, the Internet penetration rate among men is 3.6% more than among women in 2007 (see Figure 2 - 43), an increase of 0.7% from last year. Generally, the absolute difference is widening, though not hugely.

In terms of relative difference, the digital divide between genders is 0.20 in 2006 (or the use rate of internet among women is 24% lower than that among men), further narrowing (see Figure 2 - 44). This shows that there is a gap between men and women in the use of Inter-

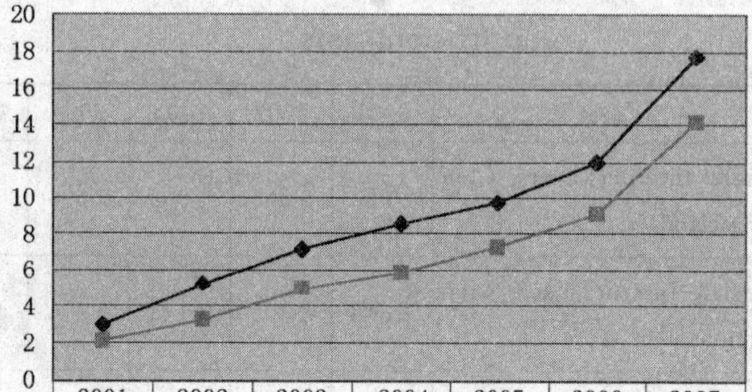

	2001	2002	2003	2004	2005	2006	2007
Internet penetration-male (%)	3. 08	5. 3	7. 21	8. 5	9. 7	11. 9	17. 7
Internet penetration-female(%)	2. 18	3. 28	5. 02	5. 88	7. 3	9	14. 1

Figure 2 - 42　2001 - 2007 Internet penetration rate among genders and its contrasts

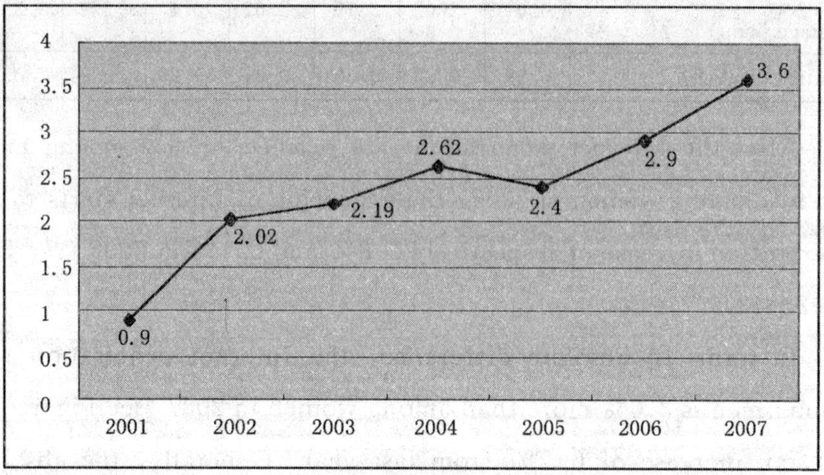

Figure 2 - 43　2001 - 2007 changes of the absolute differences between genders in Internet use (%)

net, though just slightly.

Generally, the gender digital divide at the emerging period of Internet is most obvious. In 1998, the Internet penetration rate among men is 5.6 times that of women, with the digital divide index reaching 0.82. With the passing of time, the gender digital divide is narrowing gradually. The gender digital divide has dropped 47% during 2002 to 2007.

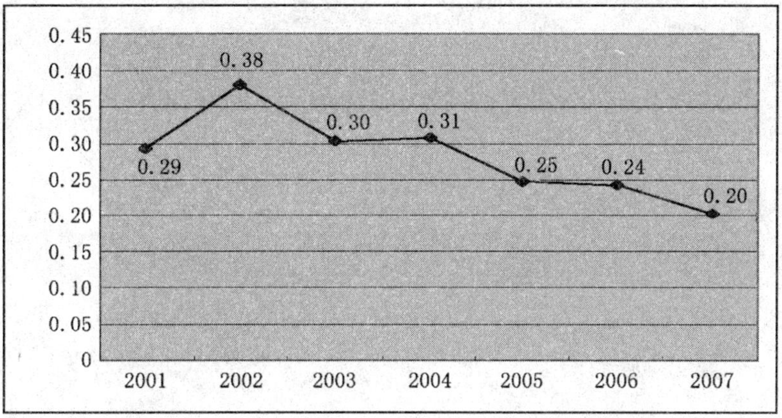

Figure 2 - 44　2001 - 2007 changes of gender digital divide

Chapter 3 The Status Quo and Trend of the Digital Divide in EU

3.1 Overall Situation

Concern with the digital divide across the European Union is principally a concern about the e-inclusion of citizens as the EU has grown from its original six member states in 1962 as the European Economic Community (EEC) under the 1957 Treaty of Rome, through its expansion to fifteen member states (EU15) from Western Europe by 1995, to its present-day 27 member states (EU27) through the accession of countries mostly from Eastern Europe (EU27). This represents a considerable challenge of integration of different languages and cultures, legal and political systems, economic development and stages of modernization. For this reason the primary policy focus of the European Commission (EC) has been on harmonization across the European Community and e-Inclusion is one of the important elements, the opportunity for every citizen to participate in, benefit from and contribute to, the life of the Community.

3.2 Regional Digital Divide

In this paper, member states of the EU27 are treated as regions, correspondent with provinces in the PRC. This is because the EU15 consists of western states and relatively high income economies, while the new member states of south east and east Europe are mostly lower-income and less developed economically, thus more comparable to the provinces of south west and western PRC.

The digital divide remains substantial but clearly declines from an estimated 0.90 in 2001 to 0.62 in 2007 (see Table 3 - 1, Figure 3 - 1). The drivers of this trend are shown in Table 1. While the narrowing of the divide has been modest for fixed line telephones, it has been dramatic for mobile phones, falling by almost fifty percent over the period. The Internet gap has narrowed significantly not only as more households have fixed line access but also owing to the rapid spread of PIAP or 'public Internet access points', such as Internet cafes and WiFi access in public places, and crucially to the growing percentage of the population that has access to a computer. By 2007, even in the member state with the lowest level of computer penetration, 37 per cent of individuals had access. Falling computer prices and greater accessibility are behind this trend, but connectivity to the Internet remains the main obstacle as the relatively slow decline in the index for fixed line phones suggests.

Table 3 - 1 Regional digital divide diffusion index—EU 27

	2001	2002	2003	2004	2005	2006	2007
Telephone	0.75	0.73	0.70	0.70	0.70	0.72	0.69
Mobile	0.77	0.79	0.73	0.67	0.61	0.48	0.38
Internet	0.94*	0.86	0.81	0.79	0.77	0.79	0.75
Computers	0.98*	0.92*	0.86*	0.80	0.71	0.63	0.58
DDI	0.90*	0.86*	0.80*	0.76	0.71	0.67	0.62

* extrapolation

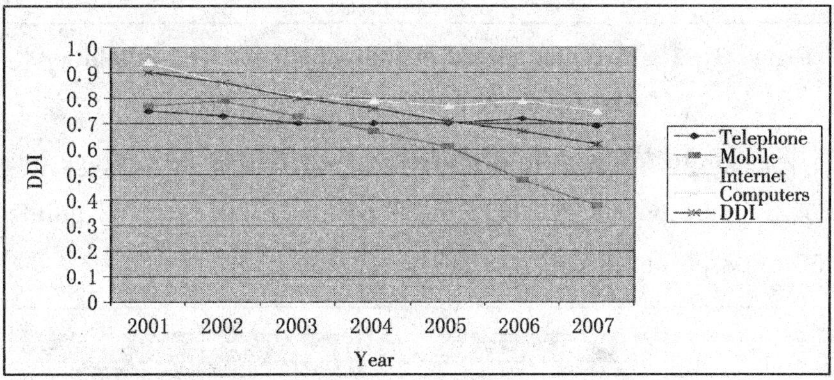

Figure 3 - 1 Regional digital divide diffusion index-EU27

3.2.1 Internet

There has been a remarkable transformation across the 27 member states of the EU in terms of the percentage of individuals accessing the Internet on a regular basis (at least once a week). In 2002 the range for the 12 new member states was between 8 per cent (Bulgaria) to 38 per cent (Slovenia) whereas the range for the EU15 was 13 per cent (Greece) to 57 per cent (Sweden). By 2007 the range of the EU12 was 39 per cent (Lithuania and Malta) to 65 per cent (Slovenia) and for the EU15 from 23 per cent (Greece) to 77 per cent (Sweden) (see Figure 3 - 2).

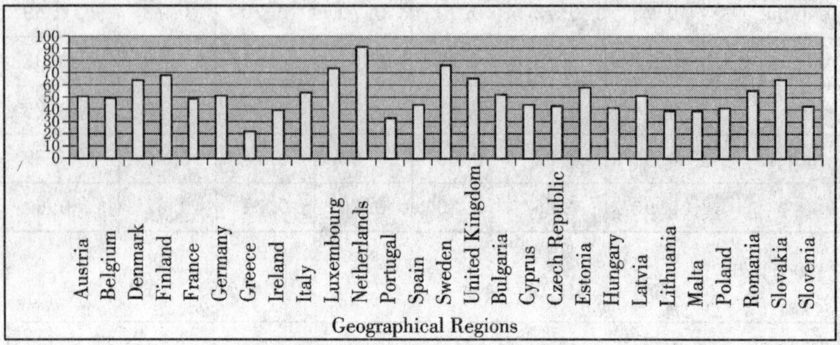

Figure 3 - 2　Regional spread of individuals per 100 inhabitants who regularly use the Internet, 2007

In absolute terms, the disparity grew from 49 percentage points in 2002, to 51 points in 2003, to 59 points in 2004, to 62 points in 2005, to 68 points in 2007 (see Figure 3 - 3).

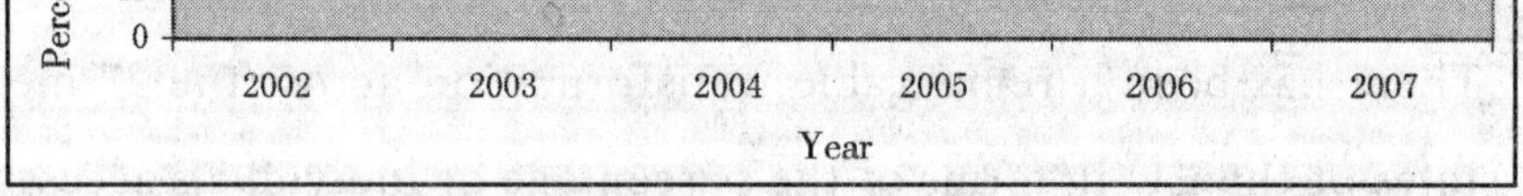

Figure 3 - 3　Changes in absolute disparity between regular Internet users regionally

Time difference can be a meaningful measure when policies and the institutions for carrying them out are roughly similar, and the macro-economic circumstances of the regions are also roughly similar, but these conditions are less in evidence across the EU when comparing member states of the north-west, the south and the east. As the following table illustrates, Bulgaria in five years has reached where Denmark was in 2002, whereas Greece, which stood ahead of Bulgaria in 2002, by 2007 had only reached the position of Portugal in 2002, and Portugal has fallen behind Bulgaria (see Table 3 – 2).

Table 3 – 2　Percentage of individuals who are regular Internet users

	2002	2003	2004	2005	2006	2007
Bulgaria	8	12	37	39	42	44
Greece	13	15	18	18	18	23
Portugal	22	26	24	27	30	33
Denmark	44	46	50	53	58	64

3.2.2 Computers

Falling computer prices and greater opportunity to purchase computers in new member states have been drivers in reducing the digital divide. This is true for computers bought by enterprises, by Internet cafes as PIAPs and by individual consumers, and they all offer individuals greater opportunity to use computers. For young people this also includes the use of computers to play computer-games. Since the way in which computers are used determines such things as access to e-government, e-education and e-health, and the adoption of e-commerce, this suggests that the purpose for which computers are used is an important factor in estimating the contribution computers are making to close the digital divide. The percentage of individuals who have used a computer over the past one year rose in the new EU12 states from a range in 2004 of 18 per cent (Romania) to 62 per cent (Slovenia) to 37 per cent (Bulgaria) to a range in 2007 of 68 per cent (Slovenia), compared to ranges of 29 per cent (Greece) to 88 per cent (Sweden) in 2004 to 43 per cent (Greece) to 89 per cent (Sweden) in 2007 (see Figure 3 - 4).

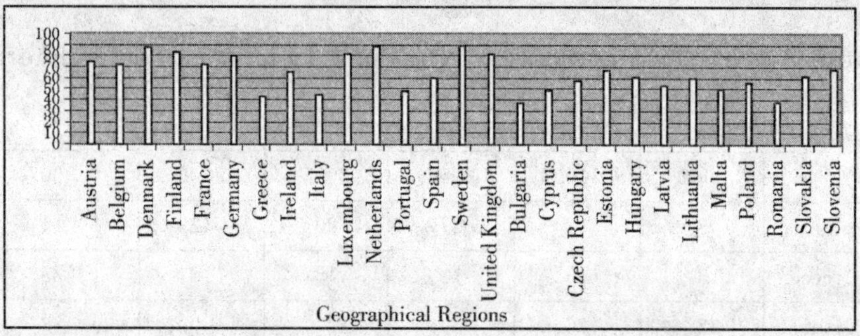

Figure 3 - 4 Regional spread of individuals per 100 inhabitants who have used a computer in the past year, 2007

In absolute terms, the disparity fell from 70 percentage points in 2004, to 62 points in 2005, to 57 points in 2006, to 52 percentage points in 2007 (see Figure 3 - 5).

3.2.3 Fixed telephones

Although it is sometimes more appropriate to measure the percentage of households that have fixed telephones, the generally available statistic is teledensity or telephones per 100 inhabitants (see Figure 3 - 6). However, the distinction is fast losing its relevance with the spread of mobile phones, especially pre-paid, particularly in regions at the wrong end of the digital divide. The substitution of mobile

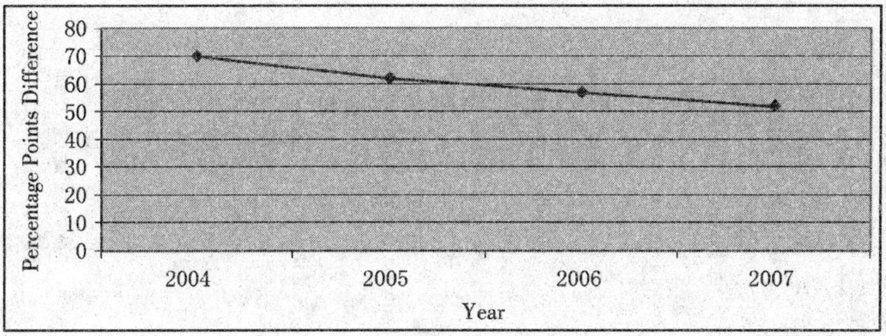

Figure 3 - 5 Changes in absolute disparity between computer users regionally

for fixed, and in some cases the convergence of the two as fixed-wireless handsets can be used outdoors, has seen a fall in fixed line teledensities in many of the high income economies and a reduced rate of growth in low income economies as customers turn to mobile and other alternatives, such as Internet telephony. The primary relevance of fixed mainlines for the digital divide lies in the fact that they still provide the main access to the Internet. This will become less the case as broadband wireless technologies such as LTE mobile cellular and WiMax become more widely available, particularly in regions where there are few legacy fixed line networks to upgrade. The counter-development will be the spread of fixed line broadband access using a variety of technologies, such as DSL and Ethernet, and modes of transmission, including fibre optical telecom cables and coaxial TV cables, which have a proven capacity to provide the highest bandwidths and fastest speeds. Future estimates of the digital divide will need to take these technology developments into account.

In absolute terms, the disparity fell from 58 percentage points in

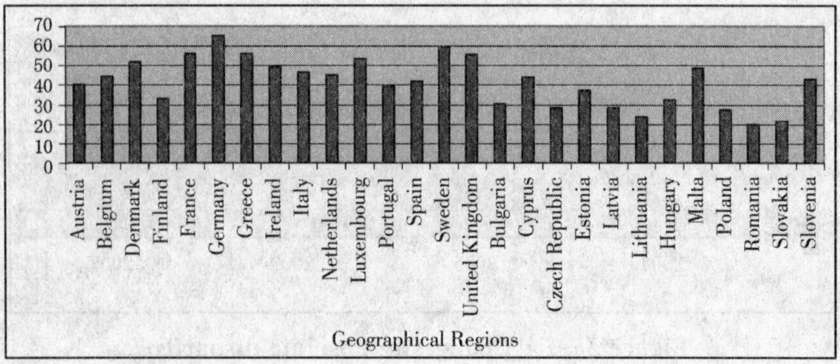

Figure 3－6　Fixed phones per 100 inhabitants, 2007

2001, to 50 points in 2002, to 46 in 2003 and 2004, then rose slightly to 47 points and 48 points in 2005 and 2006, and then fell to 45 points in 2007. But these data are misleading, because already by 2001 mobile phones outnumbered fixed line phones in all but five member states, and by 2003 in all states (see Figure 3－7).

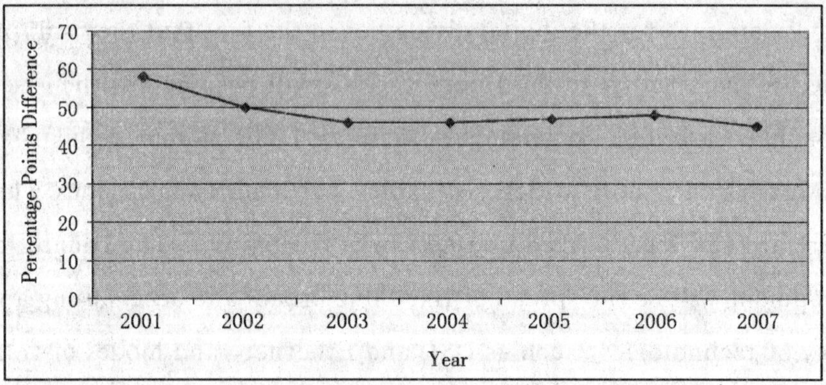

Figure 3－7　Changes in absolute disparity between fixed phones regionally

3.2.4 Mobile Phones

In many of the new EU member states the first network an individual joins is a mobile network. Mobile phones are owned mostly by individuals in contrast to fixed line phones which are mostly located in households (residential) and offices (business) or in public callboxes. Fixed-mobile substitution (FMS) is gathering pace in most countries as mobile networks improve in quality and bandwidth, and the new generation of mobile phones ('smartphones') is *de facto* handheld computers running on operating systems (OS). In lower income countries the level of mobile phone penetration has been driven in large part by the use of pre-paid cards and individuals may own more than one, hence the penetration rate can easily exceed 100 percent (see Figure 3 – 8). Data on mobile subscribers includes active pre-paid cards. The data shows that the divide in mobile phones has fallen very rapidly across the EU27. The divide index has dropped from 0.77 in 2001 to 0.38 in 2007. From a policy perspective this suggests that licensing policies (either conservative or liberal) have an effect upon the level of investment in new network technologies and on the divide on a country-by-country basis.

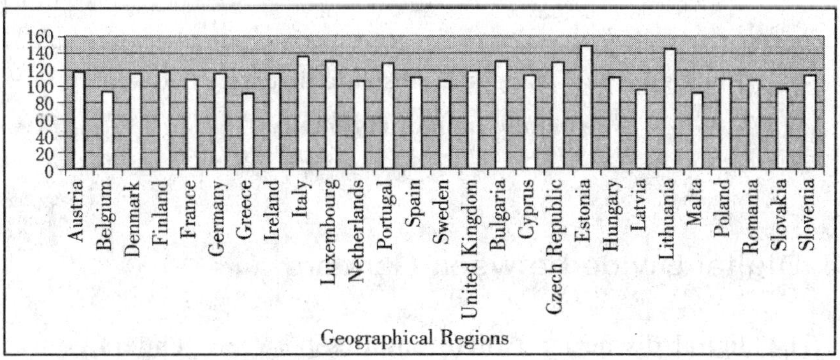

Figure 3 – 8 Mobile subscription per 100 inhabitants, 2007

In absolute terms, the disparity rose from 72 percentage points in 2001, to 84 points in 2002, to 88 in 2003, to 96 in 2004, and then fell sharply to 60 points in 2005 and 58 points in 2006 and 2007 (see Figure 3-9). The actual figures need to be treated with caution because of problems such as double counting when individuals subscribe to more than one prepaid card service and different policies by service operators towards deleting the accounts of customers who have long ceased using their service. But as general trend it is clear that the rapid spread of mobile phone networks in the EU15 has spread to the new member states as new operating licences have been issued and competition between service providers has driven down costs.

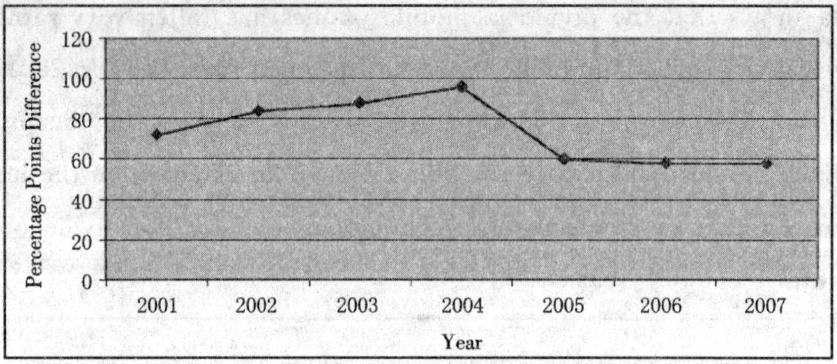

Figure 3-9 Changes in absolute disparity between mobile phones regionally

3.3 Digital Divide between Genders

The digital divide as it differentiates between genders is usually measured in terms of levels of access and usage of ICTs by males and females from comparable populations, for example, of similar ages or levels of education or whether dwelling in urban or rural areas. Data of this type represents an incomplete conceptualization of the digital divide because 'access' and 'usage' do not tell the full story of where and what access and usage consist. Access to and usage of the Internet is today a fundamental requirement of 'inclusion' for citizens, but this does not necessarily mean that online information and services such as e-education, e-government, e-health and so forth, are equally available to all males and all females. A deeper understanding of 'inclusion' would require more detailed research into the range of information and services locally available online to both males and females; for example, whether or not training courses specifically designed for women in the home and at work, or information and guidance about reproductive health, is available and accessible. However, the evidence for the EU and other countries in Europe is that there has been a significant increase in usage of these e-Inclusion website services and this has been a factor in driving up overall levels of computer and Internet literacy. Bearing this caveat in mind, which is really a statement that quantitative data needs to be supplemented with qualitative assessments, Eurostat data on gender inclusion includes measures of individuals (males and females separately) between the ages of 16 and 74 years who use the Internet, on average, at least once a week.

3.3.1 Computers

In the age group 16 – 24 years, across the EU27 as a whole, there is no gender gap with respect to computer usage. The widest disparities in 2004 were 10 percentage points in Slovenia (92% – 82%) and 8 percentage points in Austria (94% − 86%). In eleven cases the disparity was in favour of females. By 2007 the largest disparity in favour of males was 3 per cent. In Bulgaria, a 6 per cent disparity favoured females (see Table 3 − 3). At the aggregate level there is no statistical gender gap across the EU27 as a whole for individuals aged between 16 − 74 years, although there is a much wider variation by state in both directions. This suggests that the difference that age makes is progressive being eliminated within the EU (see Figure 3 − 10).

Table 3 − 3 Gender digital divide across the EU27

DDI	2004	2005	2006	2007
Gender-Computers(1)	0.06	0.06	0.06	0.02
Gender-Computers(2)	0.10	0.10		0.08
Gender-Internet(3)	0.22	0.22	0.16	0.16

(1) Individuals aged 16 − 24 years who have used a computer within the year; (2) Individuals aged 16 − 74 years who have used a computer within the year; (3) Individuals who use the Internet on average at least once per week

3.3.2 Internet

In 2007 for the first time over 50 per cent of individuals (51 per cent) across the EU 27 member states were using the Internet regularly, including 47 per cent of females. In consequence the gender Internet index is very low, and between 2004 and 2007 fell from 0.22 to 0.16, but this overall figure hides some important variations, from 20 per cent females in Romania in 2007 to 77 per cent in the Netherlands. In some member states the percentage of individuals regularly using the Internet is higher among females: 74 per cent females versus

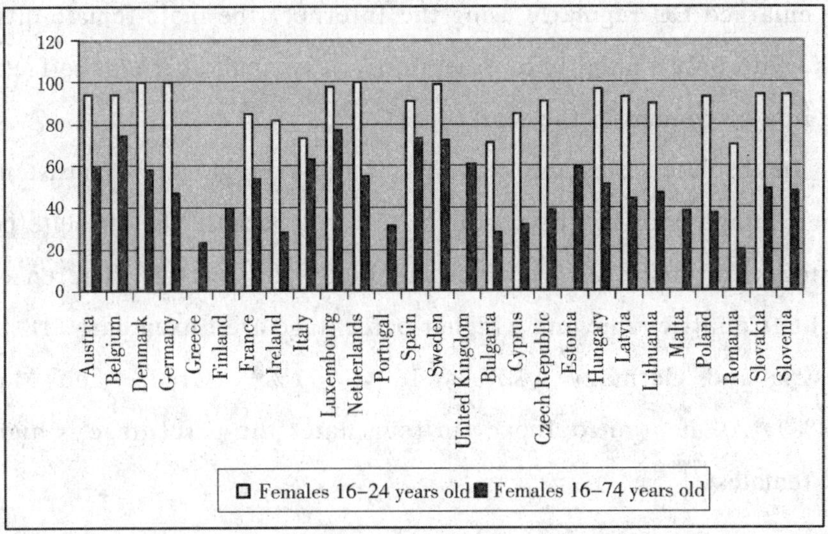

Figure 3 - 10 Percentage of females regularly using the Internet

67 per cent males in Belgium, 54 per cent versus 33 per cent in Finland, 59 per cent versus 58 per cent in Estonia, and 73 per cent versus 49 per cent in Spain. Falling below 50 per cent female usage is a low-end group: Romania (20%), Greece (23%), Bulgaria (28%), Italy (28%), Portugal (31%), Cyprus (32%) and a median group: Poland (37%), Czech Republic (39%), Spain (40%), Lithuania (44%), Ireland (47%), Hungary (47%), Slovenia (48%), Slovakia (49%). Nine of these countries are new EU members, and five, Greece, Italy, Portugal, Spain and Ireland, part of the EU15. The remaining 13 countries form the high-end and modal group.

Part of the explanation has to do with the expansion of education, employment and earning power, especially for younger women. While the initial accession of states from the former Soviet bloc of East European countries reduced the percentages of individuals within the enlarged EU regularly using the Internet, the male-female divide was, with only a handful of exceptions, very small, perhaps reflecting the role of women in the workforce.

In absolute terms across the EU27 the average gap is consistently 9 percentage points in favour of males, but because the absolute percentages for males and females are high, the relative difference is slight. Countries showing a higher percentage are Luxemburg (18%), Austria and Germany (12%), Italy (11%), Greece and Malta (10%). As mentioned above, in four states the percentage is higher for females.

3.3.3 Gender and Age

When gender is viewed from the perspective of age, there is little aggregate difference between males and females of 16 – 24 years of age. Across the EU27 the percentage of young females using the Internet regularly was 77 per cent, two percentage points less than males. The range was from 48 per cent in Romania to 96 per cent in Denmark. For females of 25 – 54 years of age, the percentage fell to 55 per cent, and the gap between males and females rose to 6 per cent. For females of 55 – 74 years of age, the percentage dropped to 19 per cent, and the gap between males and females rose to 12 per cent. Clearly the combination of older age and female gender is a key digital divide factor and worsens with age, but it should be noted that the percentage of males 55 – 74 years of age who use the Internet regularly falls to 31 per cent. So while age accounts for an absolute digital divide between all individuals, gender appears to account for the opening of a relative digital divide between older males and females.

3.3.4 Gender and Education

When gender is viewed from the perspective of education level, 78 per cent of females with a higher level of formal education regularly used the Internet across the EU27, 7 per cent less than males. The lowest at 53 per cent was Greece and the highest was Netherlands at 94 per cent. Countries showing a higher than average gap between males and females were: Italy (13%), Cyprus and Greece (12%), Ireland and Portugal (11%) and Germany (10%), the UK (9%) and Poland (8%). Of females with a secondary level of education, 53 per cent used the Internet regularly across the EU27 or 5 percent less than males. Of females with a low level of education, 26 per cent used the Internet regularly across the EU27 or 10 percent less than males. Clearly the combination of a low level of education (pre-secondary) and female gender is a key digital divide factor, but it should be noted that the percentage of males with a low education level who were regular Internet users fell to 36 per cent. So while low education accounts for an absolute digital divide between all individuals, gender appears to account for the opening of a relative digital divide between males and females who have low levels of education.

The factors that determine that people of older age and of low education (pre-secondary) will fall into a digital divide must include the degree of exposure to and lack opportunity to use ICTs when young, and the lack of opportunity to gain access to education at secondary level and above. Insofar as these factors are changing, for example exposure to ICTs when young is becoming difficult to avoid in the classroom and in the home and in the community, and governments are making concerted efforts to provide wider educational opportunities for their citizens, including e-learning opportunities, the levels of age and education are likely to become less deterministic of an absolute digital divide across Europe and therefore the influence of gender on a relative digital divide is likely to shift from negative to neutral or even possibly to positive.

The data does not break down the use of e-Health or e-Education or other e-Government services by gender, but as the total of individuals seeking online health services in 2007 is only 24 per cent across the EU27 it may be assumed that elderly females of low education are not well represented. An eUser Survey in 2005 finds that in 10 EU countries the use of the Internet to access health information is 30 per cent less likely for females than males, and that being a non-user of Internet was 40 per cent more likely among females than males. As the era of web-applications opens up, the provision of e-Health services may well become a policy opportunity as well as a challenge for including those who could most benefit. This point is particularly valid in light of the fact that, according to the EC's 'Measuring progress in e-Inclusion: Riga Dashboard 2007', across the EU only 5 per cent of the Riga 2010 target for government websites to conform to international standards of accessible by the public had been achieved (see Figure 3-11).

When gender is viewed from the perspective of employment, all individuals at lower levels of ICT knowledge and skills will face diffi-

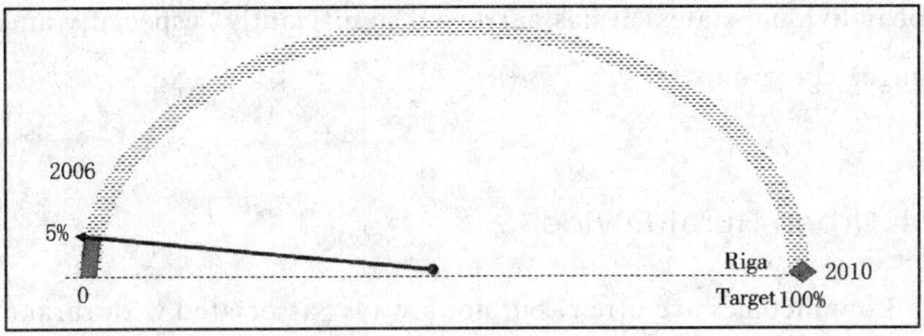

Figure 3 - 11 Accessibility of public websites in Europe

culties in finding good job opportunities, and because many ICT skills are obtained through On-the-Job training (OJT) it follows that the longer an individual is out of work the greater the chances of falling behind. So knowing what the odds are for females relative to males of being unemployed and relating that to their respective rates of Internet usage can also throw light upon the role of ICTs in the digital divide. The findings of a 2004 research paper looking at the Central and Eastern European Countries (CEEC) of the EU27 estimated females are 34 per cent more likely to be unemployed than males, and that the risk of unemployment for regular Internet users is reduced by 74 per cent. The implication is that because females over the age of 55 years use the Internet less, they enjoy fewer of the benefits that the Internet can bring in terms of finding jobs compared with their male counterparts of the same age.

Therefore it can be said that levels of age, education and unemployment are three co-determinants of an absolute digital divide between individuals, and within their number of a relative digital divide between males and females. The data also shows that although overall the gender digital divide within the EU has not disappeared at the level of individual states, it has narrowed significantly, especially among younger age groups.

3.4 Urban-Rural Divide

Low incomes are often, but not always, associated with rural areas and so is the migration of younger people from villages to the towns and cities leaving an older population behind, often with low education levels. For these reasons it might be assumed that rural areas would have less access to, and make less usage of, ICTs. However, the density of population may not be a decisive factor in the digital divide across the EU because in high income economies small communities can also be high income. On the other hand, in more remote rural communities of the poorer member states the urban-rural divide remains real.

3.4.1 Computers

The aggregate data for the EU27 overall shows a very low level of urban-rural divide for both the use of computers and the Internet (see Table 3 - 4). The divide for computers is low even at the disaggregated level of the state. In 2007 the highest indices recorded were 0.62 in Romania and 0.56 in Bulgaria, followed by 0.38 in Latvia and 0.31 in Greece. All other indices were below 0.30. 2004 data for Romania and Bulgaria is not available, but the highest index was 0.44 in Greece, followed by 0.41 in Poland, 0.40 in Latvia and 0.38 in Lithuania. This means that even the moderate levels of relative divide had decreased by 2007.

Table 3 - 4 Urban-rural Internet diffusion index for EU 27

Urban-Rural [1]	2004	2005	2006	2007
Computers users	0.23	0.20		0.19
Internet users	0.30	0.30	0.30	0.20

[1] Source: Eurostat. Urban defined as > 500 inhabitants per square km. Rural defined as< 100 inhabitants per square km.

However in some cases in absolute terms the divide remains large. The greatest divide in 2007 was 73 percentage points between Romania (20%) and Sweden (93%), followed by 66 points (Bulgaria), 57 points (Greece), 55 points (Cyprus and Portugal) and 53 points (Italy). This means that the modest level of the relative divide in poorer economies is due to the equally low levels of computer usage in urban and rural areas, and the major part of the explanation is therefore more likely to lie with macro-economic and other social indictors. Another factor may be statistical. Data from Eurostat on the percentage of households that have access to a computer via one of its members, indicates that across the EU27 in 2005 of households in areas of less than 100 persons per km^2, the figure was 51 per cent, up from 41 per cent in 2004. This population density remains too high to capture the really remote villages where population densities can be 6 persons per km^2 or less, but it does suggest that access to computers and the Internet, for example through a PIAP, provides some kind of a bridge for those caught in the digital divide.

3.4.2 Internet

The aggregate EU27 data suggests that Internet usage is not particularly divided between urban and rural areas as the index has fallen below 0.30. However, on a disaggregated basis in 2007 the urban-rural divide indices were 0.82 for Romania, 0.62 for Bulgaria, 0.48 for Cyprus, and 0.44 for Latvia. In fact eleven states were above the 0.3 level, but that is a decline from 2004. In absolute terms the gulf is quite large. Romania with only 6 per cent of individuals in rural areas using the Internet falls 76 percentage points behind the urban areas of the Netherlands, and Bulgaria 66 points behind (see Figure 3－12).

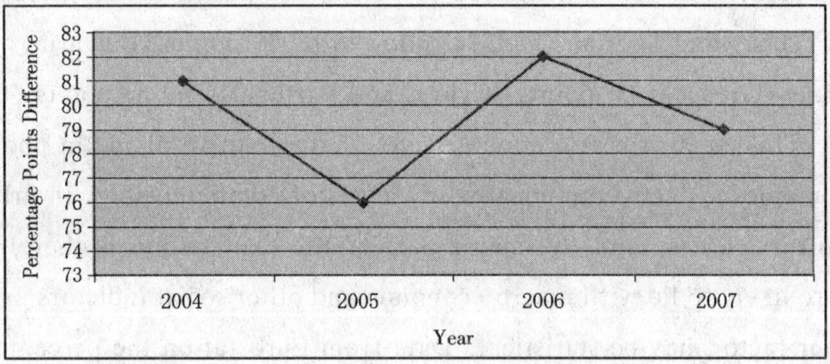

Figure 3－12　Changes in absolute disparity between urban and rural Internet usage regionally

3.4.3 Telephones

The rapid spread of mobile phone networks across the EU27 has pushed the divide index down to 0.38 and in 2007 only five states recorded fewer than 100 mobile phones per 100 inhabitants, and none less than 90 mobile phones per 100 inhabitants. Even allowing for double-counting and multiple subscriptions, this suggests that basic telephony is not a major hurdle to overcoming the digital divide, and where there remain pockets of uneconomic areas, such as remote rural areas, a universal service fund or some similar mechanism should be able to address the problem.

The real challenge lies in providing Internet access and broadband connectivity where it is required, which increasingly is most places. As broadband remains a premium priced network the divide between the economically more advanced and less advanced member states shows up in the EU27, but next generation broadband networks (NGBNs) are also the entry point of newly licensed network operators that have no pre-broadband legacy networks to depreciate in value. This seems to be showing up in the more recent rapid decline in the broadband digital divide across the EU27 where countries such as the Baltic States are to some extent leapfrogging the public switched telephone network era. The following chart from Riga Dashboard (Exhibit 3), which measures how far progress has been made towards halving the various indices of the digital divide across Europe by 2010, is interesting because it shows that broadband is making headway in rural as well as in urban Europe (see Figure 3 - 13).

3.5 Conclusion

The digital divide across the EU is most pronounced in terms of regional divisions, which is not surprising given the expansion of the EU15 states from mostly high income Western Europe to the EU27 embracing lower income states from Central and Eastern Europe. Although gender divide is statistically almost non-existent at an aggre-

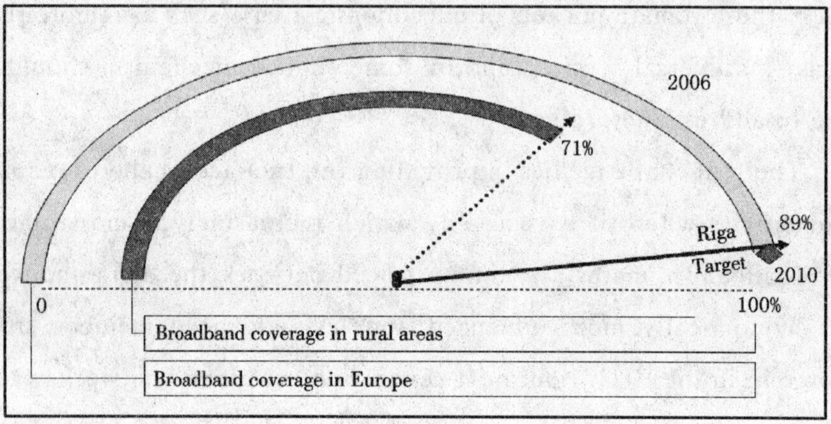

Figure 3 - 13 Broadband coverage

gate EU27 level, it does influence the relative digital divide within populations that are aging, of lower education or high unemployment and who suffer from an absolute digital divide. The urban-rural divide appears moderate statistically at the aggregate EU27 level, but at regional level it remains high in absolute terms in the poorer economies. But like the gender divide, the data suggests that where rural levels of ICT usage are low so too are urban levels which implies more general macro-economic causes of the divide than simply the urban-rural split. Rural was interpreted as populations of under 100 per square km in line with the availability of Eurostat data, but even this level of density maybe too high to capture the true extent of the digital divide in the smallest and most remote rural communities. The most important conclusion therefore would seem to be that very different macro-economic and other social indicators are the key causes of the many divides across the EU as they show up in regional statistics, and while the digital divide is one of them it is progressively diminishing.

However, the key message from the Riga Dashboard report is that, apart from the case of broadband connectivity, progress towards the Riga targets of reducing the digital divide indices by 50 per cent is only happening at half the speed which is necessary to reach them by 2010. The EU operates a policy of special assistance to Objective 1 Regions, which are those regions with a GDP of less than 75 per cent of the EU average that qualify for two-thirds of the assistance provided by the EU's Structural Fund. So even if the overall indices across the EU appear to show marked improvements in closing the digital divide, there are clearly significant pockets of what could be termed 'digital poverty' and without policy intervention such disparities are deemed to stay and in some cases widen.

Chapter 4 The Status Quo and Trend of the Digital Divide between China and EU

Digital divide in China and the EU refers to the gap between China and the European Union in ownership of and access to the major information technologies. This report mainly focuses on the gap between China and the EU in the four aspects of fixed-line telephone, mobile phone, computer and Internet.

4.1 Fixed telephone

The fixed-line telephone penetration of the EU's 27 members in 2007 is 41%, down 6% over the previous year and down 8% over 2001; the case in China is 27.8% in 2007, down 0.3% over the precious year and up 13.7% over 2001 (see Figure 4 - 1).

From the respect of variation trend, the fixed-line telephone penetration of the EU has fallen steadily due to the effect of "substitution of mobile phone for fixed-line telephone" since 2001, however, that in China has an upward trend on the whole, which leads to an obviously downsizing gap between China and the EU in fixed-line tele-

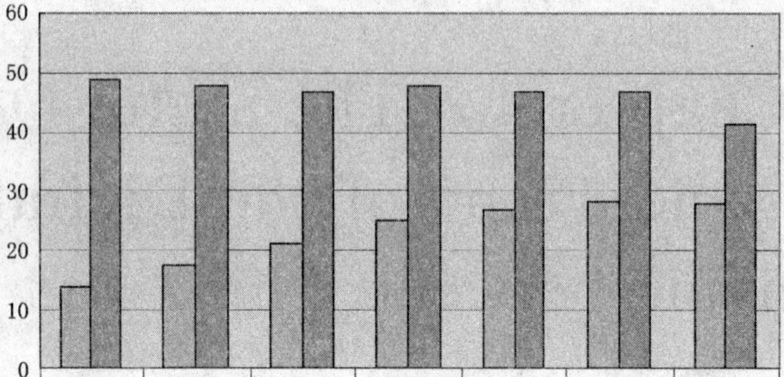

	2001	2002	2003	2004	2005	2006	2007
China	13.9	17.4	21.2	24.9	27	28.1	27.8
EU	49	48	47	48	47	47	41

Figure 4 - 1 Changes in fixed telephone penetration of China and the EU (%)

phone penetration.

In terms of absolute gap, the fixed-line telephone penetration of the EU's 27 members is 13.2% higher than that of China in 2007, shrinking by 62% over 2001 (35.1%).

Regarding relative gap, the relative disparity index of fixed-line telephone penetration between China and the EU (Chinese and European DDI-Fixed Line Telephone) is 0.33 in 2007, that is to say China lags 33% behind the EU. This figure also indicates that the relative gap of fixed-line telephone penetration between above two narrows by 54% over 2001 (see Figure 4 - 2).

4.2 Mobile phone

The mobile phone penetration of the EU's 27 members in 2007 is

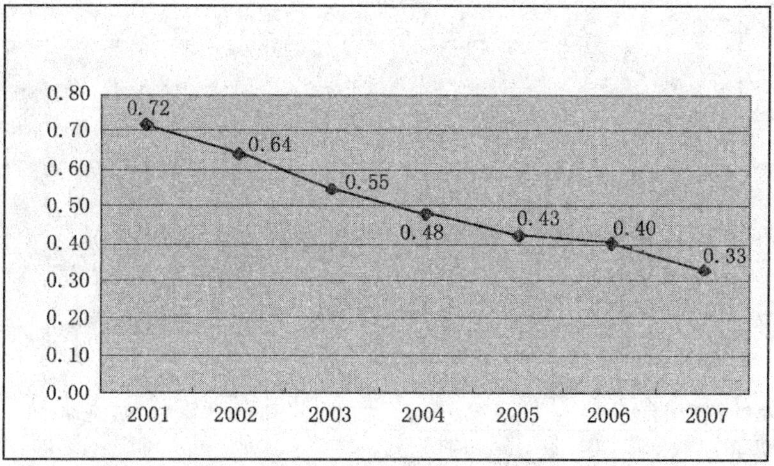

Figure 4 – 2 Relative disparity index and changes in fixed telephone penetration between China and the EU

120%, up 14 percent over the previous year and 55 percent over 2001; the case in China is 41.6% in 2007, down 6.3 percent over the precious year and up 30.4 percent over 2001 (see Figure 4 – 3).

In 2006, the mobile phone penetration of the EU exceeded 100% for the first time on the whole, at 106 mobile phones per 100 persons, and this figure keeps a significant increase in 2007. It actually imposes a challenge on the worldly recognized theory "the basic saturation point of mobile phone penetration is 100%". In 2007, the mobile phone penetration of 22 nations among the EU's 27 members has exceeded 100%, among which Estonia (148%) and Hungary (145%) exceed by 140% respectively.

The mobile phone penetration over 100% shows that some individual owes more than one mobile phone. There are two major factors contributing to an individual's owning of several mobile phones: one is

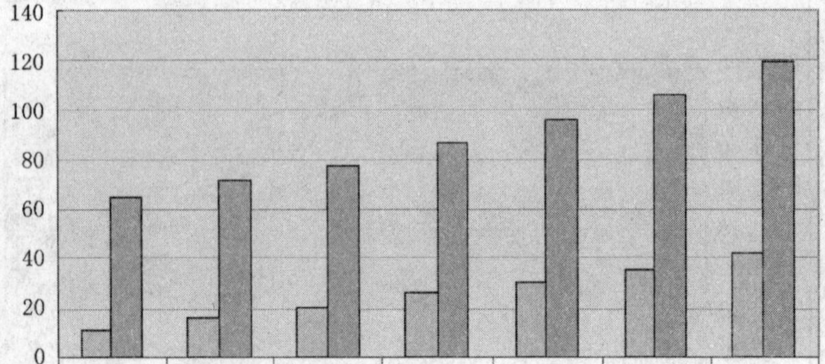

	2001	2002	2003	2004	2005	2006	2007
China	11.2	16.6	20.1	25.9	30.3	35.3	41.6
EU	65	71	78	87	96	106	120

Figure 4 – 3 Changes in mobile phone penetration of China and the EU (%)

that the service mode and content of different telecom operators vary in different providers, and one may purchase different mobile phones (or phone card) if he/she has to subscribe service of different telecom operators; the other is that the telecom service charge standards differ and different telecom operators charge diversely, and thus subscription for services of different operators may be cost-effective for consumers in need of trans-regional mobile office facility while traveling. Above two situations are obvious, especially in the EU, because although its members keep a close relationship with each other, their telecom operators' service costs are also differentiated dramatically.

To this end, the mobile phone penetration of the EU still has a space for expansion although the figure has gone up to a high level. From 2001 to 2007, the mobile phone penetration of the EU increases annually by 9.2% on an average, while that of China grows annually by 5.1% on an average.

As far as absolute gap is concerned, the mobile phone penetration of the EU is 78.4% higher than that of China in 2007, widening by 45.7% compared with that in 2001 (53.8%).

In the matter of relative gap, the relative disparity index of mobile phone penetration between China and the EU (Chinese and European DDI-Mobile Phone) is 0.65 in 2007, that is to say, China lags 65% behind the EU. Compared with that in 2001, the relative gap of mobile phone penetration between above two regions narrows approximately by 22% (see Figure 4 - 4).

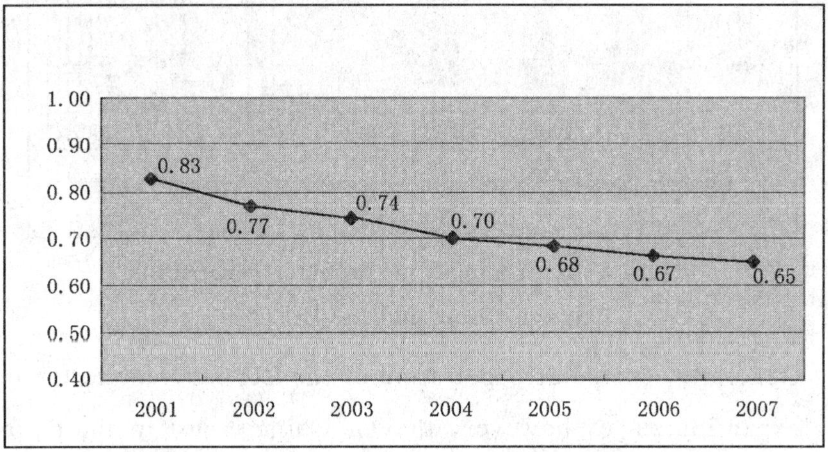

Figure 4 - 4 Relative disparity index and changes in mobile phone penetration between China and the EU

4.3 Computers

To facilitate comparative analysis and take into account availability of data, the computer penetration index (i. e. the ownership of computer per 100 persons) is adopted for calculation of the gap between China and the EU in computer.

The computer penetration of the EU in 2007 is 66%, up 2% over the previous year and 26% over 2001, while in China the figures are 8.1%, 1.1%, and 6.4% respectively (see Figure 4 - 5).

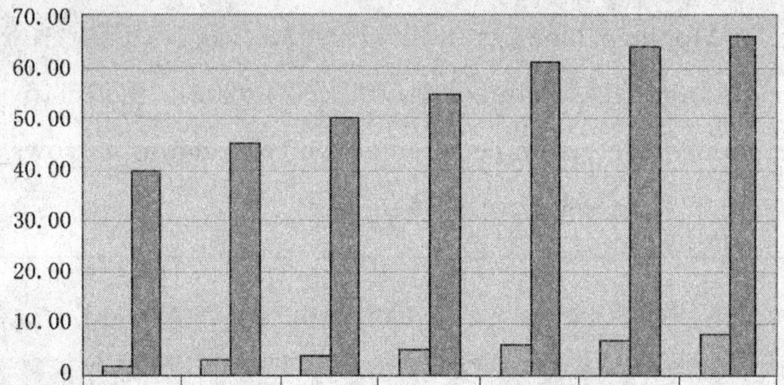

	2001	2002	2003	2004	2005	2006	2007
China	1.70	2.74	3.82	4.70	5.99	6.97	8.11
EU	40	45	50	55	61	64	66

Figure 4 - 5 Changes in computer penetration between China and the EU (%)

Generally, computer penetration of the EU has come to the mid-late expansion stage, however, that of China is just in the start-up stage.

With regard to absolute gap, the computer popularizing rate of the EU is 57.9% higher than that of China in 2007, widening by 51% over 2001 (38.3%).

As for relative gap, the relative disparity index of computer penetration between China and the EU (Chinese and European DDI-Computer) is 0.88 in 2007, that is to say, China lags 88% behind the

EU. Compared with that in 2001, the relative gap of computer penetration between above two regions narrows approximately by 8% (see Figure 4 - 6).

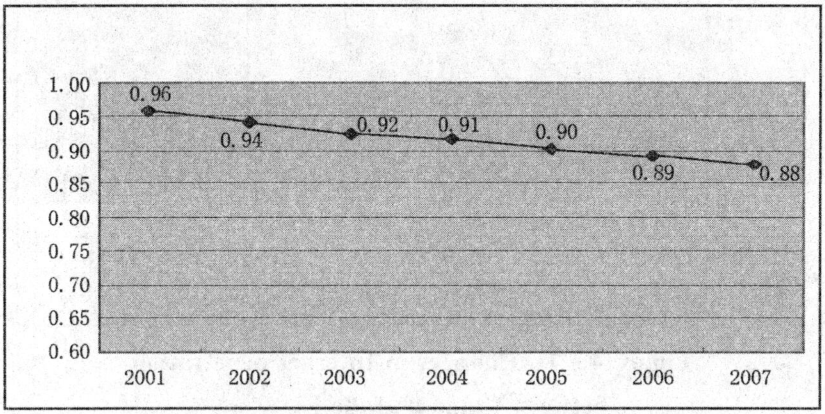

Figure 4 - 6 Relative disparity index and changes in computer penetration between China and the EU

4.4 Internet

The Internet penetration of the EU in 2007 is 52%, up 4% over the previous year and 28% over 2001; for the case in China it is 16%, down 5.5% over the precious year and up 13.4% over 2001 (see Figure 4 - 7).

As to absolute gap, the Internet penetration of the EU is 36% higher than that of China in 2007, widening by 68% over 2001 (21.4%).

In point of relative gap, the relative disparity index (Chinese and the EU DDI-Computer) is 0.69 in 2007, that is to say China lags 69%

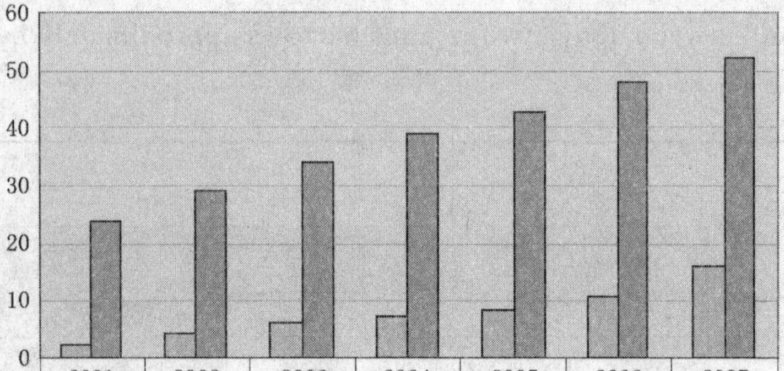

	2001	2002	2003	2004	2005	2006	2007
China	2.64	4.6	6.15	7.23	8.6	10.5	16
EU	24	29	34	39	43	48	52

Figure 4 - 7 Changes in Internet penetration between China and the EU (%)

behind the EU. Compared with that in 2001, the relative gap of Internet penetration between above two regions narrows approximately by 22% (see Figure 4 - 8).

4.5 Conclusions

Composite index of digital divide between China and the EU (China-EU DDI) reflects the gap between China and the EU in ownership and application of the major IT products comprising the four relative disparity indices of fixed-line telephone, mobile phone, computer and Internet (weight coefficient: 1/3, 1/3, 1/6 and 1/6 respectively).

The composite index of digital divide between China and the EU is 0.69 in 2007, that is to say, China lags 69% behind the EU. This

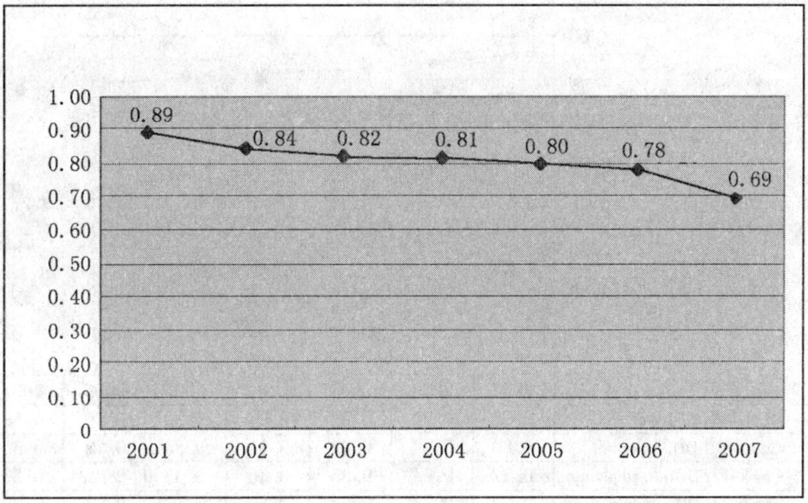

Figure 4 - 8 Relative disparity index and changes in Internet penetration between China and the EU

figure shows that an obvious digital divide exists between china and the EU (see Figure 4 - 9).

From the respect of classification indicators, the biggest disparity between China and the EU is computer, followed by Internet (0.69) and mobile phone (0.65), the smallest disparity being fixed-line telephone (0.33).

As far as the variation trend is concerned, the digital divide between China and the EU presents a downsizing trend year by year. From 2001 to 2007, the composite index of digital divide between these two falls from 0.87 to 0.69, narrowing by 21% in six years. As to classification indicators, the disparity in fixed-line telephone is bridged most quickly (narrowed by 54% in six years), followed by mobile phone (26%) and Internet (22%), the slowest being computer (8%).

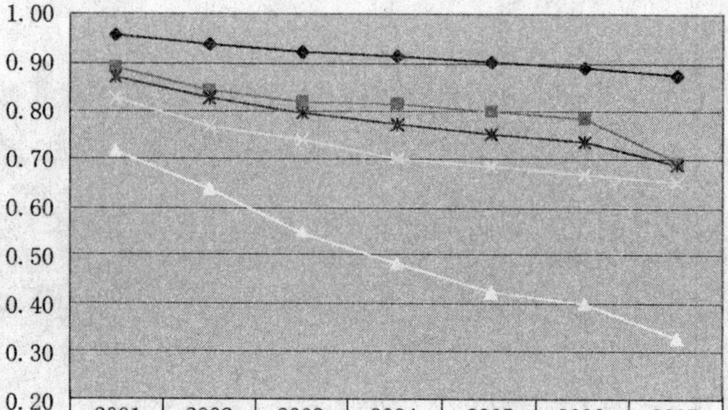

	2001	2002	2003	2004	2005	2006	2007
China-EU DDI-PC	0.96	0.94	0.92	0.91	0.90	0.89	0.88
China-EU DDI-Internet	0.89	0.84	0.82	0.81	0.80	0.78	0.69
China-EU DDI-fixed phone	0.72	0.64	0.55	0.48	0.43	0.40	0.33
China-EU DDI-mobile phone	0.83	0.77	0.74	0.70	0.68	0.67	0.65
China-EU DDI	0.87	0.83	0.80	0.77	0.75	0.74	0.69

Figure 4 - 9 Changes in composite index of digital divide between China and the EU

Chapter 5 Effects of Actions and Solutions to Narrowing the Digital Divide in China

In recent years, China has initiated a couple of projects to bridge the digital divide. During this process, some beneficial explorations and achievements have been made; however, some obvious problems also emerge and require solution through effective and practical measures on the basis of further in-depth study.

5.1 Efforts and outcomes

From the overall perspective, Chinese government, aimed at infrastructure construction and essential information service, has been consistently making great effort to provide the majority with minimum public information service of essential quality and unceasingly trying to find the long-term mechanism of narrowing the digital divide.

5.1.1 Bridging digital divide starts to draw great concern of the government departments

The term "bridging digital divide" frequently appears in the government documents. For three times the "digital divide" is mentioned in "2006 – 2020 National Informatization Development Strategy." Firstly, "the enlarging trend in global digital divide and the increasing imbalance in IT development" grows into one of the basic situations for informatization construction in China; secondly, one of the important issues requiring great attention is that "the digital divide is expanding. A substantial gap exists in the application level of information technology between China and the technologically advanced countries. Application level of the information technology and degree of Internet penetration are imbalanced in different regions, realms and groups, and the urban-rural areas, regions and industries presents an expanding trend, which form new factors affecting the harmonious development." Thirdly, the report advocates "adhering to the government-led and mass-participated principle, narrowing the gap in application level of information technology between different regions, urban and rural areas and different social groups, building a society with equal opportunities and harmonious development." Meanwhile, "bridging digital divide" should be taken as a key part of the national informatization development strategy and action. In November 2006, *Opinion of the Ministry of Agriculture on Further Strengthening Agricultural Informatization Construction* clearly noted that bridging digital divide through promotion of informatization level becomes an urgent task for building a harmonious society and new socialist countryside.

A series of projects and programs has been organized and implemented for bridging digital divide across the country. For narrowing the digital divide between the urban and rural areas as well as different regions, the Chinese government since 2000 has organized and implemented a great many significant projects and programs, including Expanding Telecommunication Coverage to Every Village Project, Modern Distance-Education Programs in Rural Primary and Junior Schools, Modern Distance Learning Programs for Party Members and Cadres in Rural Areas, National Culture and Information Resource Sharing Project, Programs for Business Information Service in Rural Areas, Information Caravan, etc. The common characteristics of these projects are: organizationally all of these projects are implemented under the leadership of the central ministries and agencies, which ensures acceleration of the projects, i.e. "Bridging Digital Divide in the Western Regions" implemented in October 2002, is jointly sponsored by the State Council Information Office, Office of the Leading Group for Western Region Development of the State Council and the Ministry of Science and Technology of the People's Republic of China, and was supported by the National High Technology Research and Development Program (863 Program); the Modern Distance-Education Programs in Rural Primary and Junior Schools is jointly hosted by the National Development and Reform Commission, the Ministry of Finance and the Ministry of Education. In terms of the investment, these projects are funded with huge amount of financial input. In these five years from 2003 to 2007, more than RMB 10 billion was invested in the Modern Distance-Education Programs in Rural Primary and Junior Schools; from 2002 to 2006, totally RMB 627 million was invested in the National Culture and Information Resource Sharing Project, and additional funds are to be given during the period of "11th Five-year Plan". With respect to the project of "Bridging Digital Divide in the Western Regions", the Ministry of Science and Technology input RMB 200 million and 12 provinces/autonomous regions in west China also invest the supporting funds. As for the service target, they are mainly Party members, cadres, farmers and students in rural and remote areas.

International cooperation and communication for narrowing digital divide are enhanced. Since the EU-China Information Society Project was formally initiated in August 2005, a series of activities are developed in the digital divide realm: i.e. the *Comparative Study on Digital Divide between China and the EU*, hosting of two sessions of annual forum on bridging digital divide, as well as a series of seminars regarding the digital divide issues. Besides, the theoretical research on issues related to digital divide is gradually boosted, i.e. both the National Natural Science Foundation of China and the National Social Science Fund have established the research project regarding digital divide.

5.1.2 Changing of the information infrastructure backwardness in rural and remote areas has been a major task for bridging digital divide

In China, the digital divide lies in many aspects: i.e. there exist obvious disparities among urban and rural areas and different regions in the ownership of information infrastructure and resources, in the public's information acquisition awareness and competence, as well as in the depth and scope of IT application. Comparatively speaking, the backwardness of information infrastructure in rural and remote areas is particularly sharp. Over the past few years, the Chinese government has taken the improvement of information infrastructure in rural areas as one of the most important tasks for bridging digital divide and has also endeavored to tackle the "accessibility" problem.

During the period of the "10th Five-year Plan", more than RMB 20 billion in total was appropriated by the government for construction of information infrastructure in rural areas, which geared up the substantial realization of expanding telecommunication coverage to every village. In order to realize wireless coverage of CCTV programs, the state treasury has appreciated RMB 3 billion for wireless coverage of CCTV programs from 2006 to 2007. In January 2004, the former Ministry of Information Industry organized several telecom operators, including China Telecom, China Netcom, China Mobile, China Unicom, China Satcom and China TieTong, to launch the epoch-making project of "expanding telecommunication coverage to every village" throughout the country, for the very purpose of developing telecommunication and improving its universal service in rural areas. Through powerful support of the government departments and active participation of the telecom operators, the telecommunication coverage in administrative villages of China has reached 99.5% at the end of 2007 and the telephone coverage is basically realized in every administrative village (except those in Tibet) throughout the country, and the overall development level of telecommunication in rural areas is already in a new stage. In May 2007, Chinese government launched the project of expanding telecommunication to every natural village. At present, some natural villages with more than 20 householders have been covered by the telecommunication service in Shanghai, Tianjin, Jiangsu, Guangdong and Ningxia. Besides the remarkable improvement on information infrastructure, the project also speeds up the development of Internet construction in rural areas. Presently, over 97% villages and towns countrywide have conditions for Internet access, among which 92% are made available for broadband service and some administrative villages are accessible to broadband or narrowband service. Broadband service is basically available for administrative villages in Shanghai, Jiangsu, Guangdong, etc, and is fully available for every village in some provinces and municipalities, such as Beijing, Tianjin, Zhejiang, Guizhou, Shandong and Jilin.

5.1.3 Make great efforts to solve problem of the "the last kilometer" for information transmission

How to make information accessible to every user is a hard nut to crack in the process of informationization in rural and remote areas, namely "the last kilometer issue". In recent years, the Chinese government and enterprises have made great efforts on the issue.

Considering high popularization of telephone and TV while low penetration of computer and Internet in remote and rural areas, the Ministry of Agriculture launched a new agricultural information service mode of “integration of television, computer and telephone”. Specifically, it refers to providing information resources for telephone, TV audio processing system and television program designing through utilization of data obtained from Internet; offering voice consultation and long-distance expert solution for agricultural production operators through interactive voice response system; or designing and playing television programs specialized in hot topics or common issues concerned by the farmers through television, so as to increase the information access to the subscribers. In view of the high popularization, easiness and practicality of telephone and TV and timeliness, efficiency and considerable information of computer and Internet, the “integration of television, computer and telephone” actually incorporates all of these advantages as a whole and brings an outstanding result of “$1+1+1>3$”. Under the Government's vigorous encouragement, the major telecom operators have also launched rural-oriented information services, i.e. China Mobile Communications Corporation (China Mobile for short) introduced the service of “agricultural ICT”, China Unicom recommended the service of “new agricultural space and time”, and China Telecom launched the service of “information pastoral”. These services has a common feature: timely deliver various rural-oriented information collected by township messengers, reporters and editors, such as those related to policies and regulations, agricultural science and technology, recruitment information, market quotation, agricultural meteorology, disaster warning, rural medical service, health and education, to the farmers by way of integrating the resources of mobile communications, data, Internet networks and manual calling centers under various telecom operators' service coverage in the vast rural areas, and utilizing mobile phone, agricultural information machine, telephone, television, computers and other terminals. According to the practice, these business platforms actually play a key role in publicizing various policies and regulations, information of agrometeorological service, disaster warning and post-disaster reconstruction.

5.1.4 Begin to put emphasis on raising the public's information acquisition awareness and competence

Fundamentally speaking, if only a few people in society have the ability to use information technology, then the result of in-depth application of information technology is bound to cause new inequality and poverty. In this sense, narrowing the digital divide would be naught but empty words. However, in view of the fact that the project of "expanding telecommunication coverage to every village" is so flourishing that many towns and villages have been equipped with computers and related network appliances, and meanwhile the business platform providing services for the rural areas has put into use in succession, raising farmers' awareness and skills on application of informatization technology become very important; additionally, in urban areas many issues related to informationization begin to draw much concern of the society, i.e. how to raise the information acquisition awareness of the public, especially the vulnerable groups, how to realize vigorous popularity of informationization knowledge and skills and make the information technology easy and convenient and developed into an integral part of work, study and life.

As early as 2003, the Organization Department of the CPC Central Committee launched the "Pilot Modern Distance Learning Programs for Party Members and Cadres in Rural Areas" of Shandong, Hunan, Guizhou and Anhui, for purpose of raising their information acquisition awareness and competence. At the end of 2006, this pilot project was basically finished. During this period, more than 20 million points of termination station were constructed, nearly 40,000 multimedia coursewares were integrated and developed, a core team comprising 300,000 persons was established, and more than 200 million persons such as Party members and cadres in rural areas as well as farmers have benefited from the education and training programs. Since the second half of 2007, based on the pilot sites, the modern distance learning programs for Party members and cadres in rural areas has been generally lunched in rural areas across the country. The "information caravans" training project conducted by the former Ministry of Information Industry has been launched in Henan, Shandong, Heilongjiang, Sichuan and other provinces. Wherever the information caravan goes, the local competent departments in charge of information technology always try their best to made full use of the equipment provided by the information caravan project and adopt interactive training approaches combing teaching and practice as a whole to promote training activities among the masses. Besides, to support the implementation of modern distance-education programs in rural primary and junior schools, the Chinese government has trained more than 15,000 frontline teachers by the face-to-face approach, and over

800,000 teachers have received systematic training on long-distance education application. Since 2006, the former Ministry of Information Industry together with the China Disabled Persons' Federation and other organizations hosted "China's Information Accessible Forum" for the purpose of promoting and popularizing the information accessible concept, drawing the social concern on information accessible to disabled people, encouraging technological innovation and providing customized products to enhance the disabled people's information acquisition competence. Social impact of information accessible activities for vulnerable groups such as the disabled people is looming gradually. In 2006, the "Countrywide Software and Web Design Championship for Blind Persons" was held to improve the community's concern on the information accessible to the blind and to encourage the blind people to study, make friends, seek job and so on by utilization of the information technology; in the meantime, a lot of new technologies and tools applicable for the blind persons were invented and explored.

5.1.5 Try to find out a long-term mechanism for narrowing the digital divide

How to establish a long-term mechanism for narrowing the digital divide? In recent years, the Chinese government has been unceasingly finding the solution to this issue and making some innovation. As the increasing attention and involvement is paid by the public on the issue of bridging digital divide, the "government-led, enterprise-participated and multi-win-win operation mode" has loomed up.

Under vigorous advocacy of the government and guidance of relevant policies, a great many enterprises, especially telecom operators, actively participate in the activities. Microsoft, Intel, Lenovo, Haier, Motorola and other companies actively provide equipment support for the information caravan. In such cases, not only farmers are acquainted with information knowledge, but the sponsors are fully promoted on their brand image, products and business. China Mobile, China Unicom, China Netcom, China Telecom and other telecom operators and IT companies are optimistic to the agricultural and rural information services, and find a variety of modes to involve in the rural market, which is contributive to expanding their market while providing information services for farmers. China Mobile has together with Agriculture Department of Zhejiang Province established the "farmer mailbox" and also with Chongqing Municipal Federation of Supply and Marketing Cooperatives structured an information service platform for agricultural ICT. Meanwhile, its branches and subsidiary companies at the provincial, prefectural and county levels have realized cooperation with their corresponding agriculture-related sectors and departments. In cooperation with relevant organizations and institutions under the Agricultural Department of Jilin Province, China Netcom Group Jilin Branch has launched the "12316" hotline service for rural information. Many other economic entities have also involved in the establishment of information service platforms, for the purpose of carrying out business activities such as information service, online shopping and E-commerce, i.e. Chinese jujube net (www.zao.com.cn), Chinese garlic net (www.garlic.cn.net) and Chinese watermelon net (www.nccn.cn) are all run by private economic entities; strait agriculture net (www.agrihx.com) and strait stockbreeding and veterinarian net (www.hxahv.com) in Xiamen of Fujian Province are established by two social organizations and a private company in Taiwan and the mainland China.

5.2 Problems and deficiencies

From the respect of informatization development level and the practice in different regions, our country just comes to an early stage for bridging digital divide, the gap between the urban and rural areas, and different regions presents a widening trend; China also faces a series of challenges and difficulties such as how to promote the penetration of information infrastructure, how to improve the citizens' information acquisition competence and how to upgrade the application level of information technology; especially in recent years, some problems that cannot be ignored or some others that required to be solved promptly emerged in the process of bridging the digital divide; to this end, it indeed has a long way to go to build a harmonious society.

5.2.1 Understanding on the urgency and necessity of bridging digital divide is insufficient

In recent years, although bridging digital divide issue has been clearly made in the government documents, most of them are just principled guiding opinions, lack of practical and workable implementation details to support these opinions: i.e. in May 2005, the term of "bridging digital divide" mentioned in "2006 - 2020 National Informatization Development Strategy" just gave opinions from the respect of implementation other than approaches for realization of narrowing the digital bridge; although two years have gone by, yet no specific implementation plan is brought out. Why these situations occur is, in essence, the insufficient understanding on the urgency and necessity of bridging digital divide, though the existence of digital divide has been aware of.

5.2.2 Overall planing and resource sharing in practice of bridging digital divide is missing

The positive thing is that many government departments and enterprises start to do some projects and programs for the purpose of narrowing the digital divide, in view of the fact that this issue has caused more and more attention. However, as far as the practice in recent years is concerned, application cost of the public is greatly increased due to redundant construction and waste of resources caused by the lack of overall planning and resource sharing. For example: In rural and remote areas, wireless network coverage has much to improve and different telecom operators have their own signal blind area. However, if they can cooperate with each other and share the resources, a better result will be definitely brought forth. According to the survey made by the departments concerned, the phenomena such as redundant construction of base station and waste of resources become more and more serious, and the scene of a couple of iron towers and a great many parallel cable lines can be easily found everywhere. One of the consequences arising from this chaotic situation is that the subscribers have to bear high cost for application of the technology.

5.2.3 The gap in information infrastructure between the urban and rural areas, different regions is still large

In terms of the Internet penetration, Beijing (46.6%), currently the highest on penetration level, is more than 40 percentage points higher than Guizhou (6.0%), which is the lowest; among 31 provinces (autonomous regions and municipalities directly under the Central Government), 21 were failed to meet the national average of Internet penetration level, of which five areas less than 10%. By the end of 2007, the disparity in Internet development among the eastern, central and western regions was also huge. The population of Internet users in the eastern regions took 58.5% of the total number across the country, exceeding the total Internet users in the western and eastern regions. The gap between urban and rural areas is quite significant. In 2006 the Internet penetration in rural areas is 3.1%, approximately 30% of the national average; the penetration in urban areas is 20.2%, 6.5 times as much as the former. Every 100 urban households owned 47.2 computers, however, only 2.7 computers were owned by every 100 rural households, the former was 17 times as much as the latter. Every 100 urban households owned 152.9 mobile phones, 2.5 times as much as that in rural areas. A few years ago, although the

"Expanding Telecommunication Coverage to Every Village Project" was actively promoted, the fixed-line telephone penetration in rural areas fell for two consecutive years (drop from 20.3% in 2005 to 16.5% in 2007). A series of data shows that information infrastructure in rural and remote areas is still far from meeting the public need for application of information technology, and the construction of information infrastructure should be speeded up.

5.2.4 The services provided to the farmers who make up the majority of the total population of China are not as good as expected

At present, most provinces (municipalities directly under the Central Government) have established information service platforms accessible to the farmer, countryside and agriculture, which are similar in organizational structure, way of information dissemination and service content. However, as far as the application is concerned, the service effect is not as good as expected due to the specific service content and the service mode. If the service provided by the platform is largely on message (few platforms providing service of interactive voice response system), the message can not deliver detailed scientific and technological knowledge such as practical agrotechniques to the farmers, because it is limited by the number of words (the words of a message usually within 140 bytes, that is, less than 70 characters); on another hand, although the websites can provide a vast amount of information, the Internet and computer penetration in rural areas is relatively low; meanwhile, considering the education level and other restrictions, only a few farmer can search suitable information online.

5.2.5 The long-term mechanism and sustainable development mode for bridging digital divide has not been formed

From the practice in recent years, the Government has been the core driving force for narrowing the digital divide; however, its primary role should be "blood transfusion" rather than "blood making", that is to say, China has not formed a market-oriented operation mechanism jointly established and shared by the Government, enterprises and farmers. Bridging the digital divide is not a quick thing, which requires a mass involvement mobilized by the Government in establishing a long-term mechanism for sustainable development; however, relying entirely on financial investment and single force of the Government is hard to achieve the desired objectives.

The universal information service system for other vulnerable groups such as the disabled, the elderly and so on has not been established yet.

In recent years, bridging the digital divide has been mainly on rural and agricultural informatization; the universal information service for other vulnerable groups such as the disabled, the elderly, and the urban residents entitled to basic living allowances has not yet caused enough attention.

5.2.6 The theoretical research and practice related to the digital divide obviously lags behind

The digital divide is a new phenomenon and issue that only occur in the information society, so it is difficult to find ready-made solutions and approaches and requires us to conduct in-depth study on theory and practice. At present, relevant research is still quite scarce: i.e. inadequate theoretical research on the digital divide, the summary for experiences and lessons at home and abroad in recent years and so on.

Chapter 6 Lessons and Recommendations from Actions for Narrowing the Digital Divide in the EU

In recent years, the EU has set both policy guidelines (largely around the concept of 'eInclusion') and statistical benchmarks to address the digital divide. A diverse array of projects have been initiated at both the EU and regional (state) level, designed to redress specific aspects of the divide. These projects provide examples of policy success, of what can work in certain circumstance, and of the problems that can emerge or require further development. As such, the EU experience provides a rich composite of programmes and policies to be studied and applied as appropriate.

Many of these have direct application for various situations in China. From a policy viewpoint it is of special interest to explore whether, and how, information and communication technologies (ICT) can realistically help bridge the various economic and social divides, and what needs to be done to support such developments.

Chapter 6

6.1 Efforts and outcomes

6.1.1 Policy focus: eInclusion

Recent policy targets for narrowing the digital divide across the EU were set by a Ministerial Declaration signed in Riga on 11 June 2006. The Declaration defined "e-Inclusion" as "both inclusive Information and Communication Technologies (ICT) and the use of ICT to achieve wider inclusion objective and policies aiming at both reducing gaps in ICT usage and promoting the use of ICT to overcome exclusion".

The Riga Declaration explicitly recognized the powerful driving role that ICTs can play in growth and employment and the contribution they provide to improving the quality of everyday life and social participation of Europeans. The Declaration further recognized various specific areas in which ICTs not only could play a contributing role, but in which national governments should focus upon delivering policy programmes contributing to minimizing the various digital divides. This included, for example, improving ICT access for people with disabilities and the elderly, for the unemployed and otherwise marginalised groups in society, all as particularly important.

In addition, both EU and Member States policies have continued to emphasize, both in policy statements and in a variety of national programmes, the need to reduce the divide between urban and rural communities for Internet and broadband access, as well as the potential for ICTs to contribute towards social inclusion in areas such as adult education (eLearning), civic participation (eGovernment) and public welfare (eHealth).

6.1.2 Geographical Divides

The Riga Declaration set forth specific aims to significantly reduce regional disparities, particularly in Internet access across the EU, to increase the availability of broadband (coverage) in under served locations, and to aim for overall broadband coverage to reach at least 90 percent of the EU population by 2010.

These basic coverage targets had already been largely met at the EU level by 2007 with broadband coverage reaching 89 percent of the EU population. However, coverage in rural areas still stood at 71 percent, with lower download speeds available than in urban areas and less competition between alternative providers.

The situation also varies significantly by country. In a number of countries with the highest broadband penetration levels, already 90 – 100 percent of the population can have a broadband access (i.e. the Riga target is already met). However in countries where the penetration level is below 10 percent of the population, the picture is more diverse, with some countries enjoying around 80 percent coverage, while in those with lower availability this figure goes to 70 – 60 percent.

Increasing broadband penetration, access, and usage has taken on a number of forms across Member States, with some states, such as the Netherlands focusing on universal coverage, while others focus on narrowing existing divides and facilitating access to underserved areas, such as the case in Norway and Hungary, while others such as Germany have focused on fostering competition and the development of better download speeds including to rural populations. The overarching drive to further access, provided by the EU, has overtly focused Member States on supporting broadband infrastructure projects and next generation broadband programs along with ancillary programs on R&D and Innovation.

6.1.3 Digital Literacy

The EU aims, by 2010, to halve the digital literacy gap from 2005 levels. This includes the divide between the EU population and the unemployed, immigrants, people with low education levels, people with disabilities, and elderly, as well as marginalised young people.

EU surveys have repeatedly found that the lowest levels of computer and Internet skills are to be found among the least educated individuals, older people and the economically inactive when compared to the total population. These are also the groups which have been shown to have larger disparities in the rate of regular Internet usage. Unemployed individuals and women however - though still slightly below the EU average - have better computer and Internet skills levels than the other disadvantaged groups.

Addressing e-Skills and digital literacy, so called 'social intermediaries' have been found to play an important and largely unexpected role. Approximately 42 percent of e-Government users, for example, in ten surveyed countries were found to access the services on behalf of their family or friends (more so in the countries with highest e-Government use) and they assist on average 2.6 people – many more in the New Member States, up to 5.3 in the Czech Republic. (On average 18 percent of all e-Government users received some help from an intermediary, whilst 7 percent received complete help.)

Support from an intermediary is highest in the new Member States, which may be due to greater access problems and lower digital skills so that more of these populations may need to use digital services via the skilled intermediaries. This probably also reflects different national levels of digital service development, particularly in terms of sophistication and user friendliness. Italy and Ireland are the only older Member States with greater than average numbers of users receiving help from a social intermediary.

According to one eUser survey, the typical profile of a citizen receiving intermediary assistance is highly specific: Low digital engagement and skills, manual and unskilled occupation, rare Internet user and living in a region with low Internet penetration. Assisted users tend to be aged 50 and over, to demonstrate a markedly low functional and low leisure online orientation, to be female rather than male, with below secondary level education, unemployed or not working, with an income below the poverty level or no higher than median income, to have Internet access outside the home, and to have started to 'use' the Internet only very recently. Overall, the types of individuals receiving assistance from social intermediaries tend to be those who are otherwise beyond the digital divide and excluded from Information Society benefits, and who are living in countries which are not leading in digital access and services.

According to the Riga Dashboard report, "The social intermediaries themselves represent a potentially rich resource and are likely to have existed at family and community levels, helping to disseminate the benefits of public and private services long before the Internet provided another channel. They also possibly reflect a transition phase for many, prior to their own use of eServices... even though better understanding is needed of whether intermediaries ultimately act as a barrier or a stepping".

6.1.4 Further Targets

The Riga Ministerial Declaration identified two further areas of intervention: assisting the aged and cultural diversity.

With regards to the aged, targets were set to: a) reduce the divide in average Internet use between the EU population and older people to a half of 2005 levels by 2010; b) remove barriers to the internal market of ICT services and products for the elderly; and to support active ageing at work, especially through greater training for ICT skills; and c) support active participation of the elderly in society; as well as supporting independent living and quality of life.

Despite some progress in Internet use by the aged, the divide remains large in this area of digital exclusion. If continued, this trend poses a number of challenges for the European society that is ageing in terms of financial and social sustainability. By 1995, 70 million people over the age of 60 were living in the Union, almost 20 percent of the population. By 2020, this figure will rise to 25 percent and people of

80 years and older will more than double. At the same time, the total working age population (15 – 64 years) is due to fall by 21 million between 2005 and 2030. This demographic evolution raises many challenges that ICT can help to address, creating many benefits to older individuals, but also making the economy grow in more productive ways.

Accessible ICT solutions and assistive technologies can help overcome many impairments often associated to ageing, thus supporting the active participation of the elderly in society, independent living and quality of life.

Today, however, only 27 percent of people over 54 and 10 percent of those over 65 years old use the Internet regularly, compared to 47 percent for the EU25 on average. This means that existing barriers, technical and economic, but especially those linked to awareness and skills, need to be removed.

To this purpose, in 2007 the Commission adopted an Action Plan on ICT for Ageing Well in the Information Society aimed at raising awareness of the market and individual opportunities from ICT for ageing well, promoting the enabling conditions for technologies aimed at the ageing population to be deployed, fostering uptake for these technologies and encouraging research in this area.

Regarding Cultural Diversity in the information society, the Riga declaration set the targets to: a) promote cultural diversity in relation to inclusion by: fostering pluralism, cultural identity and linguistic diversity in the digital space (multilingual, local, cultural heritage, European values content); b) improving economic and social participation and integration, creativity and entrepreneurship of immigrants and ethnic minorities through their greater participation in information society.

ICT is seen to have potentially mixed effects in promoting cultural diversity. The beneficial role in supporting migrants' personal ties with distant family and friends has raised concerns that this might lead to further social isolation and to a slowing down of integration. On the other hand, widespread use of ICT especially among younger people, including in immigrants and ethnic minorities groups might enable bridging links across ethnic, cultural and language barriers for instance through the new social media, might contribute to filling jobs in high-skill sectors and to support the many small businesses started by immigrant entrepreneurs, which represent an important avenue for integration in the economy and contribute to the quality of life in many cities.

Concerning multi-language information on public sector web sites, evidence shows that when available is almost always still limited to English and is targeted to tourists, foreign investors or researchers. Of course, e-Government portals are also available in other official national languages where they exist. The Czech Republic has a national web site devoted to foreigners living in the country and translated into several languages. In the UK the Cabinet Office has issued guidelines with regard to designing information resources in different languages for government websites. In the Netherlands many local governments use specially designed 'virtual integration counters' to facilitate access to services by immigrants and ethnic minorities, but much appreciated also by native users.

However, besides these specific experiences there is seen to be a lack of data concerning ICT use by culturally diversified groups and risk factors leading to exclusion. To this purpose, the European Commission is pursuing a number of studies, and exploratory projects within the Competitiveness and Innovation Programme (CIP) have been launched.

6.2 Problems and concerns

6.2.1 Not progressing fast enough

The Riga Declaration noted that, by 2005, 57 percent of individuals living in the EU did not regularly use the Internet; only 10 percent of persons aged over 65 used the Internet; only 24 percent of persons with low education used the Internet, against 73 percent of those with high education; only 32 percent of unemployed persons used the Internet against 54 percent of employed persons. Only 3 percent of public web sites surveyed complied with the minimum web acccssibility standards and guidelines, hindering access to web content and services for people with disabilities who comprise some 15 percent of the EU population.

The key resulting message that arises from both the report and subsequent studies is that, apart from the case of broadband connectivity not considering urban rural divides, progress towards the Riga targets of reducing the digital divide indices by 50 percent is only happening at half the speed which is necessary to reach them by 2010.

So even if the overall indices across the EU appear to show marked improvements in closing the digital divide, there are clearly significant pockets of what could be termed 'digital poverty' and without policy intervention such disparities are deemed to stay and in some cases widen. To address this the EU operates a policy of special assistance to Objective 1 Regions, which are those regions with a GDP of less than 75 percent of the EU average that qualify for two-thirds of the assistance provided by the EU's Structural Fund.

6.2.2 The disadvantaged 'at risk' groups still lagging behind

In order to meet the Riga target on halving Internet usage disparities by 2010, a lot of effort will have to be put in policies addressed to the disadvantaged groups: According to the Commission services' projection, the Riga objective of halving the regular Internet use gap is unlikely to be reached by 2010 for all groups (except for the aged 54–65).

The declaration of Riga set out the objective "To convincingly address e-Inclusion, the differences in Internet usage between current average use by the EU population and use by older people, people with disabilities, women, lower education groups, unemployed and "less-developed" regions should be reduced to a half, from 2005 to 2010."

However, disparity measurement indices illustrate that the disparities vary substantially across the EU. A number of countries have an at-risks groups index value much lower than the overall EU one. When it comes to the rates of the specific disadvantaged groups, again most countries have the largest disparities in Internet use with the low educated, the economically inactive, and the aged, 65－74. But these disparities differ widely and some countries, such as Hungary, as well as the Scandinavian countries have demonstrated good progress, suggesting that broader programmes of coordination across Member States would likely benefit those laggard countries where the disparity is not decreasing and, in some cases, may even be increasing.

Notably, where the disparities for woman, rural citizens, and the unemployed are much lower in most countries, in the group 54 － 65 years old (old individuals still in working age) there is a very different situation among countries.

6.2.3 Inclusive eGovernment

Another key EU aim has been to ensure accessibility of all public web sites by 2010 – designing and delivering key services and public service policies in a user centric and inclusive way; using channels, incentives and intermediaries that maximise benefits and convenience for all. With prevailing supply side failures and barriers (low Internet availability, low roll-out, poor accessibility and usability, limited promotion and awareness of e-Government services) clearly playing a constraining role, addressing these deficiencies has become a focal concern at both the EU and Member State levels. In this regard, limited use of e-Government services is not just a problem of disadvantaged groups, even though disadvantaged groups are likely to be more seriously affected than the mainstream population.

However, accessibility of public websites had increased only modestly by 2006 to 5 percent of public web sites, prompting various programmes of policy intervention in Member States. This is one area where there has been a variety of different approaches across Member States, with significant access and usage differences between countries. The Scandinavian countries, and Denmark in particular, tend to lead in e-Government access, while the Czech Republic's usage has remained stubbornly low. Hungary has adopted a particular focus to address these issues.

After supply-side conditions, user skills and digital literacy on the demand side are the next most important determinants of high and beneficial use of e-Government services. Such factors seem to be more significant for e-Government uptake than socio-demographic factors like income, gender, labour force status and to some extent also education. Promoting the digital literacy of disadvantaged groups is therefore an important measure to achieve wider own-use of e-Government services.

6.2.4 The disparity between New and Old Member States still large

The disparity between new and old Member States remains significant for information access – it becomes even larger when looking at home access rather than at usage at all. This is because fewer users in the New Member States rely on home access but access elsewhere, especially at public Internet access points (PIAPs). PIAPs turn out to be of special importance in particular in the poorer countries: Estonia, Latvia, Lithuania, Slovakia, Bulgaria and Romania.

6.3 Suggestions for future focus

6.3.1 Penetration in addition to coverage

A number of commentators note that the focus for EU broadband targets has been on coverage, rather than penetration, rates. And, since there are large differences in take up at national and regional levels, it would be helpful to track progress in broadband penetration in addition to the statistical focus on coverage.

At the end of 2006, broadband penetration in the EU-27 reached 27 percent (increasing over twofold from 12.5 percent at the end of 2005). However, penetration rates still varied greatly from one country to another: from 3.3 percent in Bulgaria to 32.3 percent in Denmark. Seven countries in Europe were still below 10 percent broadband penetration.

Penetration is also lower at the rural level: In urban areas, particularly for older Member States, broadband is almost ubiquitous and there is no correlation between access and take-up. Whereas there is a positive correlation in rural areas: take-up is higher in those countries where broadband is more widely available. Even if the rural population may be less inclined to adopt the new technology, lack of access may be constraining would-be users. Other factors might be related to the affordability, quality (i. e. speed) and offer of broadband contents and services in rural areas.

6.3.2 Usage in addition to penetration

Of even greater concern for future focus should be the collection of usage data, rather than simple access data. To better understand how information access is being adapted, what the benefits to society (and different societal groups) may be, and how important various digital divides are, we need to better understand how digital services are being used.

This re-focusing has been seen recently in the growing research into disparities in ICT skills and in the benefits deriving from ICT. Some evidence has been found that while access and use may equalise within and between countries, major gaps in skills and benefits remain. For individuals and various groups in society, research is further finding that providing access alone, without the accompanying education in using digital services, is minimizing the impact that such access provides. It is still generally the case that users of digital services (such as e-Government services) who access the Internet from PC platforms tend to be in higher income groups, of lower age and with a tertiary education. For government programmes and policies to be effective we therefore need to better understand what the usage rates are for various access means and various services.

6.3.3 Involving multiple channels at the same time

Access to information services through hand-held devices, like mobile phones or PDAs (personal digital assistants or organizers) is becoming more important generally, and is particularly important for people who are otherwise likely to be digitally excluded. These include not only the rural populations, but also the less-educated, those not working or disabled persons, as well as those living in countries where access is a greater problem. Multi-channel delivery strategies, especially using mobile phones, are thus important ways of providing inclusive services.

This appears to be particularly true for e-Government services. Research has found that it is still the case that users of e-Government services who access the Internet from PC platforms tend to be in higher income groups, of lower age and with a tertiary education. Thus, mobile-government (or, 'm-government') access is becoming more important for these otherwise excluded groups.

Chapter 7 Policy Suggestions on Narrowing the Digital Divide in China

Compared with most EU members, China's digital divide has its particularity. China is a big developing country with a large population and relatively low economic level, and the popularity and application of information technology is still in its early stage. Comparatively speaking, allegedly "vulnerable groups" in China refer to the majority (such as rural residents, population of the central and western regions, the population with low level education background, etc.) other than the minority. Therefore, while seeking solution to narrowing of the digital divide, we must have an overall consideration and solve problems whilst the development; particularly, we should make full use of the institutional advantage and the state should also exercise its guiding functions.

While in short term, in order to accelerate the narrowing of digital divide and try to turn the digital divide into a digital opportunity, much efforts should be made to grasp the four "rights", namely: taking right opportunities, selecting right approaches, aiming rightly at the weak links, and identifying right points of strength.

Taking right opportunities. That try to narrow the digital divide can bring China with opportunities in four areas: First, opportunities contributive to economic growth. Informatization will provide a tremendous space for economic growth in the next 30 years, which will, together with urbanization, marketization and internationalization, become an important engine for economic growth. Second, opportunities contributive to enhancement of the national information industry. The electronic product manufacturing, software industry, information service industry, digital content industry will take a sustained and rapid development, and the competence for innovation and international competitiveness will be significantly enhanced. Third, opportunities contributive to rapid upgrading of the citizen's personality and information acquisition competence. Distance education, E-learning, comprehensive training results will be enhanced, sharing of educational resources will be realized and the citizen's personality and information acquisition competence will be quickly enhanced. Fourth, opportunities contributive to realization of leapfrogging development. Using informatization to drive industrialization and accelerate the modernization, meanwhile transforming the traditional industries by taking full advantage of the modern information technology, so as to enhance the comprehensive national strength.

Selecting right approaches. In 2007, color TV penetration in rural areas took 64% of the rate in urban areas, nearly half of urban households and more than 90% rural households had no computer, the fixed-line penetration was 28 telephones per 100 persons, mobile phone penetration was 42 mobile phones per 100 persons, and the Internet user was 16%. Above figures mean that there is an enormous space for growth: there are more than 100 million potential domestic color TV users, more than 200 million potential home computer users, 400 million fixed-line telephone users, 800 million potential cell phone users and 900 million potential Internet users. Therefore, it requires a proper and scientific routine design to turn the growth potential into actual productive forces.

Aiming at the weak links rightly. According to the latest survey made by CNNIC, the essential reason for non-Internet users in China is that they "know little about computer/Internet, and do not have the necessary skills to surf on the Internet". At present, there are still more than 1/3 non-Internet users can not access to Internet because of this reason, in addition, more than 30% non-Internet users can not access to Internet due to lake of hardware.

Identifying the right points of strength. Taking the popularity of information infrastructure, reduction of application cost and enhancement of education and training as the right points of strength through these three links of practicality, affordability and operability to improve the policy environment, and to adopt varied measures to quickly promote the application competence and level of information technology of the population in rural areas and vulnerable groups in urban areas.

Recently following aspects of work are recommended to be started:

7.1.1 Planning and guiding in study and formulation of "action plan for narrowing digital divide"

The state informatization developing strategy has clearly put forth that there is a need to work out an action plan for bridging the digital divide, which is now the time for specification and implementation. It is advised that relevant departments of the country (the State Commission of Development and Reform, the Ministry of Industry and Informatization, the Ministry of Science and Technology, the Ministry of Agriculture, the Ministry of Education, the General Administration of Broadcast and TV Station and some others) work together an action plan for bridging digital divide. The action plan can be set in duration of five or ten years, in which the objective, tasks, measures, progress and responsibilities for each departments shall be specified.

7.1.2 Involving multiple channels at the same time, focusing on some issues, and promoting vigorously rural information development

In order to enable the rural areas to step onto a new stage in information technology access and application, the following major work items of work shall be paid close attention: 1. integrated utilization of a variety of supportive policies; 2. construction and generalization of the rural information infrastructure with focuses on the project for "telephone and TV accessibility to all villages" and commitment to guarantee of affordable rates and quality services; 3. establishment and improvement agriculture specific integrated information service system so as to guide the farmers with the information on agricultural development, rural village construction and income generalization for the farmers; 4. vigorous development of the rural secondary and primary long-distance education and improve the overall educational qualities and their competence for access to information technology.

7.1.3 Caring for the vulnerable groups and setting up public service funds

Bridging digital divide must first of all arouse the awareness of general service for construction of information infrastructure, provision of information services etc. At the same time corresponding general service funds shall be taken as a means for ensuring the service and providing support. Through establishment of such funds, the operators and service providers can be supported and encouraged. For the vulnerable populations using information technology, they shall be granted subsidies.

7.1.4 Strengthening concerted management and accelerating integration of three networks—telecom, broad and TV station, and computer

Gradual integration of the three networks is the need in the international situation, as well as a key channel for rapid bridging of the digital divide. At present the key issues related to the integration do not lie in technology, nor understanding, but the coordination of the benefits of relevant departments. So the government shall promote the divide bridging drive through formulation of policies and legal enforcement.

It is a historic opportunity for China to make use of the revolution of information technology for fulfillment of the goal of leapfrogging development, and the drive to bridge digital divide and allow the majority to enjoy fully the benefits brought along with the revolution of information technology is the essential guarantee for achieving the goal. Therefore, bridging the digital divide shall be taken as key goal to be part of the national developing strategies with great importance.

参考文献

1. American National Telecommunications and Information Administration (1998), *Falling through the Net II: New Data on the Digital Divide*.

2. Babb, S. F. (1998). *The Internet as a Tool for Creating Economic Opportunity for Individuals and Families*. Unpublished doctoral dissertation, University of California, Los Angeles.

3. Chew, F., & Sushma, P. (1994). *Interest, the Knowledge Gap, and Television Programming*. Journal of Broadcasting & Electronic Media, 38, 271-287.

4. Cooper, M., & G. Kimmelman (1999, February). *The Digital Divide Confronts the Telecommunications Act of 1996: Economic Reality versus Public Policy*. Yonkers, NY: Consumers Union. Available: http://www.consunion.org/other/telecom4-0299.htm.

5. Dervin, B., &. Greenberg, B. S. (1972). *The Communication Environment of the Urban Poor*. In F. G. Kline & P. J. Tichenor (Eds.), Current perspectives in mass communication research (pp. 195—233). Bevery Hills: Sage Publications.

6. Donna L. Hoffman, Thomas P. Novak & Ann E. Schlosser (2000), *The Evolution of the Digital Divide*. Available: http://jc-

mc.indiana.edu/vo15/issue3/hoffman.html.

7. Gaziano, C. (1983). *The Knowledge Gap: An Analytical Review of Media Effects*. Communication Research, 10, 447—486.

8. Hannes Selhofer, Tobias Hü sing

9. Hoffman, D. L., Novak, T. P., & Chatterjee, P. (1995). *Commercial scenarios for the web: opportunities and challenges*. Journal of Computer-Mediated Communication [On-line], 1 (3). Available: http://www.ascusc.org/jcmc/voll/issue3/hoffman.html.

10. Katz, J., & Aspden, P. (1997, October). *Motivations for and barriersto Internet usage: results of a national public opinion survey*. Paper presented at the 24th Annual Telecommunications Policy Research Conference, Solomons, Maryland.

11. Maraganore, N., & Morrisette, S. (December 2, 1998). *The on-line gender gap is closing*. Data Insights (Issue No. 1, 18). Forrester Research Reports.

12. McConnaughey, J. W., & Lader, W. (July 28,1998). *Falling through the net II: new data on the digital divide*. National Telecommunications and Information Administration: United States Department of Commerce. http:///www.ntia.doc.gov/ntiahome/net2/falling.html.

13. Menzie D. Chinn & Robert W. Fairlie(2004). *The Determinants of the Global Digital Divide: A Cross-Country Analysis of Computer and Internet Penetration*. http://repositories.cdlib.org/cgirs/CGIRS-2004-3.

14. Morrisette, S. (1999, January). Consumer's digital decade. Forrester Report, Forrester Research, Inc. Available: http://www.

forrester.com.

15. OECD (1999), Communications Outlook 1999.

16. OECD (1999), The Economic and Social Impact of Electronic Commerce: Preliminary Findings and Research Agenda.

17. OECD (2000). *Learning to Bridge the Digital Divide. Schooling for Tomorrow*. OECD Publications.

18. OECD and ISTAT (2000). *Measuring the Digital Divide*. In Proceedings of the OECD Joint WPTISP/WPIE Workshop "The Digital Divide: Enhancing Access to ICTs," 7 Dec. 2000.

19. OECD (2000), Information Technology Outlook 2000.

20. OECD (2000), A New Economy? The Changing Role of Innovation and Information Technology in Growth.

21. OECD (2001), Communications Outlook 2001.

22. OECD (2001), Understanding the Digital Divide.

23. Pavle Sicherl (2000), *Digital Divide and the Gap between North America and Europe in Internet Users per capita: Statistical Measures and Policy Orientation*, Informatica 24.

24. Pavle Sicherl (2002), *Comparative Analysis of Selected Indicators of the Position of Slovenia with Respect to the Development of Internet, Personal Computers and Mobile Phones*, Analysis prepared for the Ministry of Information Society of the Republic of Slovenia, Ljubljana, November.

25. Pavle Sicherl (2003), *Different Statistical Measures Provide Different Perspectives on Digital Divide*, VI Conference of the European Sociological Association, Murcia, September 23—26.

26. Pippa Norris (2000), *The Worldwide Digital Divide: Infor-*

mation Poverty, the Internet and Development. Paper for the Annual Meeting of the Political Studies Association of the UK, London School of Economics and Political Science, 10 — 13th April 2000. Roundtable on The Future Role of New Media in Elections Wednesday 12th April 10.45—12.15.

27. Proposal for the work of the World Summit on the Information Society, Internation Telecommunication Union-Working Group (11 September 2002), *Mornitoring the digital divide*. www.orbicom.uqam.ca.

28. Toubias Husing, Hannes Selhofer & Werner B. Korte (December 2001), *Measuring the Digital Divide: a Proposal for a New Index*, IST 2002 Conference, Copenhagen

29. UN DESA (2 July 2002), *Moving from Digital Divide to Digital Opportunity*.

30. United Nations (2005), *The Digital Divide Report: ICT Diffusion Index 2005*.

31. U.S. Deparment of Commerce (July 1995), *Falling through the Net: A Survey of the "Have Nots" in Rural and Urban America*.

32. World Bank (1996), *Harnessing Information for Development*, http://www. worldbank. org/html/fpd/telecoms/harness2ing/index. html # contents.

33. World Bank (2000), *The Networking Revolution Opportunities and Challenges for Developing Countries*, http://www. in2fodev. org/ library/working. htm.

34. 郭作玉、汤艳丽、孙锐,“韩国信息化村建设对我国的启示”,《中国信息界》2007 年第 10 期。

35. 胡鞍钢、周绍杰，“网络经济：21 世纪中国发展的重大选择”，《中国工业经济》2000 年第 6 期。

36. 胡鞍钢、周绍杰，“中国的信息化战略：缩小信息差距”，《中国工业经济》2001 年第 1 期。

37. 胡鞍钢、周绍杰，“新的全球贫富差距：日益扩大的‘数字鸿沟’”，《中国社会科学》2002 年第 3 期。

38. 黄少华、韩瑞霞，“全球化背景下：中国东西部地区的数字鸿沟”，《兰州大学学报(社会科学版)》，2004 年 3 月。

39. 贾笑捷、武夷山，“弥合数字鸿沟——政府的责任与措施”，《中国信息导报》2000 年第 12 期。

40. 李晓松，“透过国外应对措施看全国文化信息资源共享工程在缩小数字鸿沟中的作用”，《图书馆建设》2008 年 2 月。

41. 联合国开发计划署(UNDP)：《2000 年人类发展报告》，中国计划出版社，2001 年。

42. 任贵生，“韩国缩小数字鸿沟的举措及启示”，《管理世界》2006 年第 7 期。

43. 任贵生、李一军，“欧盟缩小数字鸿沟的策略及对我们的启示”，《管理世界》2006 年第 5 期。

44. 沈保华，“构建和谐社会中的城乡数字鸿沟问题分析与对策”，《时代经贸》2007 年 8 月。

45. 徐守盛，“以‘金塔模式’促全省农村信息化建设”，甘肃农业信息网，2006 年 1 月 10 日。

46. 徐宗玲，“‘数字鸿沟’的比较分析与政策思考”，《广东社会科学》2002 年第 4 期。

47. 杨蓓蕾，“对我国缩小城乡‘数字鸿沟’的若干思考”，《社会主义研究》2006 年第 3 期。

48. 张吉生,"缩小'数字鸿沟'关键在行动",《宁夏科技》2002 年 6 月。

49. 张兰,"浙江'农民信箱'帮农民走上致富路",《人民邮电报》,2006 年 3 月 24 日第 6 版。

50. 张兴校、秦向阳,"探析浙江农村信息化建设实践——'农民信箱'工程",《农村经济与科技》2006 年 12 月。

51. 张彦博,"创新思路、扎实推进全国文化信息资源共享工程建设",《图书馆建设》2008 年第 2 期。

52. 国务院信息化工作办公室,《中国信息化发展报告》(2005—2007 年),中国电子工业出版社。

53. 《中国信息年鉴》(2001—2007 卷),中国信息年鉴期刊社。

54. 《中国互联网络发展状况统计报告》(2000—2007 年),中国互联网络信息中心。

55. 《中国统计年鉴》(2000—2007 年),国家统计局。

56. 埃佛雷特·M.罗杰斯,《创新的扩散》,中央编译出版社,2002。

57. 陈良玉、卢兵友,《农村信息化探索与实践》,中国农业科学技术出版社,2007。

58. 国务院信息化工作办公室政策规划组编,《国家信息化发展战略学习读本》,电子工业出版社,2007。

59. 经济合作与发展组织,《经济合作与发展组织信息技术展望 2006》,国务院发展研究中心技术经济研究部译校,中国财政经济出版社,2007。

60. 李道亮主编,《中国农村信息化发展报告 2008》,电子工业出版社,2008。

61. 朱启贵、李建阳,《信息化:可持续发展之路》,中国经济出版社,2005。